民航法規新論

Civil Aviation Law in Practice

楊政樺、盧衍良◎著

AIRPORT

序

《民航法規》一書自2003年12月初版，經2010年1月再版，時間無聲從指縫中溜走，不知不覺，倏忽經年。2019年春節前夕，揚智文化事業股份有限公司閻總編富萍致電徵詢，自該書付梓迄今，因深入淺出解構民航法律議題、理論與實務，承蒙諸多準備民航特考者的佳評以及多所大學校院的支持與採用，特此感激。然而，荏苒數年，在時間的穿梭中，相關法規更迭不斷，是否可以考慮重新出版？

為了順應新科技導入服務傳遞體系，加速民航產業轉型升級與服務流程變革，符合各國繁複與不時推進的法律規範，以及相應的管理措施、技術通報、審核評估的方法，舊版《民航法規》一書確實有諸多不合時宜的內容需要重新檢視以增補或刪減並優化資料，裨益不斷推進讀者對於民航領域的通盤認識與理解。於焉，經審慎評估與討論，參酌國際與國內民用航空相關法規的相關條文修正，決定以楊政樺博士所著之舊版《民航法規》為基礎，運用敘事邏輯的脈絡重新爬梳，邀請盧衍良博士擔任共同作者，納入有法可循的遙控無人機飛航活動管理規範（第七章），以及民用航空事業的監督管理與政策規劃（第六章），並將重新編排後的書名命名為《民航法規新論》，期能系統化的推廣民用航空教育知識，協助政府發展民航事業。

本書兩位作者，過去及現在持續深耕於民用航空運輸領域的學術前沿熱點追蹤與探詢，已經完成多項專題研究計畫的合作，亦共同發表多篇國際與國內學術期刊論文、研討會論文。多年來致力於既有知識理論與實務技術的創造、深化和發展，期勉彼此能夠在民航前沿科技研究承先創新，聚沙成塔，聚涓成海。此次在《民航法規新論》一書內容創作與編輯出版的機緣下，兩位作者透過在相同領域不同學門，彼此互補的學經歷背景，以「outside insider, inside outsider」（局外圈內人，局內圈外人）的思維，相互成就，亦相輔相成，共創這本專書的問世。兩位作者也藉此一隅，表達對揚智文化事業股份有限公司工作團隊的感激。另外，由於作者知識翦陋，朽編落簡，見誣前淑，篇牘訛誤，定所不免，尚祈博雅宏達有以教之，不吝導正為幸。

楊政樺、盧衍良謹誌

目 錄

序 i

Chapter 1 民法之運送營業概要 1

第一節 民法與運輸之間的關係 2
第二節 物品運送的權利與義務 8
第三節 假扣押、假處分及假執行 17

Chapter 2 客貨損害賠償概要 19

第一節 旅客運送之責任 20
第二節 華沙公約、海牙議定書及蒙特利爾公約 29
第三節 1966年蒙特利爾協議 30
第四節 海峽兩岸對於國內航空運輸承運人賠償責任的規範 36
第五節 運送之遲延 39
第六節 侵權行為態樣問題 48

Chapter 3 空中主權 55

第一節 航權發展簡介 56
第二節 英、美兩國的兩次百慕達協定 75

Chapter 4 航空器與航空人員 85

第一節 航空器之國籍 86
第二節 航空器之登記 94
第三節 航空器人員之類別 97
第四節 航空人員之資格 104

Chapter 5 飛航安全規範 117

第一節 飛航文書之檢備 118
第二節 飛航行動之管制 125
第三節 危險品管理 133

Chapter 6 民用航空事業管理 143

第一節 國際民用航空事業分類 144
第二節 現行民用航空六大特許事業 154
第三節 民航事業設立要件與要求 157

第四節 民航事業經營要件 161
第五節 外籍航空器或外籍民用航空運輸業 165

Chapter 7 遙控無人機管理 169

第一節 遙控無人機立法背景概述 170
第二節 遙控無人機的國際法規發展沿革 172
第三節 我國民航法因應遙控無人機發展之修法歷程 175
第四節 遙控無人機管理修正條文解析 176
第五節 我國遙控無人機管理專章條文解析 180
第六節 遙控無人機管理立法依據及重點總整 203

Chapter 8 客艙行政法規 213

第一節 Responsibility and Authority of the Pilot in Command 214
第二節 Prohibition Against Interference With Crewmembers 220
第三節 Alcohol or Drugs 220
第四節 Portable Electronic Devices 223
第五節 Seats and Safety Belts 225
第六節 Flight Attendants 231

第七節 Admission to Flight Deck 239
第八節 Briefing Passengers Before Takeoff 242

Chapter 9 1929年華沙公約 247

第一節 《華沙公約》的背景 248
第二節 《華沙公約》條文解析 250

Chapter 10 1955年海牙議定書 293

第一節 《海牙議定書》的背景 294
第二節 《海牙議定書》條文解析 300

Chapter 11 1999年蒙特利爾公約 323

第一節 《蒙特利爾公約》的由來 324
第二節 《蒙特利爾公約》條文解析 334

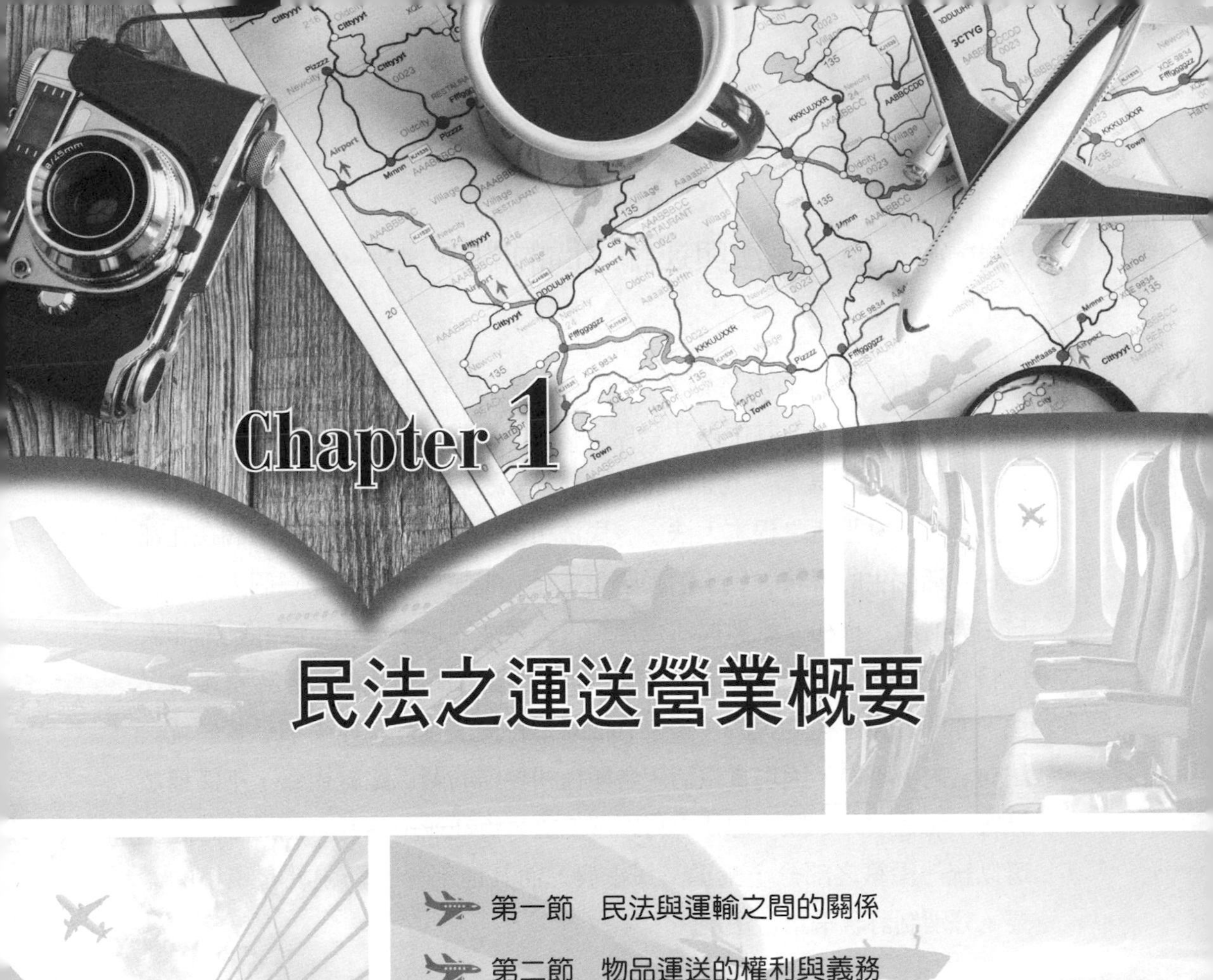

Chapter 1 民法之運送營業概要

- 第一節　民法與運輸之間的關係
- 第二節　物品運送的權利與義務
- 第三節　假扣押、假處分及假執行

第一節　民法與運輸之間的關係

法諺有云：「有社會斯有法律，有法律斯有社會」，足見法律與社會關係乃相當密切。其中民法為規律私人間日常生活關係之生活規範，所以民法包含範圍甚廣，可謂規範人間財產及身分關係之法律，學者亦有稱之為「日常生活之根本大法」。民法和生活緊密結合，生活點滴在在都是民法活生生的體驗。民事活動應受規範，規範之目的在保障個人之活動自由與財產之權利。既然民法是規範人民生活的根本大法，因此凡是和人民日常生活中權利義務有關的法律規範，概屬民法範圍，是為廣義之民法，亦即實質意義之民法。國家立法原須將民法應行規律事項悉置於統一法典之內，不過，因現實生活中各類權利義務的關係錯綜複雜，不僅種類繁雜，而且瑣碎零散，想要求得網羅無遺，實在並不容易。因此，只能就可以統一編纂之部分，彙編為民法典，而其他部分，則視社會環境的需要，分別制訂若干單行法規。

一、《民法》的淵源與發展

王朝興替，列國更迭，中華民族以農業為本，以宗法家長制作為社會體系的基礎建構，以儒家的綱常倫理，四維八德作為維護社會秩序的綱領。西元前21世紀左右的夏朝已在中華大地形成奉天罪罰的法制指導思想。清朝在順治3年5月時制定《大清律》，歷數十年修訂後，於乾隆5年制定《大清律例》以後，宣布不再修改律文，而以例作為律文的補充，並且規定例五年一小修，十年一大修。雖然封建時代對民事規律已有完整的規範，然而，那些法例是依據統治者意志而訂定，人民沒有權利表達意見。在封建時代的統治下，重公權、輕私權，以無訟為價值取向。亦即，法律以維護公權即國家的統治權為首要任務，至於私權觀念則較為淡薄。這種長期缺乏民法之現象，直到1902年，清廷命專管案牘、奏讞之學的沈家木及伍廷芳為修律人臣，主持法律館，規定修律的指導思想是「參酌各國法律，悉心考訂，妥為擬議，務期中外通行，有裨治理」。他們在1911年完成《大清民律草案》，但因宣統皇帝愛新覺羅‧溥儀遜位後而停止。

在中華民國國民政府時期，1928年成立民法起草委員會，「民法總則編」於1929年5月23日公布，自同年10月10日施行。債編於1929年11月22日公布，1930年5月5日施行。物權編於1929年11月30日公布，自1930年5月5日施行。親屬編及繼承編於1930年12月26日公布，自1931年5月5日施行。國民政府制定公布的《民法》，至今仍於臺灣施行。1949年底，海峽兩岸分立分治，國民政府退守臺灣之後，考慮民事法律關係之安定性係建立在法的位階性或穩妥的法源論上。於焉，《民法》第1條敘明：「民事，法律所未規定者，依習慣；無習慣者，依法理。」揭示了法源的適用順序，也承認法有漏洞時，可依類推適用等方式從事交叉補充。在這一類法源理論、法的解釋、補充等方法論上，已形成一套科學，也使民法之適用深具可預測性。《民法》條文共有1225條之多，涵蓋私法行為之各個層面，極為繁瑣，共分總則、債、物權、親屬、繼承五編。因應多年來社會、經濟環境的快速變遷，現行條文已不敷需要，修訂後之《民法》已於2019年6月19日正式施行。

中華人民共和國於1949年10月1日建立政權之後，廢除國民政府在大陸時期發布的各項法律、法令，並開始建立「人民司法制度」。一般認為中共民法之法源有：(1)憲法；(2)法律：民法通則、經濟合同法及其他有關民事法律；(3)國務院制定之行政法規、決定、命令；(4)國務院所屬部、委發布之命令、指示、規章；(5)省、市縣各級人代會、人民政府發布的決議和命令；(6)最高人民法院所作司法解釋和具有指導性的指示；(7)國家政策。過去採取單行法典的立法模式，無論法界或學界對於是否採用單一法典的爭論，未有停歇，不斷有倡議要立單一民法典的聲浪不絕於耳。為了適應特色社會主義發展要求，中共把現行民事法律規範進行系統整合，編纂首部民法典《中華人民共和國民法總則》，已在2017年3月15日第十二屆全國人民代表大會第五次會議決議通過，2017年10月1日施行。現行的《中華人民共和國民法總則》由基本規定、自然人、法人、非法人組織、民事權利、民事法律行為、代理、民事責任、訴訟時效、期間計算、附則，共十一章、總計二百零六個條款組成，可謂開啟民法典時代。

回顧民法在法學史上的時間演繹：歐洲自中世紀以後，封建制度漸趨沒落，在法國《拿破崙法典》公布前後，商業蓬勃發展，商人具有特殊地位，而他們在交易行為的性質，與一般人民有所差別，而他們所遵循的習慣，亦與一般人民不同。當時各國立法趨勢，乃於民法法典之外，多另訂商法法典，以資適應，亦即「民商分立主義」。爾後，商業之經營日趨普遍，諸如信用之運用、證券之流通，漸成為一般人之日常習慣，商人之特殊地位消滅，立法例又轉而將民商法合併編撰，是為「民商合一主義」。以臺灣為例，制定《民法》之際，即採上述所謂的「民商合一主義」，將商事行為，如買賣、契約、倉庫、代辦商等，均列於「債編分則」之中。「運送」係屬商業行為之一，採民商分立主義的國家，均規定於商法典之內，且因採行民商合一主義，故列為《民法》債編分則中之一節。按所謂運送營業，就運送客體來區分，可分為「物品運送」與「旅客運送」。就運送途徑加以區分，可分為「陸上運送」、「水道運送」（河運、漕運、海運）、「空中運送」。由於民用航空運輸業被涵蓋在所謂的「空中運送」之內，因此，有必要釐清「運送法」的適用原則。

二、「運送法」的適用原則

(一)運送人的界定

根據《民用航空法》第2條第十一項「民用航空運輸業：指以航空器直接載運客、貨、郵件，取得報酬之事業。」航空運輸事業的本質核心是「運輸」，其運送媒介是透過空中航行完成其運送行為，而依賴運送以為其生計來源之謂。因此，我們有必要先對「運送人」從事適當界定。

《民法》第622條敘明：「稱運送人者，謂以運送物品或旅客為營業而受運費之人。」就法條定義分析，運送人身分的構成，須符合下列條件：

◆運送人必須從事運輸（運送）行為

所謂運輸（運送），是使用運輸工具，將人、貨、郵件從甲地運至乙地，以克服空間阻隔的一種過程或經濟行為。透過運輸，可以創造空間效用（place utility）、時間效用（time utility）、形式效用（form utility）及持有效用（possession utility）。

◆運送人必須為不特定的第三人從事運送

運送行為在法律上有債權債務的交互關係。由不特定的第三人給付一定的費用，在遵守與運送有關的規章或法令的前提下，運送人和其締結契約，而擔任運送之謂。若為自己運送，雖然不失為運送行為，但並非《民法》上所謂運送人之運送行為。

◆運送之標的必須是物品或乘客

運送標的除了人（乘客）之外，物品亦是運送標的。舉凡一切動產可供輸送者皆是其服務範圍，至於有無價格、是否商品，則不是我們關心的課題。以航空運輸常見的軍需物品託運、活生動物、救災物資、危險物品，甚至遺體運送，均可以是物品運送之標的，但必須限制其為有體物。電報（telegram）、電話（telephone）、廣播（radio）、電子郵件（e-mail）等之通信，均非《民法》所定義的運送。至於投遞信函、明信片或其他具有通信性質文件的輸送，雖然是屬於物品運送，但各國均列為郵政專營業務，核屬《郵政法》，不適用《民法》運送的規定。簡要言之，運送物必須限於書函通信之外的有體物。

◆運送人必須以運送為營業

依據《民用航空法》第2條，民用航空運輸業是以航空器直接載運客、貨、郵件，取得報酬之事業。而普通航空業是指以航空器從事空中遊覽、勘察、照測、消防搜尋、救護、拖吊、噴灑及其他經核准之飛航業務。他們共同的特質都是以「運送」當作謀生的事業。既然是營業，當然必須向使用者收取運費。如果只是偶然為他人運送，而不以為營業者，不得稱為運送人。

(二)運送契約的特質

除此之外，運送人及託運人依雙方意志或社會習慣所簽訂或意義上所構成之運送契約，具有下列五點特質：

◆運輸契約必為雙務契約

締約當事人雙方互負對價關係的債務之契約稱之「雙務契約」。雙務契約相對於片務契約而言，前者係指雙方對於債務的履行互為對償，亦即需為等價有償，互為允諾，意思達於合致的「對價關係」（consideration）。以航空客運的運送契約為例，乘客方面負有支付運費的債務，航空公司方面負有依乘客訂位之日期、航線、班次完成載送，並確保乘客在載運過程中人身及所攜行李安全不受損害的債務，兩者居於等價有償的對價關係。

◆運輸契約必為有償契約

締約當事人互為對價關係的給付之契約稱為「有償契約」，雙務契約當事人雙方既互負對價關係的債務，結果當互為對價關係的給付。因此，就航空客運的雙務契約而言，都是有償契約（但是，有償契約卻未必都是雙務契約，請釐清）。

◆運輸契約或為諾成契約、或為要物契約

「諾成契約」係以締約當事人意思表示一致為充分成立條件，抑或當事人之間對於標的物及其價金互相同意（即雙方達成「合意」）為成立要件，其效力不因契約的書寫或印刷形式甚或僅有口頭約定而受到影響。「要物契約」於合意之外，更以締約當事人一方交付標的物或完成其他給付義務為成立要件，且契約的成立具有一定的規範，倘若不具備法定

規範者，其契約原則上應為無效。

◆運輸契約是定型化契約

所謂定型化契約是指由一方立約人的意思來決定契約內容，另一方只能決定是否要締結，但無權變更內容的契約型態，因此又稱為「捕蠅紙契約」。依照《消費者保護法》第2條第七項的規定，定型化契約是「指企業經營者為與多數消費者訂立同類契約之用，所提出預先擬定之契約條款。定型化契約條款不限於書面，其以放映字幕、張貼、牌示、網際網路、或其他方法表示者，亦屬之」。「定型化契約」的名稱，學術上的名詞並不統一，除稱為「定型化契約」外，也有叫做「附合契約」、「標準契約」、「一般契約條款」、「普通契約條款」、「標準契約條款」、「契約標準格式」等。它的特質是不重視相對人的個別因素，而將交易條件統一化，以利使用者大量使用，避免因個人磋商所帶來的不便。航空客運的運送契約是由運送人一方面所決定，乘客只有依其所定的條款同意訂立與否的自由，並無討價還價的空間。但是，法律上為了保障消費者，依《消費者保護法》第11條之規定，定型化契約條款如有疑義時，應為有利於消費者之解釋。以航空客運機票為例，航空公司為與不特定消費大眾訂立運送契約而單方預先擬定之契約條款，故機票上載之運送條款，本質上應為定型化契約，機票本身係為運送契約之證明文件，乘客只要持機票向票上之航空公司請求劃位搭機，航空公司均僅審核搭機人之身分與機票上載姓名是否同一人及請求搭乘之班機、時間、目的地與票上記載事項是否相符，至於乘客如何取得機票，並非關心課題。

◆運輸契約以不要式契約為原則，要式契約為例外

一般契約依《民法》規定只需符合第153條第一項「當事人互相表示意思一致者，無論其為明示或默示，契約即為成立」之條件，基於「契約自由原則」，並不需特定之格式或形式即可合法成立，稱為「不要式契約」。然而，某些契約因其性質特殊，法律為使當事人之間對其權利義務慎重行事，抑或為了實體法上證據考量，抑或警示功能，抑或方便主

管機關之監督，抑或當事人在簽訂契約時有慎重考慮的機會，並確保契約之存在與內容完整，特別規定該契約之成立需遵循法律所要求的一定方式而作成；或雙方當事人為保全契約內容及權利，互相約定應依一定方式進行，則均稱之為「要式契約」（formality contract）。簡言之，要式與不要式的區別，在契約之成立，是否須有以書面或一定形式。要式契約如不具備法定或約定之必要方式，其契約原則上無效。《民法》第73條：「法律行為，不依法定方式者，無效。但法律另有規定者，不在此限。」就《民法》對運送契約之成立要件而言，並無硬性規定，故為「不要式契約」（informality contract）。

第二節　物品運送的權利與義務

在《民法》的運送營業有關物品運送的相關規定中，託運人和運送人的義務及權利是相對的而非絕對的。首先，我們先談談託運人有哪些義務。

一、託運人的義務

託運人委託運送貨物，首先要與運送人訂立運送契約，而為了運送之順遂，根據《民法》第624條：「託運人因運送人之請求，應填給託運單。託運單應記載左列事項，並由託運人簽名：一、託運人之姓名及住址。二、運送物之種類、品質、數量及其包皮之種類、個數及記號。三、目的地。四、受貨人之名號及住址。五、託運單之填給地，及填給之年月日。」託運人有底下義務必須遵循：

(一)運送物之內容項目告知義務

1929年10月12日在華沙簽訂，1933年2月13日起生效的《統一國際航空運輸某些規則的公約》（俗稱《華沙公約》）第10條敘明：「(1)對於在航空貨運單上所填關於貨物的各項說明和聲明的正確性，託運人應負責任。(2)對於因為這些說明和聲明不合規定、不正確、或不完備而使承運人或任何其他人遭受的一切損失，託運人應負責任。」運送物之種類、品質、數量為何？是否為一般物品？抑或是貴重物品？危險品或政府管制品？託運人應將這些運送物之內容項目確實告知運送人，俾便其決定是否願意承運？如何承運？以及費率金額的收取。此外，若填寫不合規定、不正確、或不完備導致運送人遭受損失，尚得負責。而我國的《民法》第631條亦強調：「運送物依其性質，對於人或財產有致損害之虞者，託運人於訂立契約前，應將其性質告知運送人，怠於告知者，對於因此所致之損害，應負賠償之責。」

(二)運送物之封裝完好義務

託運人交付運送之運送物，為順遂運送過程中不致因缺乏包裝或包裝不適當導致的物品散落或傷及搬運工，託運人於交付運送物時應備置約定或相當慣行之包裝。《瑞士債務法》第442條規定，若託運人未將運送物封裝完好，則運送人得拒絕受領，或請求修改包裝。我國《民法》第635條敘明：「運送物因包皮有易見之瑕疵而喪失或毀損時，運送人如於接收該物時，不為保留者，應負責任。」換言之，運送人對於有瑕疵的包裝，既得免除其責任，對於有易見之瑕疵者，亦得為之保留。以《中華人民共和國民用航空法》（2018年12月29日第五次修訂）為例，在第125條有關「承運人的責任」對於旅客隨身攜帶物品或者託運行李「因發生在航空運輸期間的事件，造成貨物毀滅、遺失或者損壞的，承運人應當承擔責任；但是，承運人證明貨物的毀滅、遺失或者損壞完全是由於下列原因之一造成的，不承擔責任：(1)貨物本身的自然屬性、品質或者缺陷；(2)承運人或者其受僱人、代理人以外的人包裝貨物的，貨物包裝不良」。第127條亦強調：「在旅客、行李運輸中，經承運人證明，損失是由索賠人的過錯造成或者促成的，應當根據造成或者促成此種損失的過錯的程度，相應免除或者減輕承運人的責任」、「在貨物運輸中，經承運人證明，損失是由索賠人或者代行權利人的過錯造成或者促成的，應當根據造成或者促成此種損失的過錯的程度，相應免除或者減輕承運人的責任」。

(三)交付託運單之義務

託運人與運送人訂立運送契約時，為使受貨人知悉契約之內容起見，並依運送人之請求，多以書面記載其主要條款，亦即所謂的「託運單」。託運單大抵由託運人於交付託運物時，交付於運送人，由運送人將託運單與運送物一併運至目的地，然後交付受貨人，俾得據以查悉運送契約之內容，並比照單上記載，與運到品審查無誤。《民法》第624條敘明：「託運人因運送人之請求，應填給託運單。託運單應記載左列事項，並由託運人簽名：一、託運人之姓名及住址。二、運送物之種類、品質、數量及其包皮之種類、個數及記號。三、目的地。四、受貨人之名號及住址。五、託運單之填給地，及填給之年月日。」《中華人民共和國民用航空法》第113條敘明：「承運人有權要求託運人填寫航空貨運單，託運人有權要求承運人接受該航空貨運單。託運人未能出示航空貨運單、航空貨運單不符合規定或者航空貨運單遺失，不影響運輸合同的存在或者有效。」對航空貨運而言，《統一國際航空運輸某些規則的公約》第7條敘明：「如果貨物不止一件時，承運人有權要求託運人分別填寫航空貨運單。」第8條更詳細地規定了航空貨運單上應該包括的各個項目，包含：(1)貨運單的填寫地點和日期；(2)起運地和目的地；(3)約定的經停地點，但承運人保留在必要時變更經停地點的權利，承運人行使這種權利時，不應使運輸由於這種變更而喪失其國際性質；(4)託運人的名稱和地址；(5)第一承運人的名稱和地址；(6)必要時應寫明收貨人的名稱和地址；(7)貨物的性質；(8)包裝件數、包裝方式、特殊標誌或號數；(9)貨物的重量、數量、體積或尺寸；(10)貨物和包裝的外表情況；(11)如果運費已經議定，應寫明運費金額、付費日期和地點以及付費人；(12)如果是貨到付款，應寫明貨物的價格，必要時還應寫明應付的費用；(13)根據第22條第二項聲明的價值；(14)航空貨運單的份數；(15)隨同航空貨運單交給承運人的憑證；(16)如果經過約定，應寫明運輸期限，並概要說明經過的路線；(17)聲明運輸應受本公約所規定責任制度的約束。如果運送人接受託運人委託運送物品時沒有要求其填寫託運單，則若將來在運送過程中遭遇糾紛，就會喪失若干權益，亦即《統一國際航空運輸某些規則的公約》第9條之規定：「如果承運人接受貨物而沒有填寫航空貨運單，或航空貨運單沒有包括第8條(1)至(9)和(17)各項，承運人就無權引用本公約關於免除或限制承運人責任的規定。」

(四)交付運送上必要文件之義務

《民法》第626條敘明：「託運人對於運送人應交付運送上及關於稅捐警察所必要之文件，並應為必要之說明。」《中華人民共和國民用航空法》第123條敘明：「託運人應當提供必需的資料和文件，以便在貨物交付收貨人前完成法律、行政法規規定的有關手續；因沒有此種資料、文件，或者此種資料、文件不充足或者不符合規定造成的損失，除由於承運人或者其受僱人、代理人的過錯造成的外，託運人應當對承運人承擔責任。」前揭「必要之文件」的意義甚廣，舉凡完成運送目的所必須者，均包括在內。如果是特種貨品（如人體捐獻器官）依法必須提供之特准證件。舉凡為了順遂運送人完成託運人委託運送之終結目的，為了能將運送物安全運達於目的地，並能依時完好交付於受貨人，如果必要之文件有缺，或則遲滯於中途，或則受阻於投遞。凡此均有違背託運人交付運送之原意，為託運人本身的利益考量，應當事先妥為交付。以活生動物（Carriage of Animal）託運為例，《中國民用航空旅客、行李國內運輸規則》第44條規定：「小動物是指家庭飼養的貓、狗或其他小動物。小動物運輸，應按下列規定辦理：旅客必須在定座或購票時提出，並提供動物檢疫證明，經承運人同意後方可託運。旅客應在乘機的當日，按承運人指定的時間，將小動物自行運到機場辦理託運手續。」而國際線對活生動物託運更是規定，若欲辦理寵物入口某個國家，貨主或託運人應檢附符合行程上出、入、過境國家或地方對於動物健康證明的規定，完成「進口同意文件」、輸出國政府動物檢疫機構簽發之動物檢疫證明書、狂犬病免疫證明書（如果適用）、動物健康證明及承運公司提單（Bill of Lading，簡稱B/L）等有效文件的簽發。若這些在運送過程中之「必要文件」不齊全，恐怕這些寵物就會被拒絕入境或運送受阻。

二、運送人的義務

然而，對物品運送人之義務來說，物品運送人依運送契約之所定，對託運人負有種種義務。其義務重在運送之履行。就託運人之觀點來說，亦即託運人的權利。有關物品運送人有哪些義務，分述如下：

(一)按時運送之義務

《民法》第632條敘明：「託運物品應於約定期間內運送之。無約定者，依習慣。無約定亦無習慣者，應於相當期間內運送之。前項所稱相當期間之決定，應顧及各該運送之特殊情形。」運送人如違反此項義務，則依《民法》第634條規定：「運送人對於運送物之喪失、毀損或遲到，應負責任。但運送人能證明其喪失、毀損或遲到，係因不可抗力或因運送物之性質或因託運人或受貨人之過失而致者，不在此限。」運送人對於運送物之遲到，應負責任。惟遲到責任之範圍大小，各國不一，大致可以分為「通常事變責任主義」及「不注意責任主義」。所謂「通常事變責任主義」是指運送人除以不可抗力之事由為免責要件外，對於通常事變，均負責任，如法國、義大利的商法。而「不注意責任主義」者，以運送人未怠於注意為免責要件，如德國、日本的商法。《民法》則採取相對較嚴格的「通常事變責任主義」，除了依據前述《民法》第634條內容可證之外，亦可由《民法》第633條：「運送人非有急迫之情事，並可推定託運人若知有此情事亦允許變更其指示者，不得變更託運人之指示。」這種「除不可抗力因素外不得免責」的原則可窺見一斑。

(二)依從指示之義務

託運人有指示運送人處理運送之權利，運送人亦有依其指示之義務。所謂指示，指與運送有關的要項為主，諸如：運送路線、交付方法、收貨人姓名等。此種指示，或為契約上之明示，或雖無契約，而為習慣上之默示，訂有契約者，運送人如有違反，係屬違背契約行為，固應負損害賠償之責，雖非明示而有違其默示者，則其債務履行，未依債務之本旨，亦應負損害賠償之責。

(三)運到之通知義務

航空運送，遍布全球，動輒牽連二國以上，故運送人多於他地或他國設立分公司或代理人，代為辦理有關承運貨物在該地之一切事務，《民法》第643條敘明：「運送人於運送物達到目的地時，應即通知受貨人。」運送人將託運物送抵收貨人所在目的地，應該通知受貨人，方可使受貨人獲知貨已運到，而請求交付。依同法第644條：「運送物達到目的地，並經受貨人請求交付後，受貨人取得託運人因運送契約所生之權利。」受貨人完成託運物的交付後，即取得託運人因運送契約所生之權利，若運送物沒有遲延或損毀等問題，運送人之義務始正式終了。

(四)同意中止返還等處分之義務

運送物交由運送人運送之後，託運人對於運送人得請求中止運送，返還運送物，或為其他處分。依據1929年在華沙簽訂的《統一國際航空運輸某些規則的公約》第12條第一項：「託運人在履行運輸合同所規定的一切義務的條件下，有權在起運地航空站或目的地航空站將貨物提回，或在途中經停時中止運輸、或在目的地或運輸途中交給非航空貨運單上所指定的收貨人、或要求將貨物退回起運地航空站，但不得因為行使這種權利而使承運人或其他託運人遭受損害，並且應該償付由此產生的一切費用。」唯託運人對於中止返還仍需負擔運費，如《民法》第642條：「運送人未將運送物之達到通知受貨人前，或受貨人於運送物達到後，尚未請求交付運送物前，託運人對於運送人，如已填發提單者，其持有人對於運送人，得請求中止運送，返還運送物，或為其他之處置。前項情形，運送人得按照比例，就其已為運送之部分，請求運費，及償還因中止、返還或為其他處置所支出之費用，並得請求相當之損害賠償。」

(五)必要注意或處置之義務

運送物如在途中遇有事故，運送人負有必要注意或處置之義務。例如運送人於變更指示、請求指示、運送物之寄存拍賣、受領權之歸屬訴訟時，或有其他情形，足以妨礙或遲延運送，或危害運送物之安全時，運送人為保護運送物之利益，應為必要之注意及處置，如怠於注意及處置，則對於因此所致之損害，運送人應負責任，此即為《民法》第641條所規定「如有第633條、第650條、第651條之情形，或其他情形足以妨礙或遲延運送，或危害運送物之安全者，運送人應為必要之注意及處置。運送人怠於前項之注意及處置者，對於因此所致之損害應負責任」之意義。

三、運送人的權利

繼而，物品運送人之權利為何？分述如下：

(一)運費請求權

既然在《民法》第622條得知所謂運送人是以運送物品或乘客為營業而受運費之人。換言之，對於運送人於不特定大眾所提供之運送服務，自然有請求運費之權利。值得注意的是，雖然運費是對運送人完成運送的報酬，但必須建立在其已完成運送的前提下才有運費請求權。《民法》第645條敘明：「運送物於運送中，因不可抗力而喪失者，運送人不得請求運費，其因運送而已受領之數額，應返還之。」推究其立法初衷，係考量運費是償付運送人完成由一處所載運到另一特定處所之報酬。運送物於運送中毀損滅失，既沒有完成運送之目的，即便其毀損滅失係屬不可抗力，但是託運人的損失已經無可回復，自不應賦予運送人運費請求權。以不可抗力的極端情境來說，《民法》對運費請求權規定如此嚴格，更不用說是因可歸責於運送人或其履行輔助人所產生的過失。

(二)費用償還請求權

運送人在運送過程中，有時在不可預期的狀況下為了順遂運送之進行，需要代託運人墊付運送物封裝包皮費用、修繕費用、特別報酬、墊付關稅、保險費或其他開支。因此，基於「使用者付費」的原則，運送人除有對託運人享有運費請求權利之外，並有請求償還其他費用之權利。《民法》第652條即規定「運送人得就拍賣代價中，扣除拍賣費用、運費及其他費用，並應將其餘額交付於應得之人，如應得之人所在不明者，應為其利益提存之」。所謂「其他費用」，名目不一，指關於運送物所生之一切費用及墊付金而言。前揭有關「提存」的意義，係指提存人將其給付物（清償提存）或擔保物（擔保提存）寄託於法院提存所的一種行為，其意義是指債務人若想把債務金或提存物還給債權人（法律名詞稱為清償），但這筆債務有所爭議或不能確知孰為債權人，抑或債務人願意把給付物或擔保物歸還給債權人，唯債權人因某些原因受領遲延。那麼，清償人可以參照《民法》第326條「債權人受領遲延，或不能確知孰為債權人而難為給付者，清償人得將其給付物，為債權人提存之」辦理，把該包含利息在內的債務金額繳到法院的提存所裡，為債權人辦理提存，債務人與債權人之間在法律上有關的債之關係，就宣告消滅。依《民法》第329條的規定：「債權人得隨時受取提存物，如債務人之清償，係對債權人之給付而為之者，在債權人未為對待給付或提出相當擔保前，得阻止其受取提存物。」債權人可到法院的提存所去領取債務人所繳交的提存物。為使提存物之權利狀態早日確定，以維持社會秩序之安定，與憲法無有牴觸，如果自提存之翌日起算起十年以內不去領取的話，依《民法》第330條的規定，債權人關於提存物之權利，自提存後十年間不行使而消滅，其提存物則歸屬國庫。

(三)留置權

《民法》第647條敘明：「運送人為保全其運費及其他費用得受清償之必要，按其比例，對於運送物，有留置權。運費及其他費用之數額有爭執時，受貨人得將有爭執之數額提存，請求運送物之交付。」前揭所謂留置權，謂債權人佔有他人之動產，而其債權之發生與該動產有牽連關係，於債權已屆清償期未受清償時，得留置該動產之權（《民法》第928條）。亦即，「留置權」是一項擔保物權。債權人為保障本身權益而藉由合法途徑持有屬於債務人的貨物或物件，在債務人未履行其債務前，有權不交還該物予債務人。特別一提的是留置權一般只限於持有貨物或物件，並不給予代理人售賣、抵押或以其他方式處置的權利。

(四)運送物之寄存或拍賣權

《民法》第650條：「受貨人所在不明或對運送物受領遲延或有其他交付上之障礙時，運送人應即通知託運人，並請求其指示。如託運人未即為指示，或其指示事實上不能實行，或運送人不能繼續保管運送物時，運送人得以託運人之費用，寄存運送物於倉庫。運送物如有不能寄存於倉庫之情形，或有易於腐壞之性質或顯見其價值不足抵償運費及其他費用時，運送人得拍賣之。運送人於可能之範圍內，應將寄存倉庫或拍賣之事情，通知託運人及受貨人。」運送人雖然在《民法》上被賦予有交付運送物的義務，但如果受貨人拒絕領取，或因某些理由無法完成交付時（如受領權歸屬有訴訟或交付遲延等特別狀況），而如果要運送人遙遙無期地負擔管責任，似乎有悖常理。因此，《民法》特別在第650條賦予運送人以寄存或拍賣權的權利。若運送人將這些有爭議的運送物寄存於倉庫所產生的成本或因存放倉庫，但遲遲無人領取，若繼續寄存，恐成本會逐漸增加，遂於《民法》第652條賦予運送人若干彈性：「運送人得就拍賣代價中，扣除拍賣費用、運費及其他費用，並應將其餘額交付於應得之人，如應得之人所在不明者，應為其利益提存之。」

第三節　假扣押、假處分及假執行

所謂「假扣押」，依《民事訴訟法》第522條：「債權人就金錢請求或得易為金錢請求之請求，欲保全強制執行者，得聲請假扣押。」亦即，債權人就金錢債權或得易為金錢請求之債權，恐日後有不能執行，或甚難執行之虞時，向法院聲請，先行扣押債務人財產，以供日後執行之程序；「假處分」則是指債權人就金錢請求以外之請求，恐因請求標的物變更，日後有不能執行或甚難執行之虞，向法院聲請確保標的物之現狀保持或定暫時狀態之程序；「假執行」是起訴後判決確定前，如第一審或第二審判決主文有宣告假執行，得提存擔保金以後聲請查封拍賣債務人的財產或返還房屋等，不像假扣押、假處分只執行查封而已。

值得一提的是：假扣押、假處分、假執行都有個「假」字，往往讓人誤解為是假的，而不是真的執行行為。其實，「假」是指「預先、預為」或解釋為「暫時」的意思。所以，假扣押、假處分、假執行皆是指先為的保全或執行程序，目的是為保全債務人財產，以免債務人脫產或使財產消失之行為。「假扣押」和「假處分」性質比較類似，都是在尚未取得判決前先為之保全行為，只是對債權種類有所區分：「假扣押」是保全金錢請求或得易為金錢請求之強制執行；「假處分」則是對金錢以外之請求先為保全之強制執行。至於「假執行」的性質則大不相同，「假扣押」、「假處分」只是將財產暫時凍結，而「假執行」可逕將財產執行拍賣。「假執行」是在起訴後已為判決，但判決尚未確定前所為之強制執行，此時因已有判決存在，為免債務人濫行上訴，拖延判決確定時間，故債權人先為「假執行」取回債權。

臺灣民航史上，曾經在1995年推出「一元專案」震驚業界的瑞聯航空公司（U-Land Airlines），因五年虧損新臺幣三十九億、負債七十四億遭到交通部民用航空局停飛，並於2000年8月11日被收回所有航線證書。2001年11月13日遭註銷「民用航空運輸業許可證」。然而，該公司積欠債權人農民銀行、台灣中小企業銀行的貸款債務，民用航空局「國內機場降落費」及「航站相關設備使用費」，以及高雄航空站房屋租金、遲延費用、一般廢棄物清理費、電費。債權人在設定抵押標的航空器所在的轄區（高雄地方法院）聲請扣押瑞聯航空兩架註冊編號B-88888及B-88889的MD（McDonnell Douglas）82/83系列客機。2003年8月27日，高雄地方法院拍賣該兩架客機，底價分別為新臺幣279,366,120元及新臺幣262,368,480元，但無人投標，宣告流標。直到2004年10月才被賣入遠東航空公司旗下，重新登記為B-28037與B-28035。

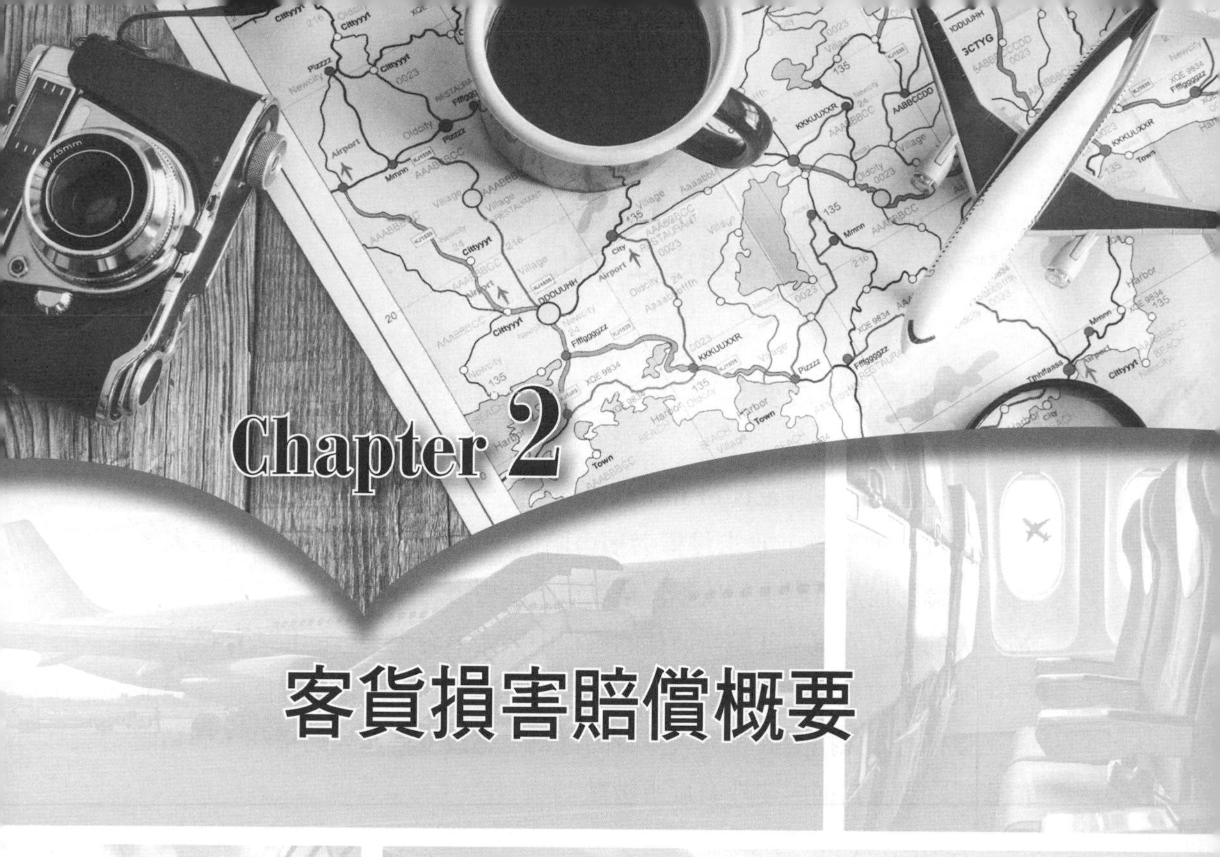

Chapter 2 客貨損害賠償概要

- 第一節　旅客運送之責任
- 第二節　華沙公約、海牙議定書及蒙特利爾公約
- 第三節　1966年蒙特利爾協議
- 第四節　海峽兩岸對於國內航空運輸承運人賠償責任的規範
- 第五節　運送之遲延
- 第六節　侵權行為態樣問題

第一節　旅客運送之責任

一、賠償責任構成要件

「侵權行為」（acts of infringement），亦即某種對他人之權利或利益造成損害的行為，要求侵權者損害賠償，可以透過法律強迫加害人考慮其行為對他人所產生的成本，藉以預防此損害之發生，甚至亦能達到對被害人的損害填補。就航空運輸的過程中，如果發生乘客的損害事故，理應由乘客或其他利害關係人按運送契約追究運送人的賠償責任。一般而言，侵權行為係指由於行為人本身的行為，導致侵害他人的權利，而負賠償責任之謂。其構成要件有以下數點：

(一)須有故意或過失

《行政罰法》第7條第一項：「違反行政法上義務之行為非出於故意或過失者，不予處罰。」債務人就其故意或過失之行為，應負責任，為《民法》第220條第一項所明定。「故意」或「過失」兩大要素是成立侵權行為的主觀要件。行為人如無故意或過失，即無成立侵權行為損害賠償責任的理由。所謂「故意」是行為人對於構成侵權行為的事實，明知並有意使其發生，或預見其發生而其發生並不違背其本意。惟「過失」之意義，《民法》並無明文規定。廣義而言，債務人欠缺注意之行為，即為過失。行為人雖非故意，但按其情節應注意並能注意而不注意，或對於構成侵權行為的事實，雖預見其能發生而確信其不發生者為過失。債務人對於其代理人或使用人之故意過失行為，除當事人另有約定外，依《民法》第224條前段規定「債務人之代理人或使用人，關於債之履行有故意或過失時，債務人應與自己之故意或過失負同一責任」。

(二)須有侵害行為

侵權行為的構成，一定要有「行為」存在。所謂行為，係指受意思支配有意識之人的活動。若無侵權行為，即不成立侵權行為。所謂「行為」，在法律上包括「作為」（可見行動的動靜）和「不作為」（不可見行動的動靜）。

(三)須有侵害他人之權利和利益

侵權行為的構成，必須對他人權利或利益加以侵害，遭受侵害的權利或利益就是侵權行為的標的。權利依其內容可分為人身權利和財產權。人身權利又可分為人格權（自然人的人格權包括生命健康、姓名、肖像、名譽、榮譽、信用、隱私等權利）和身分權（身分權專指親屬權，如配偶權、親權、子權、家長權、監督權、繼承權等）。當人格權受侵害時，得請求法院除其侵害；有受侵害之虞時，得請求防止之；當身分權受侵害時，被害人得請求損害賠償，但以請求財產上的損害賠償為限。至於財產權，包含：物權（指所有權、地上權、抵押權、留置權等）、準物權（指耕作權、礦產權、漁業權、水權等）、無體財產（如專利權、商標專用權、著作權、電話使用權等，具有排他性之準物權性質）及債權。而所謂「利益」係指規律社會生活之公序良俗及保護個人法益之法規所包括的一切法益而言。

(四)侵害行為須為不法

所謂不法或非法係指侵害行為違反法律強制或禁止規定之謂。通常加害行為都具有不法性，但在例外情況，具有阻卻違法事由，而使加害行為成為合法行為（如對於現時不法之侵害，為防衛自己或他人之權利採行反擊行動的正當防衛，或迫不得已下為避免危險所必要採行的緊急避難）。

(五)須被害人受有損害

所謂損害（damage）係指對他人的身體、權利、名譽或所有物之損害。以航空客運而言，損害包括死亡、受傷、遲延、遺失及其他與運送有關，或航空公司提供之服務項目所引起的損害。侵權行為成立的客觀條件必須有損害的發生。蓋民事賠償責任，以填補被害人所受損害為目的，故倘無損害，則行為雖違法，亦不發生損害賠償責任，亦不構成侵權行為。

(六)侵害行為與損害間須有因果關係

被害人遭受損害而請求加害人賠償，必須證明其所受之損害，確係由加害人之行為所致。若加害人之行為與被害人之損害之間，並無因果關係存在，則被害人縱受有損害，亦不得請求賠償。前揭所稱「因果關係」係在一般情形下，有如是侵害行為，均會發生如是損害結果。依據最高法院101年度台上字第443號民事判決要旨對民事侵權之行為及損害之發生須有相當因果關係的解釋：「按侵權行為之債，固以有侵權之行為及損害之發生，並二者間有相當因果關係為其成立要件。惟相當因果關係乃由『條件關係』及『相當性』所構成，必先肯定『條件關係』後，再判斷該條件之『相當性』，始得謂有相當因果關係，該『相當性』之審認，必以行為人之行為所造成之客觀存在事實，為觀察之基礎，並就此客觀存在事實，依吾人智識經驗判斷，通常均有發生同樣損害結果之可能者，始足稱之；若侵權之行為與損害之發生間，僅止於『條件關係』或『事實上因果關係』，而不具『相當性』者，仍難謂該行為有『責任成立之相當因果關係』，或為被害人所生損害之共同原因。」

(七)侵害人須有責任能力

所謂責任能力亦稱為侵權行為能力。行為人須有責任能力，始負侵權行為損害賠償責任，若無責任能力，自不負損害賠償責任。責任能力之判斷可以區分為年齡、精神及生理障礙等三個面向：

1. 年齡：依《刑法》第18條各項規定，分為：未滿十四歲者係無責任能力人，十四歲以上未滿十八歲及八十歲以上者係限制責任能力人，十八歲以上未滿八十歲者係完全責任能力人。未滿十四歲人之行為，不罰。十四歲以上未滿十八歲人之行為，得減輕其刑。滿八十歲人之行為，得減輕其刑。對於成年和無行為能力年齡。中共《民法》是把成年訂為滿十八歲，我國《民法》為二十歲（但就《刑法》觀點，滿十八歲，精神狀態正常而且無瘖啞情形之人為完全刑事責任者）。中共《民法》的無行為能力人為六歲，臺灣《民法》則為七歲。
2. 精神障礙：心神喪失者為無責任能力人，精神耗弱及瘖啞者為限制責任能力人，精神健全者為完全責任能力人。
3. 生理障礙：依《刑法》第20條之規定，瘖啞人之行為，得減輕其刑。

二、賠償主義

凡諸種種，依民事賠償法則，運送人賠償責任之構成，不外乎三種賠償主義，茲分述如下：

(一)領受主義

亦可稱為絕對責任主義。無論客運或貨運，一經接受以後，如果有傷亡毀損，無論其原因為何，均應負責賠償者稱之。

(二)通常事變責任主義

除非能證明該造成損害之原因事故為不可抗力，或運送物之性質，或因乘客之過失所致者，才不需承擔損害賠償責任。臺灣的《民法》採取這種主義。

(三)過失責任主義

損害之發生，由於運送人之過失者，運送人始負責任，各國法例對於民用航空運輸業責任的構成，大多採此主義。1929年《華沙公約》第20條：「(1)承運人如果證明自己和他的代理人為了避免損失的發生，已經採取一切必要的措施，或不可能採取這種措施時，就不負責任；(2)在運輸貨物和行李時，如果承運人證明損失的發生是由於駕駛上、航空器的操作上或領航上的過失，而在其他一切方面承運人和他的代理人已經採取一切必要措施以避免損失時，就不負責任。」因此，國際空運採用過失責任主義殆無疑義。

三、責任範圍

對於航空運送人而言，其所承擔的乘客運送之責任範圍為何？《民法》第622條敘明：「稱運送人者，謂以運送物品或乘客為營業而受運費之人。」旅客運送人即為收受運費、經營旅客運送業人，如民用航空運輸業、鐵路、汽車客運公司等均是。以航空客運為例，眾所皆知，機票本身即為證明運送人為何人及旅客為何人之運送契約，若機票上英文抬頭ISSUED（開票人）是標明為某航空公司，ISSUED之中文意義為「發行、核發」之意，故本件機票業已白紙黑字地載明機票發行人為某航空公司，亦即該公司是運送契約之運送人，依《民法》654條前段規定，旅客運送人對於旅客因運送所受之傷害及運送之遲到應負責任。此外，若被侵權者欲主張其賠償請求權，按侵權行為之成立，須有不法侵害行為存在，以及請求人權利受侵害，且侵害行為與損害結果間具有因果關係。在《民法》上所謂「旅客運送」是指依約定之方法與時間，以運送乘客及其行李為營業。乘客即指其人之身體而言，行李指附隨乘客共為運送之物品。所以，旅客運送人之責任可以分為對旅客身體之責任、對旅客行李之責任、航空器失事致人死傷，或毀損他人財物及非航空器失事所致之財物損害等四種，茲分述如下：

(一)對旅客身體之責任

首先談「對旅客身體之責任」，參照《民法》第654條敘明：「旅客運送人對於旅客因運送所受之傷害及運送之遲到應負責任。但因乘客之過失，或其傷害係因不可抗力所致者，不在此限。運送之遲到係因不可抗力所致者，旅客運送人之責任，除另有交易習慣者外，以旅客因遲到而增加支出之必要費用為限。」因此，依該條之規定，旅客運送人之負責事項，為因運送所受之傷害及運送之遲延兩種。以傷害來說，本法條僅規定旅客運送人應就通常事變負責，至於賠償範圍並無特別規定。旅客運送人責任，性質上為「通常事變之無過失責任」。所謂「無過失責任」係指運送人之責任並不以其有過失為要件，旅客因運送所受之傷害，無庸證明「傷害係因運送人的過失所造成」，只須證明係運送中所受的傷害，便可請求運送人負損害賠償責任。例如因高空亂流而遭致之傷害，可請求運送人賠償之。旅客運送人之無過失責任，僅限於通常事變範圍內所形成的傷害或遲延責任。除此之外，前述所謂因「運送所受之傷害」，係以因運送所受者為限，若與運送無關之傷害，當然不包含在內。亦即，運送人不需賠償「間接損害」（indirect damages）或「後果損害」（consequential damages）。例如：若航空運輸過程中因可歸責於航空公司或其履行輔助人執行職務時之故意或過失導致旅客身體的傷害，依照損害填補理論（回復原狀原則），航空公司必須就其身體傷害部分給予賠償，至於該名乘客因受傷而導致的後續損失（如喪失一場重要商務會議或延誤大學考試分發入學），因為不能證明客觀存在的損害後果與運送人的行為之間存在因果關係，則損害後果產生的原因不明，受害的主張侵權賠償的請求不能獲得法院支持。中共《中華人民共和國合同法》（簡稱《合同法》）第113條對於一般社會常識為預見標準的「賠償損失」亦有清楚界定，即：「當事人一方不履行合同義務或者履行合同義務不符合約定，給對方造成損失的，損失賠償額應當相當於因違約所造成的損失，包括合同履行後可以獲得的利益，但不得超過違反合同一方訂立合同時預見到或者應當預見到的因違反合同可能造成的損失。」

此外，若乘客的人身傷亡完全是由於乘客個人自身的健康狀況所造成，與民用航空器的危險實現之間並不存在因果關係，運送人不需承擔責任。諸如《中華人民共和國民用航空法》第九章（公共航空運輸）第124條：「因發生在民用航空器上或者在旅客上、下民用航空器過程中的事件，造成旅客人身傷亡的，承運人應當承擔責任；但是，旅客的人身傷亡完全是由於旅客本人的健康狀況造成的，承運人不承擔責任。」同法第127條敘明：「在旅客、行李運輸中，經承運人證明，損失是由索賠人的過錯造成或者促成的，應當根據造成或者促成此種損失的過錯的程度，相應免除或者減輕承運人的責任。」綜言之，運送人對旅客發生在特定時期特定地域發生的人身傷亡，除了旅客本人的健康狀況造成的，運送人都應承擔責任。實務上，航空公司要減輕或免除其善良管理人之應注意義務，需要證明損失的具體事實係由索賠人的過錯造成或促成，可以按其情節舉證的材料涵蓋但不限於：損失發生當下的班機運動狀態、客艙廣播及乘客簡報卡（passenger briefing cards）是否足敷提醒或警示旅客的明確性原則或者足敷公平合理分配損害的程度、旅客起身整理行李或開啟行李箱導致損失的關鍵時間點、客艙組員能夠善盡提醒義務或制止的可行性，衡諸損害事實與旅客過錯行為的因果關係，致害原因與損害結果的責任比例。

(二)對旅客行李之責任

一般而言，旅客隨身行李可細分為「無託運行李」（unchecked baggage）和「託運行李」（checked baggage）。無託運行李所指為乘客自行攜帶上機且自行保管的行李，包含「免費攜帶物品」（free carry on item）及「座艙行李」（cabin baggage）。在民法上對於行李是否有交託予運送人，法律的責任不一。對於航空公司的託運行李來說，不管是在行李免費額度之內，抑或因超重額外收費的行李，《民法》第657條敘明：「運送人對於旅客所交託之行李，縱不另收運費，其權利義務，除本款另有規定外，適用關於物品運送之規定。」同法第634條敘明：「運送人對於運送物之喪失、毀損或遲到，應負責任。但運送人能證明其喪失、毀損或遲到，係因不可抗力或因運送物之性質或因託運人或受貨人之過失而致者，不在此限。」又運送物有遲到者，託運人固得請求損害賠償，惟其損害賠償額，應依其應交付時目的地之價值計算之（見《民法》第638條第一項）。如運送物之喪失、毀損或遲到，係因運送人之故意或重大過失所致者，如有其他損害，託運人並得請求賠償（見《民法》第638條第三項），因而對於規範運送人在託運行李承擔「通常事變責任主義」殆無疑義。此外，乘客自行攜帶上機的「無託運行李」，依據《民法》第658條：「運送人對於旅客所未交託之行李，如因自己或其受僱人之過失，致有喪失或毀損者，仍負責任。」對於無託運行李，若在航行過程中損毀，則乘客必須自行舉證損毀原因可歸責於航空公司或其履行輔助人方有機會獲得賠償，若無法舉證或確認航空公司或其履行輔助人無過失，則無賠償之義務。因此，《民法》對於無託運行李於運送人的責任採取「過失責任主義」。

另外，《中華人民共和國民用航空法》第九章（公共航空運輸）第134條：「旅客或者收貨人收受託運行李或者貨物而未提出異議，為託運行李或者貨物已經完好交付並與運輸憑證相符的初步證據。託運行李或者貨物發生損失的，旅客或者收貨人應當在發現損失後向承運人提出異議。託運行李發生損失的，至遲應當自收到託運行李之日起七日內提出；貨物發生損失的，至遲應當自收到貨物之日起十四日內提出。託運行李或者貨物發生延誤的，至遲應當自託運行李或者貨物交付旅客或者收貨人處置之日起二十一日內提出。任何異議均應當在前款規定的期間內寫在運輸憑證上或者另以書面提出。」亦即，旅客行李延誤到達後，運送人應立即通知旅客領取，也可直接送達旅客指定地點。旅客在領取行李時，如果沒有提出異議，即可視為託運行李已經完好交付。旅客如果有異議，亦應在規定期限向運送人以書面方式提出。

(三)航空器失事致人死傷，或毀損他人財物

如果航空器失事致人死傷，或毀損他人財物時，不論故意或過失，航空器所有人應負損害賠償責任；其因不可抗力所生之損害，亦應負責。自航空器上落下或投下物品，致生損害時，亦同。《民用航空法》第89條（航空器所有人之無過失責任）：「航空器失事致人死傷，或毀損他人財物時，不論故意或過失，航空器所有人應負損害賠償責任；其因不可抗力所生之損害，亦應負責。自航空器上落下或投下物品，致生損害時，亦同。」意謂僅於航空器失事並造成傷亡或毀損財物之結果時，航空器所有人始對該傷亡之人（或其繼承人）或受損財物之所有權人負損害賠償責任，即該條之請求權人僅限於直接受害之人，未及於間接受害人。又債權乃無形之權利，並非有形之財物，前開法條明定賠償範圍限於「致人死傷或毀損他人財物」而非「侵害他人權利」，前者所保護之客體範圍顯較後者為窄，足見立法者有意將債權排除於該條保護之外。另外，《中華人民共和國民用航空法》第十二章（對地面第三人損害的賠償責任）第157條：「因飛行中的民用航空器或者從飛行中的民用航空器上落下的人或者物，造成地面（包括水面）上的人身傷亡或者財產損害的，受害人有權獲得賠償；但是，所受損害並非造成損害的事故的直接後果，或者所受損害僅是民用航空器依照國家有關的空中交通規則在空中通過造成的，受害人無權要求賠償。前款所稱飛行中，是指自民用航空器為實際起飛而使用動力時起至著陸衝程終了時止；就輕於空氣的民用航空器而言，飛行中是指自其離開地面時起至其重新著地時止。」意謂航空器所有人對於損害賠償責任的承擔必須以民用航空器致害的因果關係為前提，直接受害之人的損害必須肇因於航空器營運的特殊危險所釀成。

(四)非航空器失事所致之財物損害

對於非航空器失事所致之財物損害，《民用航空法》第93條敘明：

「乘客或航空器上工作人員之損害賠償額，有特別契約者，依其契約；特別契約中有不利於中華民國國民之差別待遇者，依特別契約中最有利之規定。無特別契約者，由交通部依照本法有關規定並參照國際間賠償額之標準訂定辦法，報請行政院核定之。前項特別契約，應以書面為之。第一項所定損害賠償標準，不影響被害人以訴訟請求之權利。」有關賠償請求權的時效問題，依《民法》第623條敘明：「關於物品之運送，因喪失、毀損或遲到而生之賠償請求權，自運送終了，或應終了之時起，一年間不行使而消滅。關於旅客之運送，因傷害或遲到而生之賠償請求權，自運送終了，或應終了之時起，二年間不行使而消滅。」該條文設置「短期消滅時效」，物品運送部分是促使權利狀態得以早日確定，藉由經過一定期間不行使權利，將致使其請求權之請求力消滅以促使權利人從速行使，故將託運人對於損害賠償請求權的消滅時效期間界定為一年。但是，旅客與貨物不同，為了充分保障旅客權益，以及維護法律秩序之安定性，如果二年間旅客不主張損害賠償請求權，即視為逾越旅客運送人責任之短期消滅時效，旅客應注意此類權利行使期間的限制。

第二節　華沙公約、海牙議定書及蒙特利爾公約

航空法，其實是指分散在國際法（law of nations）、國內法（municipal law）、國際私法（private international law）與實體私法中，對應著與航空相關的活動而存在的各種規則（黃居正，2006）。國際航空運送公法體系之本質為管理關係，乃規範國家與國家、國家與航空運送人及有關國際機構之間之法律關係。國際航空運送私法體系，則指規範國際航空運送有關之物權、債權法律關係之法體系。國際航空運送相關之法規範，包括：國際航空運送公法體系（以《芝加哥協定》為主體）、國際航空運送私法體系（《華沙公約》、1999年《蒙特利爾公約》為主體）、航空安全刑法體系（以《東京公約》為主體）（蔡如惠，2008）。

就探討涉外民商事法律適用的國際航空運送私法體系而言，中華人民共和國於1958年7月20日正式加入全稱《統一國際航空運輸某些規則的公約》的1929年《華沙公約》；1975年10月15日加入1955年的《修訂華沙公約》，又稱《海牙議定書》。2005年7月31日起，1999年5月28日年對所有國家開放簽署的《蒙特利爾公約》正式對中國生效。中華民國（臺灣）於1971年退出華沙公約，且均未核准上揭任何華沙公約體系等19公約。

發生事故的航空公司對於客貨損害的責任賠償係根據發生災難事故的航班的出發地、經停地和目的地、乘客國籍、乘客持有的機票是否出自不同的航空公司相繼運輸、承運人等條件的差異而根據其國內法及國際法適用之一系列公約和協議規範的賠償標準。這些賠償數額的基準線，都是由締約方政府簽署的多邊協議，亦不具強制性。索賠申訴人／原告人取得賠償金後，航空公司會要求其立即在受款後簽立和解書，以減少訴訟開支與糾纏。就國際航線（包括接駁的國內班機）的賠償標準而言，《華沙公約》、《海牙議定書》及《蒙特利爾公約》等三個國際公約對旅客及行李的賠償標準列表整理如**表2-1**。

第三節　1966年蒙特利爾協議

美國基於保護消費者利益，對於國外空難賠償一向採用「長臂法律」（long-arm statutes），實行「長臂管轄」（long-arm jurisdiction），亦即涉外民事案件中，只要有任何因素與美國有關，美國法院就有管轄權。如旅客之行程係來自或前往美國，或該行程中有約定停留地係在美國境內者，若旅客所搭乘的航空公司為1966年的《蒙特利爾協議》（1966 Montreal Agreement）之會員且仍保留《華沙公約》之責任制度者，可適用於「特別運送契約」，亦即運送行程之起程地、目的地或約定經停地是在美國境內，則運送人可以引用《華沙公約》制定的責任上限。在此

表2-1 國際航線賠償標準的比較表

	華沙公約	海牙議定書	蒙特利爾公約
法源依據	第22條：「(1)運送乘客時，承運人對每一旅客的責任以十二萬五千普安卡雷法郎為限。如果根據受理法院當地的法律，得以定期金方式支付，付款的總值不得超過這個限額，但是旅客可以根據其與承運人的特別協議，訂立一個較高的責任限額。(2)對於已登記的行李或貨物，承運人的責任是以每公斤二百五十普安卡雷法郎為限。除非託運人在交運時，曾特別聲明行李或貨物運到後的價值，並照章加付運費者，不在此限。在這種情況下，承運人所負的責任應不超過所報明的價值，除非經承運人證明，託運人所聲明的金額高於行李或貨物運到後的實際價值。(3)關於乘客自己保管的隨身行李，承運人的責任限額係以每人五千普安卡雷法郎為限。(4)前揭普安卡雷法郎係指含有千分之九百成色的六五點五毫克黃金之法郎，此金額得折合任何國家取其整數之貨幣。」	第11條：「1.載運旅客時，承運人對每一旅客所負的責任以二十五萬普安卡雷法郎為限。如根據受訴法院法律可用分期付款方式賠償損失時，則付款的本金總值不得超過二十五萬普安卡雷法郎。但旅客得與承運人以特別契約約定一較高的責任限度；2.(1)在載運登記的行李和載運貨物時，承運人的責任以每公斤二百五十普安卡雷法郎為限，除非旅客或託運人在交運包件時，曾特別聲明在目的地交付時的利益並繳付必要的附加費。在後一種情況下，除非承運人證明旅客或託運人聲明的金額是高於旅客或託運人在目的地交付時的實際利益，承運人應在不超過聲明金額的範圍內負賠償責任。(2)如登記的行李或貨物的一部分或行李、貨物中的任何物件發生遺失、損壞或延誤，用以決定承運人責任限額的重量，僅為該一包件或該數包件的總重量。但如因登記的行李或貨物的一部分或行李、貨物中的物件發生遺失、損壞或延誤以致影響同一份行李票或用一份航空貨運單所列另一包件或別數包件的價值時，則在確定責任限額時，另一包件或另數包件的總重量也應考慮在內；(3)關於旅客自行保管的手提行李，承運人的責任對每一旅客以五千普安卡雷法郎為限；(4)本	第17條：「對於因旅客死亡或者身體傷害而產生的損失，只要造成死亡或者傷害的事故是在航空器上或者在上、下航空器的任何操作過程中發生的，承運人就應當承擔責任（第一款）。」（賠償標準根據第21條第一款：每名旅客不超過100,000特別提款權的損害賠償，承運人不得免除或者限制其責任） 第22條：「在行李運輸中造成毀滅、遺失、損壞或者延誤的，承運人的責任以每名旅客1,000特別提款權為限（第二款）。」（但是，非國際貨幣基金組織成員並且其法律不允許適用本條文之國家，則根據第23條第二款：承運人對每名旅客的責任以1,500,000貨幣單位為限） 第23條：「本公約中以特別提款權表示的各項金額，係指國際貨幣基金組織確定的特別提款權。在進行司法程序時，各項金額與各國家貨幣的換算，應當按照判決當日用特別提款權表示的該項貨幣的價值計算。當事國是國際貨幣基金組織的成員，用特別提款權表示的其國家貨幣的價值，應當按照判決當日有效的國際貨幣基金組織在其業務和交易中採用的計算方法進行計算。當事國的價值，應當按照該國所確定的辦法計算（第一款）。」

（續）表2-1　國際航線賠償標準的比較表

	華沙公約	海牙議定書	蒙特利爾公約
法源依據		條規定的限額並不妨礙法院按其法律另外加判全部或一部分法院費用及對起訴人所產生的其他訴訟費用。如判給的賠償金額，不包括訴訟費及其他費用，不超過承運人於造成損失的事故發生後六個月內或已過六個月而在起訴以前以書面向起訴人提出允予承擔的金額，則不適用前述規定；(5)本條所述普安卡雷法郎係指含有千分之九百成色的六五點五毫克黃金的貨幣單位。此項金額可折合為任何國家貨幣，取其整數。發生訴訟時，此項金額與非金本位的貨幣的折合，應以判決當日該項貨幣的黃金價值為准。」	
客運賠償標準	華沙公約將運送旅客之承運人對每一旅客的責任以十二萬五千普安卡雷法郎為限。	海牙議定書將運送旅客之承運人對每一旅客的責任限額較華沙公約提高了一倍，以二十五萬普安卡雷法郎為限。	蒙特利爾公約將運送旅客之承運人對每一旅客的責任在第一梯度係以不超過100,000特別提款權（S.D.R., Special Drawing Rights）為原則。 為反映價格變動，蒙特利爾公約規定此責任限額每隔五年進行一次複審，當通貨膨脹超過10%時可以對責任限額進行修訂。當通貨膨脹超過30%時，則自動進行複審程序。依據該公約通過時規定的第一梯度10萬元特別提款權進行複審，提高至11.31萬特別提款權，自2009年12月30日起對1999年蒙特利爾公約所有當事國生效，且運送人不得免除或者限制其責任。

（續）表2-1　國際航線賠償標準的比較表

	華沙公約	海牙議定書	蒙特利爾公約
行李賠償標準	託運行李：每公斤二百五十普安卡雷法郎為限。 手提行李：每位旅客以五千普安卡雷法郎為限。	託運行李：每公斤二百五十普安卡雷法郎為限。 手提行李：每位旅客以五千普安卡雷法郎為限。	在行李運輸中造成毀滅、遺失、損壞或者延誤的，運送人的責任以每名旅客1,000特別提款權為限。（但是，非國際貨幣基金組織成員並且其法律不允許適用本條文之國家，運送人對每名旅客的責任以1,500,000貨幣單位為限）
1.IATA制式運送契約賠償標準以華沙公約為準，目前多數國家採用之。 2.如果「報值行李」（declare excess valuation）已依照規定付清其報值費用，則運送人所承擔的責任範圍將限於其報值之全額。 3.特別提款權（Special Drawing Rights，簡稱SDR）又稱「紙黃金」（paper gold），是國際貨幣基金組織（International Monetary Fund，簡稱IMF）1969年創立，用於進行國際支付的特殊手段，市值與若干貨幣掛鉤，目前是以美元、歐元、人民幣、日圓、英鎊等五種入籃貨幣依不同比率計算價值，市值並不固定。當IMF會員國發生國際收支逆差時，可用它向基金指定的其他會員國換取外匯，以償付國際收支逆差或償還國際貨幣基金的貸款，還可與黃金、自由兌換貨幣一樣，充作國際儲備。但由於它只是記帳單位，使用前須換成其他貨幣，不能直接用於貿易或非貿易的支付。			

資料來源：本書整理。

特別契約的前提下，對於旅客死亡或身體受傷之賠償上限包括訴訟費為美金75,000元。如其訴訟在美國地區而費用得以另計，則賠償上限為美金58,000元（不包含訴訟費在內）。這項「特別運送契約」的由來為何呢？

首先，本節必須先說明，擬定「特別運送契約」的1966年的《蒙特利爾協議》（1966 Montreal Agreement）與前述**表2-1**內的《蒙特利爾公約》並不是相同的法規，僅是締約地點都是在蒙特利爾。就國際航空法的角度來說，它只是美國在1949年的「珍・蘿絲案」（Jane Ross et al. v. Pan American Airways, Inc. (1949) U.S. Av.R.168.）之後，因對《華沙公約》低限額的不滿，而它提出的將限額增加兩倍之提案又在1955年海牙會議上被廣大的第三世界國家以「農夫貼補國王」為由，反對美國不應以其高經濟水準而試圖把較高的賠償標準放諸四海皆準。美國受挫後，於1966年以退出《華沙公約》體系為要脅，迫使各國飛美之航空公司以「特約」

（treaty）方式，就所有起、迄或停經美國之國際運送所發生之民航事故提高賠償額至美金75,000美元。美國民用航空委員會（Civil Aeronautics Board, CAB）遂於1966年5月13日和各國航空公司完成一項民間協議，其正式名稱是Agreement relating to liability limitations of The Warsaw Convention and The Hague Protocol（Roderick D. van Dam, 1992）。此外，因《蒙特利爾協議》為美國民用航空委員會與全球各主要飛美航線之民航業者所簽的協議，因此又稱為《美國民用航空委員會以E2368號令發布的18990號協議》（Agreement-CAB No. 18900 Approved by Order E-23680, 13th May 1966 (Docket 17325)）。

嚴格來說，該協議並無國際法規則的效力，但它的真實意義來說，卻在地區範圍（進出、經停美國的國際客運航班）內，對《華沙公約》做出重大的修改。以長榮航空公司的客運契約條款中針對起、迄或停經美國之國際運送為例，做如下敘明：「如乘客之行程係來自或前往美國，或該行程中有約定停留地係在美國境內者，該公約以及適用之運送規章中所含之特別運送契約規定，長榮航空公司及加入該特別契約之其他航空公司對於乘客死亡或身體受傷之賠償責任，在大多數情形下，以經證實之損害為限，每一乘客不超過美金七萬五千元。此項限額以內之賠償責任，並不以航空公司之過失為依據。如乘客搭乘之航空公司非加入上述特別契約者，航空公司對於乘客死亡或身體受傷之賠償責任，在大多數情形下每一乘客以大約美金一萬元或二萬元為限。」

若飛美的乘客搭機前想要查詢自己所搭乘之航空公司是否有加入上述特別契約或締約航空公司名冊，各航空公司之售票處均有存置，可向其要求查閱。筆者在此強調的是，從法學嚴謹的角度來思考，《蒙特利爾協議》畢竟不是層級較高的國際公約，其本質上只具有契約的地位，因此其適用法源及合法性引發諸多爭議。

隨著歷史的發展，國際航空運送私法體系中的某些規定已顯陳舊，且現今物價飛漲，相關賠償金額顯已過低，歐洲工業大國歷年來已相繼提高華沙公約體系航空運送人責任限額至十萬特別提款權（Special Drawing

Rights, S.D.R.）。根據（陳承先，2001）彙整各國依相關公約或個別立法制定之賠償限額臚列如下：

1929年華沙公約125,000普安卡雷法郎（約8,300美元）。

1955年海牙議定書250,000普安卡雷法郎（約16,600美元）。

1966年蒙特利爾協議75,000美元。

1971年瓜地馬拉協定（未生效）1,500,000普安卡雷法郎（約100,000美元）。

1975年第3號附加議定書（未生效）100,000 SDRs（約153,000美元）。

1988年義大利274號法律100,000 SDRs（約153,000美元）。

1992年英國航空法令100,000 SDRs（約153,000美元）。

1992年日本實施無賠償限額。

1994年澳大利亞法令260,000 SDRs（約364,000美元）。

1995年國際航空運輸協會訂定《國際航協關於旅客責任的承運人間協議》（Intercarrier Agreement on Passenger Liability，簡稱IIA）。

1996年美國國際航線實施「無限制賠償責任」制度，推定過失責任制無賠償責任限額及嚴格責任制100,000 SDRs。

1999年《蒙特利爾公約》目的在於確保國際航空運輸消費者的利益，對在國際航空運輸中旅客的人身傷亡或行李損失，或者運輸貨物的損失，在「恢復性賠償」原則基礎上建立公平賠償的規範機制。該公約規範國際航空運送人應當對旅客的人身傷亡、行李和貨物損失，以及由於延誤造成旅客、行李或貨物的損失承擔責任並予以賠償。該公約最重要的特點是採取「雙梯度」責任旅客人身傷亡賠償形式。第一梯度是嚴格責任，無論是否可歸責於運送人，運送人必須因旅客死亡或者身體傷害而產生損失承擔11.31萬特別提款權（見《蒙特利爾公約》第21(1)及(2)條），修訂對行李運輸中造成毀滅、遺失、損壞或者延誤承擔的責任限額，由每名旅客的1,000特別提款權提高至1,131特別提款權（見《蒙特利爾公約》第22(2)條）。第二梯度是「過失」責任的認定，如果乘客的人身傷亡肇因於運送人的過失，則運送人承擔的責任無限制（運送人欲免除其責任，應就其免責事由負舉證責任）。但11.31萬特別提款權以上的賠償責任在下述情況下可以免除：(1)損失不是由於運送人或其履行輔助人執行職務時之故意或過失或其他不當行為、不作為造成的；(2)損失完全是由於第三方的過失或其他不當作為或不作為造成的。此外，事故發生後運送人應當按照國內法的要求，及時向提出索賠申訴人／原告人（罹難者家屬、傷者及失蹤者家屬）先行付款，以應其經濟需要。先行付款並不構成以明示或默示的方式，承認運送人或其履行輔助人在該事件的過失或法律責任，並可從隨後的損害賠償金中抵消。此規定可以使索賠申訴人／原告人不需要通過費時、費力、冗長且昂貴的民、刑事訴訟就可以獲得初步的賠償，更與時俱進，切合現代經濟的賠償需求。

第四節　海峽兩岸對於國內航空運輸承運人賠償責任的規範

限額賠償是權衡運輸供需雙方的平衡機制而設，非僅可以妥適維繫空運旅客的權益，又可以使承運人承擔妥適的責任，保證其正常運轉。有關以航空器在本國各航空站之間載、卸客貨運送之業務適用的損害賠償法規，海峽兩岸對於國內航線旅客及行李的賠償標準差異，茲整理如**表2-2**所示。

《航空客貨損害賠償辦法》之授權係依據《民用航空法》第93條規定：「乘客或航空器上工作人員之損害賠償額，有特別契約者，依其契約；特別契約中有不利於中華民國國民之差別待遇者，依特別契約中最有利之規定。無特別契約者，由交通部依照本法有關規定並參照國際間賠償額之標準訂定辦法，報請行政院核定之。」因此，《航空客貨損害賠償辦

表2-2　海峽兩岸對於國內航線賠償標準的差異

	中華民國（臺灣）	中華人民共和國
法源依據	航空客貨損害賠償辦法	國內航空運輸承運人賠償責任限額規定
客運賠償標準	第3條：「航空器使用人或運送人，依本法（民用航空法）第九十一條第一項前段規定對於每一乘客應負之損害賠償，其賠償額依下列標準。但被害人能證明其受有更大損害者，得就其損害請求賠償：一、死亡者：新臺幣三百萬；二、重傷者：新臺幣一百五十萬元。前項情形之非死亡或重傷者，其賠償額標準按實際損害計算。但最高不得超過新臺幣一百五十萬元。」	第2條：「本規定適用於中華人民共和國國內航空運輸中發生的損害賠償。」 第3條：「國內航空運輸承運人（以下簡稱承運人）應當在下列規定的賠償責任限額內按照實際損害承擔賠償責任，但是《民用航空法》另有規定的除外： (一)對每名旅客的賠償責任限額為人民幣40萬元。」
行李賠償標準	第4條：「航空器使用人或運送人對於載運貨物或行李之損害賠償，其賠償額依下列標準：一、貨物及登記行李：按實際損害計算。但每公斤最高不得超過新臺幣一千元。二、隨身行李：按實際損害計算。但每一乘客最高不得超過新臺幣二萬元。」 第7條：「航空器使用人或運送人對於乘客及載運貨物或行李之損害賠償，應自接獲申請賠償之日起三個月內支付之。但因涉訟或有其他正當原因致不能於三個月內支付者，不在此限。」	第3條：「(二)對每名旅客隨身攜帶物品的賠償責任限額為人民幣3,000元。 (三)對旅客托運的行李和對運輸的貨物的賠償責任限額，為每公斤人民幣100元。」 第4條：「本規定第三條所確定的賠償責任限額的調整，由國務院民用航空主管部門制定，報國務院批准後公布執行。」 第5條：「旅客自行向保險公司投保航空旅客人身意外保險的，此項保險金額的給付，不免除或者減少承運人應當承擔的賠償責任。」

資料來源：本書整理

法》在法律位階上屬於授權命令，為行政院發布之命令。該辦法對於死亡者賠償新臺幣300萬，而對重傷者賠償新臺幣150萬元。前項情形之非死亡或重傷者，其賠償額標準按實際損害計算。但最高不得超過新臺幣150萬元。

此外，根據中共1993年11月29日關於修改《國內航空運輸旅客身體損害賠償暫行規定》的決定，民用航空運輸旅客傷亡賠償最高限額僅為7萬人民幣（第6條）。旅客的託運行李在民航運輸和監管期間發生運輸事故，導致全部或部分損壞、丟失，賠償金額每公斤不超過人民幣50元（《中國民用航空旅客、行李國內運輸規則》第51條），且依據前揭《規則》第51條第五款規定，旅客的自理行李和隨身攜帶物品滅失，運送人承擔的最高賠償金額每位旅客不超過人民幣2,000元。

2004年11月21日8時20分，中國東方航空公司從內蒙古包頭機場飛往上海虹橋機場的MU 5210號班機（機型：龐巴迪CRJ-200LR）起飛不久後，疑似「飛機在包頭機場過夜時存在結霜的天氣條件，而飛機起飛前沒有對機翼除霜除冰」，失事墜毀於包頭市的南海公園內，並引發爆炸起火，導致機組員6名、旅客47名全部罹難並造成地面2人死亡。包頭空難一週後，中國東方航空公司公布賠償辦法，其法源依據是引用前述《國內航空運輸旅客身體損害賠償暫行規定》，運送人對每名乘客的最高賠償金額為人民幣7萬元，並根據消費者物價指數調整賠償數額至人民幣21.1萬元，但該項作法遭到部分罹難者家屬以缺乏法律依據且與社會經濟水準不相適應，罹難者權益難以得到有效的救濟為由拒絕接受賠償，甚至主張行政部門存在「立法滯後」，導致法律滯後、賠償辦法滯後。經過包頭空難罹難者家屬及其代理人上書全國人民代表大會常務委員會提請審查賠償標準，並啟動法規審查程序。繼而，中共民航總局（2008年3月起，更名為中國民用航空局）於2006年1月29日經國務院批准發布，自2006年3月28日起施行的《國內航空運輸承運人賠償責任限額規定》（中國民用航空總局令第164號），針對發生在民用航空器上或者在旅客上下民用航空器過程中的事件，造成旅客人身傷亡的，將承運人的責任賠償限額提高到40萬人民幣，且該規定第5條尚且界定承運人賠償與旅客自行保險的關係。旅客自行向保險公司投保航空旅客人身意外保險的，該項保險金額的給付，不免除或減少承運人應當承擔的賠償責任。

第五節　運送之遲延

航空公司或其履行輔助人因受各類主客觀因素導致航班誤點或取消，在極端狀況時甚至引發民用航空乘客與承運人之間產生矛盾和衝突。航空公司在營運上面臨的不確定因素較其他運輸工具多，根據交通部民用航空局會計室統計資料，班機延誤的原因，類分為天候因素、機械故障、來機晚到、班機調度、航管因素及其他因素。而各類延誤事件發生的次數，乃由各航空站塔臺人員記錄，並判斷班機延誤之主要原因。諸多不確定的因素所產生的班機遲延、取消或班表的臨時更改常會發生，且不一定全然可歸責於承運人一方。

就客運而言，班機遲延影響行程安排，可能會認為權益受損；就貨運而言，可能會影響貨物的品質或經濟價值。就航空公司而言，班機誤點並非其所樂見，因延誤後不僅要面對消費者可能的抱怨聲浪，還包含資源分配、班機調度等繁複作業，以及有形與無形的成本損失與企業聲譽的耗損。在航空運輸的過程中，承運人因運送遲延或變更航線或起降地點，致影響旅客權益者，理應由乘客按運送契約界定航空公司的賠償責任範圍。但也有一些國家會依據其傳統司法程序，按「侵權行為法」請求損害賠償。任何的賠償問題，應先究明真相，依法檢視過失釐清責任歸屬，才能參照損害填補原則探討賠償的方法、範圍、損害計算等。

在航空客運領域對所謂的「班機延誤」（delays or cancellations）的法源依據為1929年10月12日在華沙簽訂，1933年2月13日起生效的《統一國際航空運輸某些規則的公約》第19條：「承運人對乘客、行李或貨物在航空運輸過程中因延誤而造成的損失應負責任。」（The carrier is liable for damage occasioned by delay in the carriage by air of passengers, luggage or goods）對於第19條中「遲延」的含義，學者們從理論、實踐兩方面歸結出三種不同定義，即：

1.限於飛機在空中飛行中的遲延。

2.認應係指第18條第二項的「航空運送期間」。

3.主張應係指整個航空運送未能按約定時間將乘客、行李或貨物運抵目的地之情形而言。

一般法院都按第三種定義來處理，同時在必要時兼用第二種的部分論點，以排除在機場外的陸、海、水運引起的遲延因素（楊舜惠，2001）。實務上，由遲延引起的責任，情況相當複雜，常要依具體案情兼用《華沙公約》第20、21、24條以及第10、7、8條來權衡才能作出判斷。一般來說，所謂「延誤」是指在整個航空運送中未能按約定時間將乘客或行李運抵目的地。在第19條意義上的遲延，並不是指航班的具體始發或抵達目的地時間上的「誤點」，而是指旅客或託運人選擇空運這種快速運輸方式所合理期望的期限。如果對延誤引起的損失提出賠償，通常需要受理法院證明它是一種不合理的延誤。運送人只在因不合理延誤造成旅客或貨物損失時才承擔法律規定限額賠償責任（李偉芳，2004）。

以長榮航空公司的運送約款第九章（班機時刻表，班機延誤，班機取消）為例：「時刻表上的航班時間從出版至您實際開始旅行時會有所變動，長榮航空將不對時刻表做任何保證且時刻表亦不是合約上的一部分（9.1.1）」、「在長榮航空公司接受您的訂位之前，長榮航空會告知當時航班飛行的時間並且於機票上顯示，在您開立機票後，長榮航空也可能改變定期航班的時間，我航將遵照您提供的聯絡方式告知您任何的變動，若在您購票完後，我們航班時間換了您無法接受的重大異動且無法提供您可接受的替代航班，您可依照文章10.2辦理退款（9.1.2）」（高聰明，1999）。此外，中共的中國國際航空股份有限公司在其運送約款第九章（航班時刻、航班延誤及取消）亦聲明：「航班時刻表中載明的航班時刻或機型，在其公布之日與您實際開始旅行之日期間將可能發生變動，我們對該航班時刻或機型不予保證，而且該航班時刻或機型也不構成我們與您之間運輸合同的組成部分（9.1.1）」、「我們在接受您的訂票之前，將告知您當時有效的預訂航班時刻，並在您的客票上列明。在客票售出後，我們可能會更改航班時刻。如果您給我們提供了您的聯繫方式，我們將盡力通知您航班時刻的變更。在您購票之後，如果我們對航班時刻做出重大變更而您不能接受，並且我們無法為您安排您可以接受的替代航班，您有權按照第11.2款的規定退票（9.1.2）」。乍看之下，航空公司似乎對於班機遲延的法律責任有較彈性的認定，但正常狀況下，沒有航空公司會在主觀上願意遲延，除了因延誤後所造成消費者可能的抱怨聲浪及服務品質的商譽損失，還有自身資源的分配問題及機隊調度等，都將對航空公司的營運帶來負面的衝擊。實務上，航空公司或其履行輔助人經常採取所有必要的措施以避免造成乘客與其行李的延遲運送。在特殊情況下，承運人會在班機遲延時為乘客安排可替代的航空公司或航空器以執行這些措施和避免航班遭到取消。

換言之，航空公司如無重大過失，班機稍有延誤，均不以《統一國際航空運輸某些規則的公約》第19條意義上的延誤論處。一般法院認定的延誤免責理由包含：天候影響、機械故障、必要的機械維修、不適載運等等。而班機若遭遇重大延誤，只要根據《統一國際航空運輸某些規則的公約》第20條規定：「1.承運人如果證明自己和他的代理人為了避免損失的發生，已經採取一切必要的措施，或不可能採取這種措施時，就不負責任（1. The carrier is not liable if he proves that he and his agents have taken all necessary measures to avoid the damage or that it was impossible for him or them to take such measures）。2.在運輸貨物和行李時，如果承運人證明損失的發生是由於駕駛上、航空器的操作上或領航上的過失，而在其他一切方面承運人和他的代理人已經採取一切必要的措施以避免損失時，就不負責任（2. In the carriage of goods and luggage the carrier is not liable if he proves that the damage was occasioned by negligent pilot age or negligence in the handling of the aircraft or in navigation and that, in all other respects, he and his agents have taken all necessary measures to avoid the damage）。」

在前述第20條條文對合理延誤的定義，是涵蓋了航空運務領域若干

「班機異常」的規定，包含：

1.班機時刻表或機票上顯示的時刻並無保證，也非契約的一部分。

2.班機時刻可不經通知而逕行更改。

3.乘客如果班機延誤而不能銜接續程班機，航空公司可不承擔責任。

以日本航空公司（JAL）的《國際旅客手冊》（*International Passenger Manual*）的規定為例：

JAL **may** absorb the passengers' expenses incurred during the period of delay at the place where the flight irregularities occurred and at subsequent enroute points where such expenses are a direct consequence of the irregularities, provided that they are limited to essential expenses such as hotel room, suitable meals and beverages, ground transportation, transit taxes, and reasonable communications costs necessarily incurred by the passenger because of the irregularities.

Note 1：

JAL **will not pay** for the above services when flight irregularities are caused by acts of God (including but not limited to unfavorable weather), force majeure, strikes (other than by JAL personal), riots, civil commotions, government embargoes or regulations, wars, hostilities, disturbances, or unsettles international conditions unless special circumstances warrant the payment of such expenses upon authorization by TYOPPZ.

再看看英國航空公司（British Airways）的規定：

In the event of cancellation, the following policy should be adopted if passengers have not checked in.

Outside BA Control

If the flight is cancelled due to outside influences such as ATC, political, weather etc, BA will not automatically take responsibility for onward carriage of those passengers affected by this cancellation, the only exception being UM's. However BA will do all possible to assist special passengers such as MEDA, disabled, elderly, mothers with babies travelling alone etc.

由上述JAL和BA的例子，可以看出這些歷史較久的航空公司，一般來說，是比較傾向《華沙公約》的免責條款，而對班機延誤的處理，採取較保守和減少支出的措施。就國籍航空公司遭遇班機異常事件的處理原則為例：中華航空公司對延誤的界定標準係以公告班機時間表為準，班機離站時間超過三十分鐘以上者為誤點。對於班機延誤時之補救措施與補償規定來說，根據該公司運輸條款第十章（班機離到時間及班機取消）規定：「華航將盡合理努力按照旅行當天的班機時刻表運送旅客及其行李。除法律另有規定，班機時刻表、任何其他文件或網站等處所列時間並非保證時間，亦不屬於旅客與航空公司間運送契約之一部分，且航空公司不對旅客轉機承擔任何責任。除航空公司的作為或不作為係故意造成損害或已預知可能對旅客發生損害外，航空公司對於班機時刻表或其他公告的時刻表之錯誤或遺漏，不負任何責任。」、「基於下列事由，航空公司得不經通知旅客即更換替代航空公司或機型，或取消、終止航班、轉降、遲延任何航班或更改其他行程權益、訂位、航班調度，並決定航班之起降，航空公司除依本運送條款及起程地相關法令需退還未使用行程之票價及行李費用外，無須負擔任何責任：因任何事實上非航空公司所得控制之事由（包含但不限於氣候因素、天災、不可抗力、罷工、暴動、禁運、戰爭、敵對、騷動或國際未決事件），或航空公司遭前述事由所威脅，或航空公司已報備前述事由，或任何直接或間接因前述事由所生之遲延、需求或情狀等；或因無法合理預見、預期之事由；或因政府法令規範或命令等；或因人力、燃油或其他設備之短缺，航空公司或其他第三方之勞資爭議」、「若因非華航所得控制的事由造成班機取消、遲延，致無法提供已確認的機位或不能降落在旅客的中途停留點或終點，或導致旅客錯過其所訂妥的接駁航班，除航班遲延或取消地之相關法令另有規定，華航將自行決定：儘速利用華航其他有空位的定期班機載運上述旅客；或於合理時間內利用華航定期班機、他航飛機、陸上交通工具將旅客運送至其機票所載之終點。若此安排之機票款、超重行李費及其他費用高於原機票退票金額，華航將不收取增加的費用，若是低於退票金額，華航將退還其差額；或根據第十一條辦理退票。除此之外，華航對於該旅客無任何責任。

另外，長榮航空股份有限公司對於班機延誤的處理模式，係與華航及其他國際民用航空同業秉持相同的邏輯脈絡。該公司在其運送約款第九章（班機時刻表，班機延誤，班機取消）揭示，如航空公司取消班機，不能按照時刻表時間運送、班機無法降落於旅客的目的地，中途站或造成旅客無法轉接已訂妥機位之續程航班時，航空公司得經旅客之意見，進行下列措施：(1)如果有機位，改搭乘本公司或他航之定期班機，而不另收費，如有必要亦可延長機票效期；(2)在合理的時間內，根據機票的目的地，以本公司或他航的班機，或其他互相同意之交通工具艙等，經由不同的路程到達原目的地。如其費用低於原購票價，可退還價差；(3)依據運送約款10.2節（非自願退款）來辦理退票；(4)長榮航空公司無法提供已訂妥確認的機位時，長榮航空將根據其拒絕登機賠償辦法，給予賠償。

值得一提的，無論是國內航線或國際航線的班機延誤，如果延誤的原因是因為天候因素、航管因素、機場因素、警察介入、公司員工以外的罷工事件、民眾暴亂或騷動、政府扣留或取締、軍方演習、戰爭或敵對行為、主管機關命令約束或其他必要情況等不可歸責於航空公司者，航空公司與旅客均為受害者，除非是基於人道立場給予弱勢團體（如孕婦、傷患、獨行孩童……）等必要的協助及服務之外，原則上並不需對滯留乘客負擔任何責任。

此外，《統一國際航空運輸某些規則的公約》（俗稱《華沙公約》）或其他法律規定並沒有強迫承運人訂定在何時或到何時為止完成運送的契約，所以即便在運送契約中沒有明文規定，承運人只要在合理時間內完成運送的義務，就不算延誤。這種規則在海陸運送中亦屬屢見不鮮。如果班機的延誤係因「非自願、非人為或不能預期」的「不可抗力」（the act of God）事由所致的「合理的延誤」，亦即屬於《華沙公約》的免責條款範疇。

歐盟於2004年2月11日公布，並於2005年2月17日生效《關於航班拒載、取消或長時間延誤時對旅客補償和幫助的一般規定》（Regulation establishing common rules on compensation and assistance to passengers in the event of denied boarding and of cancellation or long delay of flights）（Flight Compensation Regulation (EC) No. 261/2004，亦稱為歐盟261條例），對於(1)從歐盟成員國機場出發的航班，無論承運人是否為歐盟航空公司；(2)從第三國前往歐盟成員國的航班，且承運人為歐盟航空公司（除非旅客已在第三國獲得賠償）建立了關於航班拒載、取消或長時間延誤時對旅客賠償和提供說明的新規範。該規定第14條闡述：根據《蒙特利爾公約》，在由特殊的情勢導致的事件，即使是採取了所有可供合理要求的措施都不可能避免該情勢的發生，承運人的責任將被限制或免除。當航班取消時，航空公司有責任為旅客提供：(1)改簽最近的航班，以免旅客行程受太大影響；(2)改簽至以後使用；或者(3)退票。並且，在行程變動較大時，航空公司有為旅客安排免費食宿、交通和通訊的責任。同時，旅客可獲得現金賠償。但在下列情況中，航空公司可免於現金賠償：(1)提前兩週通知旅客；(2)提前一週通知旅客，但為旅客改簽出發時間不早於原定時間兩小時、抵達時間不晚於原定時間四小時的航班；(3)提前通知旅客時間不足一週，但為旅客改簽出發時間不早於原定時間一小時、抵達時間不晚於原定時間兩小時的航班。

另一方面，《中華人民共和國民用航空法》第126條規定：「旅客、行李或者貨物在航空運輸中因延誤造成的損失，承運人應當承擔責任，但是，承運人證明本人或者其受僱人、代理人為了避免損失的發生，已經採取一切必要措施或者不可能採取此種措施的，不承擔責任。」復由中共《合同法》第94條第一款交叉觀察，因不可抗力致使不能實現合同目的，當事人可以解除合同。《合同法》第117條規定，不可抗力是指不能預見、不能避免並不能克服的客觀情況。第117條第一款規定：「因不可抗力不能履行合同的，根據不可抗力的影響，部分或者全部免除責任，但法律另有規定的除外。」亦即，「不可抗力」是違約責任的免除條件。因不可抗力事件導致合同不能履行或無法履行的，當事人有權通知對方當事人解除合同，合同自通知到達對方時解除，並可免予承擔履行義務和違約責任。民用航空運輸是履行運輸契約，如果確實因為不可抗力引致航班延誤的，航空公司可以免除違約賠償責任。繼而，參照《民用航空法》第91條第二項亦對「不可抗力」提供相同性質的規定，「乘客因航空器承運人之運送遲到而致損害者，航空器承運人應負賠償之責。但航空器運送人能證明其遲到係因不可抗力之事由所致者，除另有交易習慣者外，以乘客因遲到而增加支出之必要費用為限。」然而，若班機延誤的原因被擴大解釋為「合理的延誤」，航空公司只需在「自身原因」造成延誤的前提下（以深圳航空公司的《顧客服務指南》中，自身原因包括工程機務、航班計畫、運輸服務、空勤人員四種）給予乘客補償必要的通訊、飲食、住宿，而無須負擔旅客因班機延誤造成行程改變、延宕或取消的民事損失，則乘客權益受損甚鉅。

發生班機延誤之際，旅客有知情權、選擇權、索賠權。航空公司的相對義務則包含告知義務、補救義務（簽轉其他航空公司、安排後續航班或退票）、損害賠償義務（若有違約事實方能適用）、繼續履行運輸義務（若已辦理報到之旅客願意且實務可行）。過去，航空公司對於班機延誤的處置模式，通常是以個案處理退票還款作業，視情況酌予免收手續費，但並無明確規範。然而，消費者意識不斷提升，加上特殊的消費文化及媒體推波助瀾，乃造成班機異常事件導致的霸機事件層出不窮。針對此類運輸服務供需雙方的矛盾及困擾，民航局已於1997年5月26日訂定《民用航空乘客與航空器運送人運送糾紛調處程序》，復歷經2002年04月04

日、2010年4月29日及2017年9月15日修訂後的《民用航空乘客與航空器運送人運送糾紛調處辦法》，在第3條規範：「運送人於確定航空器無法依表定時間起程，致國內航線遲延十五分鐘以上、國際航線遲延三十分鐘以上者或變更航線、起降地點時，應即向乘客詳實說明原因及處理方式。」前項遲延時間逾五小時以上，且乘客未接受運送人安排者，得向原售票單位辦理退票，運送人不得收取退票手續費（無論是國籍航空公司抑或是外籍航空公司，只要降落在臺灣所屬機場的航班延遲起飛逾五小時者，旅客若不接受航空公司安排，可選擇全額退票，航空公司不得收取手續費。濃霧、颱風等攸關天候不佳的不可抗力情境也適用）。

在第4條規範：「運送人因運送遲延或變更航線或起降地點，致影響旅客權益者，應視實際情況並斟酌乘客需要，適時免費提供下列服務：

(一)必要之通訊。

(二)必要之飲食或膳宿。

(三)必要之禦寒或醫藥急救之物品。

(四)必要之轉機或其他交通工具。

運送人應合理照顧乘客權益，如受限於當地實際情況，無法提供前項服務時，應即向乘客詳實說明原因並妥善處理。」

衡諸前述法規的參照比較可知目前對於班機延誤的責任釐清與賠償準據尚無放諸四海皆準的處理準據和解釋，這也導致乘客和運送人見解不一致，眾說紛紜，不易針對實際客、貨損失額和賠償限額之間進行折衷調和的原因。即便如此，在法制不斷健全的今天，兼顧航空場站、運送人和旅客三方利益的法規章程仍在磨合中，可望讓從中引發的矛盾相對緩和，減輕運送人因班機遲延、取消或班表臨時更改的營運壓力。

第六節　侵權行為態樣問題

《民法》第184條前段的侵權行為態樣中，因故意或過失，不法侵害他人之權利者，負損害賠償責任。與民航運輸有關的侵權行為，在實務上大致包含以下幾種態樣：(1)發生於航空器內的侵權行為；(2)因航空器碰撞或航空器與其他物件碰撞所導致的侵權行為；(3)因航空器失事致乘客死傷或物品毀損的侵權行為；(4)航空器對地面或水面第三人的侵權行為。《民用航空法》對於航空器失事或自航空器上投擲物品，致生命財產有喪失毀損時，其賠償責任係採取「絕對責任主義」，縱因不可抗力之事由所發生，亦需負責。對於非航空器失事所致之乘客傷亡則採取「相對責任主義」。至於非航空器失事所致之財物損害較為複雜，需視運送人責任輕重而有不同程度的賠償責任，並依《民法》規定，負「通常事變責任」，亦即對於貨物之毀損、滅失或遲到，除能證明其係因不可抗力或因貨物之性質或因託運人或受貨人之過失所致者外，應負責任。

若損害之發生，如由航空人員或第三人故意或過失所致者，依照《民法》侵權行為法則，原應由行為人負其責任。然而，因高速飛行載具在運行時涉及諸多內外在的環境因素與各項干擾變因，難免會在主客觀的情境下潛存風險因子，並無法完全避免事故的發生。尤其，「航空器對第三人造成侵權」與「對航空器的非法干擾事件」所衍生的損害賠償議題更顯重要，茲分述如下：

一、航空器對第三人造成侵權

航空器在飛行過程中，因飛航組員執行職務或航空器使用人在管理程序上出現瑕疵，諸如飛機墜毀或從航空器上落下的人或物，致使在地面、水面上的第三人產生人身及財產損害，運送人需要承擔法律責任。

復興航空公司一架從臺北飛金門的ATR-72-600型機（GE235航班，編號B22816），2015年02月04日上午10點52分從臺北航空站（松山機場）起飛不久，因2號發動機感應器故障導致順槳，然而廖姓機長逕直關閉自動飛行模式，且未與副機長做交叉檢查就誤關唯一正常的1號發動機，導致飛機失去動力而失事墜毀於臺北市南港區、內湖區與新北市汐止區交界的基隆河，除了造成43人死亡，並擦撞行駛於環東大道上，由周姓駕駛，隸屬於皇冠大車隊的計程車，導致計程車車頭全毀，周姓駕駛也因視力受損無法繼續開車，並留下心理創傷。另外，1999年4月15日，大韓航空公司一架麥道11型，編號HL7375的寬體運輸機以230噸的飛機重量，滿載4.9萬磅航空燃油和數十噸貨物擬從上海虹橋機場飛往首爾。在機場塔臺糾正了該機飛航組員多次報錯的飛行計畫後，飛機隨即起飛。然而，該機爬升至4,500英尺後，副機長竟將塔臺指示的高度誤聽為1,500英尺。為了回應疏失，促使飛機下降3,000英尺，機師不正確的處理程序導致飛機失速墜毀於虹橋機場西南10公里處的一片工業開發區，造成5死42傷。飛機墜地時形成的巨大衝擊波及四處飛濺的飛機殘骸，致使上海市閔行區莘莊鎮莘西南路區域的1,500戶民宅受損、家庭財產及人身受到不同程度的損害。

對於前者，係屬本國籍民用航空器對地面第三人的損害賠償，這種情況適用我國（侵權行為地）的法律。至於後者，係屬「外國航空器在他國國境內墜毀造成地面人身傷亡」的賠償責任議題，其損害賠償適用受理案件的法院所在地法律。理由是受理案件的法院所屬國一般也是與案件有密切聯繫的國家，加上法院有適用法院地法的便利。其實國際民航組織早在1952年10月7日就於羅馬會議通過了《關於外國航空器對地面（水面）第三者造成損害的公約》（簡稱1952年《羅馬公約》）。締約國為了確保在地面（水面）上受外國航空器損害者可以獲得適當的賠償，同時合理地限制因此損害而引起的責任範圍，使其不致阻礙國際民用航空運輸的發展，並認為有必要，通過一種國際公約，在最大可能範圍內統一世界各國適用於此種損害所引起的責任規則。《羅馬公約》在責任限額方面，依據航空器的重量和人身傷亡兩個標準來確定。航空器的重量分為五個等級，限額由50萬普安卡雷法郎起計，對人身傷亡的賠償限額為對每一罹難者或傷者不超過50萬普安卡雷法郎為限。《羅馬公約》亦提出以「單一窗口」的方式規定締約國授權並承諾強制執行在一締約國內作出同對地面第三者蒙受損害有關的判決，以避免了同時在數個締約國內提起訴訟並保護了公約規定的責任限額。然而，該公約由於有諸多限制，只有近約四分之一的國際民航組織成員國批准該公約，主要原因在於對該公約的責任體制和賠償責任限額無法達成共識。尤其，美國等經濟發達國家認為該公約的賠償責任限額太低，未能對被害人提供充分的保障，並藉此當作不願批准該公約的理由。甚至，加拿大於1976年12月29日退出1952年《羅馬公約》，遂使該公約並未被國際社會廣泛接受。

爾後，1978年9月23日，國際民航組織在蒙特利爾通過了旨在修訂1952年《羅馬公約》的議定書——《修正該外國航空器對地面（水面）第三者造成損害的公約的議定書》，簡稱《蒙特利爾議定書》。《蒙特利爾議定書》在修訂時，分別將1952年《羅馬公約》的限額提高了四到九倍，人身傷亡的責任，最高可達125,000特別提款權。在管轄權方面，1952年《羅馬公約》規定損害發生地法院為起訴的唯一法院。但是，1978年《蒙特利爾議定書》則修訂為經由索賠人和被告的協商，可以在任何其他締約國法院起訴，也可以訴諸仲裁，但是任何訴訟不得以任何方式損害在損害發生地國起訴的權利。

二、對航空器的非法干擾事件

美國911事件的發生，形成全球秩序與衝突的新焦點。西方國家已意識到恐怖主義的安全威脅不再是與任何一個有固定疆界的政治實體發生戰爭關係，而是進行國家與非國家行為者的對抗行為。影響所及，非僅區域安全情勢發生重大變化，更嚴重影響全球經濟復甦與發展。尤其，隨著航空運輸的日漸發達，利用乘坐民用航空器劫機發起攻擊，從而引起廣泛而深遠的國際影響力，已成為恐怖主義分子首選的目標。然而，發生在航空器上的非法干擾行為既可能造成機毀人亡，更可能造成第三方的損害賠償問題。於焉，國際民航組織亦體認到有必要將《羅馬公約》所構築的法律框架現代化。

首先，國際民航組織理事會在2004年5月31日決定成立「《羅馬公約》現代化特別小組」，該小組的任務是對國際民航組織於2004年3月15日至21日在蒙特利爾召開的第三十二屆法律委員會所提的決議——《關於航空器對第三方造成損害的賠償的公約》予以進一步的發展和完善。為此，該小組於2005年至2007年先後召開了六次小組會議專門討論該議題，並開始著手起草相關的公約。公約主要係由航空公司、乘客、託運人、第三人和政府等利益關係者共同承擔因恐怖主義等非法干擾在民用航空器上的侵權行為所造成損害的風險。歷經前述努力，國際民航組織於2009年4月20日至5月2日在加拿大蒙特利爾市召開國際航空法會議（International Conference on Air Law），經討論、修改並通過了《關於航空器對第三方造成損害的賠償的公約》（簡稱《一般風險公約》）（Convention on Compensation for Damage to Third Parties, Resulting from Acts of Unlawful Interference Involving Aircraft）和《關於因涉及航空器的非法干擾行為而導致對第三方造成損害的賠償的公約》（簡稱《非法干擾公約》）（Convention on Compensation for Damage Caused by Aircraft to Third Parties），並向各國開放簽署，同時建構《關於因涉及航空器的非法干擾行為而導致對第三方造成損害的賠償的公約》的賠償基金。

就《一般風險公約》而言，全文共計5章28條，該公約是對1952年《羅馬公約》和1978年《蒙特利爾議定書》的現代化。公約的核心在於運送人的雙梯度責任體制。在第一梯度下，運送人對第三人造成的損害無論是否有過錯，均以航空器最大重量為基礎承擔一定限額內的賠償責任。超出限額的部分（即第二梯度下），對運送人適用「過錯推定責任原則」。亦即損害發生後，推定承運人有過錯並由其承擔責任，除非運送人能證明其對損害的發生無過錯，否則第二梯度的賠償是沒有限額的。

就《非法干擾公約》而言，全文共計8章47條，該公約旨在透過採取各方締約國採取合作行動，統一關於對飛行中航空器的非法干擾事件的後果提供賠償的一些規則，以達到保護第三方受害人利益和維護航空業持續發展的雙重目的。在非法干擾行為造成的航空器事件中，由運送人在一個限額以內承擔賠償責任，限額以上的損害透過公約設立的國際民用航空賠償基金提供賠償。如此一來，運送人可以透過保險分散其限額內的財務風險，而第三方受害人不僅可以在限額內得到運送人的快速賠償，當損害超過限額時，還可以透過國際民用航空賠償基金保障其損害得到充分賠償。

前述兩項國際公約均於2009年5月2日於蒙特利爾簽訂，以中文、英文、阿拉伯文、法文、俄文和西班牙文寫成，各種文本同等作準，此種作準在會議主席授權的會議秘書處於簽訂之日後九十天內核查各種文本的案文彼此協調一致後開始生效。本公約應當存放於國際民用航空組織檔案處，由公約保存人將核證無誤的公約副本分送本公約的所有締約國，以及第25條所述的各公約和議定書的所有當事國。

註 釋

1.1944年簽訂《芝加哥協定》後，並於翌年成立「國際民用航空組織」（International Civil Aviation Organization, ICAO），但仍無法有效處理國際各航空公司間之票價、運費等商務事項。為了因應這個需求，國際民航組織之各國代表達成共識，於1945年由各飛航國際航線之航空公司聯合組成「國際航空運輸協會」（International Air Transportation Association, IATA），簡稱「航協」，為民用航空民間公會的國際性組織，其總部設於加拿大魁北克省（Quebec）之蒙特利爾（Montreal）。另外，在瑞士之日內瓦設有辦事處，其職權包括：運輸規則及條件的制訂、運費之訂定、清算等機能。IATA制式標準運送契約的賠償標準係以《華沙公約》為準，目前多數國家採用之。

2.所謂「報值行李」（declare excess valuation）係指乘客若認為其攜帶之託運行李價值超過航空公司依據現行法規規定所訂之最高賠償金額，為了降低該行李之旅行風險（遺失、損壞等）而向航空公司申請報值，航空公司則於承載責任範圍內提供限定金額內之服務項目。《中國民用航空旅客、行李國內運輸規則》對「報值行李」亦在第43條有明文規定：「旅客的託運行李，每公斤價值超過人民幣五十元時，可辦理行李的聲明價值。」、「承運人應按旅客聲明的價值中超過本條第一款規定限額部分的價值的千分之五收取聲明價值附加費。金額以元為單位。」及「託運行李的聲明價值不能超過行李本身的實際價值。每一旅客的行李聲明價值最高限額為人民幣八千元。如承運人對聲明價值有異議而旅客又拒絕接受檢查時，承運人有權拒絕收運。」民眾搭機出國倘有貴重物品，建議隨身攜帶，不要置於託運行李內。倘因任何理由一定要以託運行李方式辦理，且行李全程皆在同一家航空公司保管下且價值超過該公司的標準賠償金額，建議搭機前可以聲明價值，以報值方式繳交手續費後辦理託運，萬一行李遺失時，尚能減少損失。

參考文獻

李偉芳（2004）。〈航空承運人航班延誤的法律分析〉。《政治與法律》，第6期，頁97-100。

高聰明（1999）。《航空客運風險與管理》。長榮航空股份有限公司出版。

陳承先（2001）。〈國際航空運送人之責任〉。國立臺灣海洋大學海洋法律研究所碩士論文。

黃居正（2006）。《國際航空法的理論與實踐》。新學林出版社，ISBN 986-7160-28-2。

楊舜惠（2001）。〈兩岸民用航空旅客運送適用消費者保護法之比較研究〉。國立臺灣海洋大學海洋法律研究所碩士論文。

蔡如惠（2008）。〈兩岸航空運送人責任之研究〉。國立交通大學科技法律研究所碩士論文。

Roderick D. van Dam, Air Liability (1992). *ICAO Policy, Annals of Air and Space Law, Vol.XVII-I*, p.85.

Chapter 3

空中主權

第一節　航權發展簡介

第二節　英、美兩國的兩次百慕達協定

第一節　航權發展簡介

自從1783年人類將第一個航空器——輕氣球升入天空以後，人類就不斷想將生存空間擴展到三度空間。1903年12月17日，美國威爾伯．萊特（1867-1912）和奧維爾．萊特（1871-1948）兩兄弟在北卡羅萊納州小鷹鎮，以帶動力、能載人、持續、穩定、可操縱且重於空氣的「飛行者1號」總共進行四次試飛，最好成績是持續滯空59秒，飛行距離260米。人類以重於空氣的「凌雲御風」理想終於實現。

觀照自萊特兄弟發明飛機迄今的百年省思，全球航空界都不斷在尋找載客量更大、低油耗、以追求經濟效率、社會公平及環境保護的「永續運輸」（sustainable transportation）方式。然而，航空科技發展，一日千里，航空法律領域的發展卻相對緩慢。究其原因，主要是對於「空氣空間」法律地位的爭議與人類族群領域的空間價值觀。

「空氣空間」（air space）在本書雖是法律用語，但此名詞和地球物理上同一詞彙涵義既有相同因素，又有特殊的涵義。法律上的「空氣空間」可表述如下：「地球表面的任何區域，不論其為陸地還是水域，凡被認作一國領土的組成部分者，那麼這些地表區域之上的空氣空間亦屬該國領土組成部分。相反地，地球表面不屬任何國家領土組成部分的任何區域，該地表區域之上的空氣空間則不受任何國家主權控制，所有國家均可自由使用。」（趙維田，1991）。當航空器的浮動或飛行超過一國邊界時起，對於空氣空間的法律地位就發生爭議，因此需要法律制度加以規範。然而，國家領土是立體而非平面，對於領土的廣泛定義及標準在實際應用時仍有諸多歧見。

一、領空主權相關學說

相對於人類悠久的歷史，航空器的發明也僅是一個世紀多的事了，而空運與海運有很多特質是很類似的，因此領空的觀念事實上是延續對領海的觀念而加以修正。以領海為例，根據《聯合國海洋法公約》（United Nations Convention on the Law of the Sea）的基本法律框架，對於特定國家的領海定義是由領海基線（通常是大潮低潮線）延伸出去的3～12浬。以中華民國為例，《中華民國領海及鄰接區法》第3條規範領海為自基線起至其外側12浬間之海域。就離領海基線12浬但卻不超過200浬之內的海域，通常是海洋法規範的專屬經濟海域（包括海水及其下的海底），在該地區從事的活動應該尊重享有領海區的國家之權利和義務。例如，養護海洋生物資源、保護電纜和管道的相關規範。

如果兩國領海或經濟海域有重疊的區域，原則上以等距中線劃分，或由兩國協議訂定。實務上對於領海範圍的認定準則，甚至是歷史性權利、島嶼（islands）與岩礁（rocks）制度、低潮高地（low-tide elevation）制度、專屬經濟區的軍事活動、群島制度、海岸相向或相鄰國家間海域的劃界以及海盜騷擾問題等諸多面向的主權爭端、國與國之間的爭鬥與國際仲裁仍然是一個重大而棘手的任務。然而，領陸領水之外，是否有所謂的「領空」（territorial airspace）？即便諸多國家認為領空是隸屬於國家主權的領陸和領水的上空，但範圍可以延伸到什麼程度，甚至國與國之間在主觀認定上的重疊問題又該如何有公允的區隔？隨著國際航空運輸的快速發展，在領陸領水之外，有關各國對其領土之上的空氣空間具有完全和排他的「主權」（sovereignty of airspace）問題也逐漸浮出檯面。各國對其領土上空之航空器，究竟應該如何管理，國際上並無相關法例與習慣可循，在第一次世界大戰以前，學者意見頗為分歧，各式學說紛陳，莫衷一是。當時主要有五種學說：

(一)絕對自由說

此說引用荷蘭法學家胡果・格勞秀士（Hugo Grotius, 1583-1645）於1609年發表的《海洋自由論》為依據，主張「空氣空間」完全是飄忽不定之物，不得成為設定權利的對象。闡述空氣、流水與海洋為人類共同使用之物。任何人均可以絕對自由使用。換言之，航空器在其本國法規許可範圍內，在他國上空無論任何行為均可為之，縱使對於在該國的空中危害行為，諸如：以武器進行操練或演習、蒐集情報、嚴重之污染行為、捕撈生物、進行研究或測量活動、影響防務或安全之宣傳行為等，領域國亦無干涉之權利。

(二)有限自由說

此學說原則上承認空中自由，惟其自由不得超過領域國自衛上必要之各種權利。即國家為自衛計，有控制其領土及領水上空之權利。

(三)分層自由說

此學說以空中自由為原則，承認領土國主權可達到一定之高度，並依照領海理論，將空中分為領空和「公空」（public air）；於離領域之一定高度之空域內為領空，領域國有禁止飛行之權利，而在較高之公空則可以被同意翱翔天際，得享完全自由。

(四)無害通過說

此說主張各國領域上面之空間屬於領域國所有，但航行不是「橫行」，自由不能違法，有規有矩才能有方有圓。除了軍、警航空器及稅捐專機等對於安全具有威脅者之外，應准許他國一般航空器迅速通過，不可從事不必要的延滯且不得損害該國之權利，此學說的立論基礎係源自於海洋法的「無害通過」（innocent passage）。

(五)空中主權說

此學說主張各國對其領域上面之空間享有完全主權，不得受任何限制，即一國不能對他國領域上空主張任何主權，一國對他國之公私航空器得依自己意思，關閉或開放其領域之上空，即便一國允許他國飛航，亦將制訂管制之規章，予以約束。

對於前述五種學說，經過國際法學會曾於1910年、1911年及1913年先後集議討論，始終沒有一套放諸四海皆準的共識。而在1914年第一次世界大戰爆發後，交戰國立即要求全部領空權，以為自衛，如英國在1911年立法制定和1913年修訂的《航空法》便是。同時，鄰近之中立國家為維護中立起見，禁止交戰國之飛機通過其領土上空，於是空間之使用漸與陸地規則相同，不適用於領海與國際海峽之原則。

二、領空與空中主權的界定

第一次世界大戰結束以後，1919年10月13日，各國代表在巴黎舉行會議，會中決議成立「國際飛航委員會」（International Commission for Air Navigation），並起草制定「國際飛航規範」（Air Navigation Code），後稱為《巴黎空中航行管理公約》（Paris Convention for the Regulation of Aerial Navigation）或簡稱《巴黎公約》，這是國際上首次有關空中立法的公約。對於此約，臚列下列原則：

1.每個國家對於其領土及領海上空，擁有絕對及充分之自主權，同時有權利驅除或管轄任何侵入領土或領海的外國航空器。
2.國際飛航自由必須是在國家主權與國家安全所能接受的範圍內。
3.對於缺乏國籍識別的航空器准許各國自行處理。
4.每一國家的航空器必須具備國籍證明並且進入他國時需向主權國註冊。

自《巴黎公約》以後，國家對領空的主權才得到確認。該約第1條揭示：「國家對其領陸及領水上的空氣空間具有完全的和排他的主權（complete and exclusive sovereignty）」（註：1944年在芝加哥締結的《國際航空運輸協定》亦原文照抄此一原則）。同時，在第2條明文賦予締約國承允對民用航空器在和平時期相互給予無害通過的自由。前述公約內有關「完全的和排他」一詞被理解為「無限高度」，因此當時各國代表對領空主權能到多高並無限制。不過，隨著航太科技發展的突飛猛進，在領空之外對「外空」（outer space）的法律制度也逐步形成，其他國家不得對其主張主權。有關「完全的和排他」的主張也見於《聯合國海洋法公約》和一般國際法的規定。以這些規定的意涵而言，外國航空器在沿岸國專屬經濟區上覆空域原則上享有航行自由、飛越自由以及鋪設海底電纜和管道的自由，但在行使這些權利時，應該顧及沿岸國的權利和義務並遵守其制定的有關法律規章和制度。外國航空器在沿岸國專屬經濟區範圍內的海域上空飛行，不得從事危害沿岸國主權、安全和國家利益的活動。

(一)領空的界定

有關領空的界定，1944年《國際民用航空公約》第1條即開宗明義的宣示：「締約各國承認每一國家對其領土之上的空氣空間享有完全的和排他的主權。」（Article 1 - Sovereignty: The contracting States recognize that every State has complete and exclusive sovereignty over the airspace above its territory），並在第2條解釋所謂「領土」的範圍：「本公約所指一國的領土，應認爲是在該國主權、宗主權、保護或委任統治下的陸地區域及與其鄰接的領水。」（Article 2 - Territory：For the purposes of this Convention the territory of a State shall be deemed to be the land areas and territorial waters adjacent thereto under the sovereignty, suzerainty, protection or mandate of such State）《民用航空法》第78條（外籍航空器之飛越或降落）敘明：「外籍航空器，非經交通部許可，不得飛越中華民國領域或在中華民國境內起降。但條約或協定另有規定者，從其規定。民航局得派員檢查在中華民國境內起降之外籍航空器之各項人員、設備及其有關文件。機長不得拒絕、規避或妨礙。第一項外籍航空器飛越中華民國領域或在中華民國境內起降申請許可之程序、應備文件、撤銷、廢止許可或禁止飛航之事由及其他應遵行事項之規則，由交通部定之。」《中華人民共和國民用航空法》第2條亦敘明：「中華人民共和國的領陸和領水之上的空域為中華人民共和國領空。中華人民共和國對領空享有完全的、排他的主權。」而中共1992年制定的《中華人民共和國領海及毗連區法》第12條更指出：「外國航空器只有根據該國政府與中華人民共和國政府簽訂的協定、協議，或者經中華人民共和國政府或者其授權的機關批准或者接受後，方可進入中華人民共和國領海上空。」顯見各國對於其領陸及領水上的空氣空間完全及排他的主權堅持。

(二)空中主權的界定

即便國際航空運輸是一種經濟或商業活動，但它不可能脫離國際環境遺世而獨立，仍會受到基於空中秩序維護的國際行政管理或法律節制。對於空中主權的界定，《巴黎空中航行管理公約》將國際航空運輸分為兩類，其一是公約第15條所指的「國際定期航線」（regular international air navigation line），亦即當代所稱之國際定期航班航空公司（scheduled international airlines或air services）的航空器；其次是不屬於國際定期航班航空公司的航空器。對後者，第2條敘明：「凡締約國平時對於各締約國之航空器，若其飛越時不生妨害，而又恪遵本約所定之規條，當准其自由飛越本國領土。」、「凡締約國所規定關於准許各締約國之航空器，飛越其領土之一切規章，應不分國籍一體適用。」以及第15條的規定：「凡一締約國之航空器，皆有飛越其他締約國不必降落之權，但須遵循飛越國所劃定之航線，若該國為公安起見，用附款所規定之信號，令其降落時仍須遵令降落。」從前揭論述可以管窺，值此時期，空中主權問題雖然傾向「空中主權說」，但值得注意的是「無害通過」（innocent passage）他國領域僅僅是條約上所給予之「權利」，而不是可以自由主張的，雖然強調在締約國之間可享有在其他締約國上空的無害通過自由，但仍需遵守公約規定的條件。至於國際定期航線的航空器則沒有這種自由，必須事先得到航空器要飛經的國家的同意。當初美國等美洲國家並未加入這個公約，西元1923年5月，在美國號召之下有二十個泛美聯盟國於華盛頓舉行的第五屆「泛美會議」（Pan-American Conference）。會中，美國商業飛航委員會（Inter-American Commercial

Aviation Commission）通過起草制定條文，草約中對商業飛航、飛航路線決定、飛航規範建立及推薦適合設立飛機起降設備的場地有了適當的規範。爾後，並於1928年2月20日於古巴（Cuba）首都哈瓦那（Havana）所舉行的第六屆泛美會議訂立《哈瓦那商業航空公約》（Havana Convention on Commercial Aviation），其內容大致與《巴黎公約》相似，但並無《巴黎公約》所附之技術性條款。

三、國際航空運輸的發展

第一次世界大戰結束後，各交戰國紛紛中止敵對狀態，而有下列因素促成國際航空運輸的迅速發展：(1)飛機製造商開始尋找戰爭以外的新市場；(2)許多企業家體認到國際快速運輸及溝通的重要性；(3)退役的空軍飛行員需要持續應用其飛行技術；(4)各國政府認為發展航空運輸可以提升國家聲望及促進經濟繁榮。1925年在法國政府倡議下，在巴黎召開了第一次航空私法國際會議，在會中提出成立專屬會議的需求，遂於1926年5月17日至21日籌組了「國際航空法律專家委員會」（Comité International Technique d' Experts Juridiques Aériens，簡稱CITEJA），並共同期望議定一部國際統一的航空民事責任法典。1929年終於在華沙所召開之第二次航空私法國際會議上通過訂定《統一國際航空運輸某些規則的公約》（Convention for the Unification of Certain Rules Relating to International Carriage by Air Signed at Warsaw on 12 October 1929）（通稱1929年《華沙公約》），中華民國當時雖有簽約，但中華人民共和國取得大陸政權後，至今臺灣仍無法被批准加入。在這份公約裡，定義了何謂國際航空運輸，並統一規定在運輸過程中有關下列事項之處理準則：(1)承運人對乘客發生死傷之規定；(2)貨物商品或行李損壞、遺失之規定；(3)由於延誤抵達，造成乘客或貨主之權益等相關損失賠償責任及條文；(4)機票、貨運單及其他航空旅行文件的標準格式。

1955年9月28日，於荷蘭的海牙（Hague）所召開的會議中，修正了

《華沙公約》的部分條文，僅針對有關賠償問題做進一步的修訂，並未取而代之。其內容就是後來所稱的《海牙協定》（The Hague Protocol）。《華沙公約》的骨幹在於「公約的適用範圍與定義」、「運送文書」及「運送人責任與責任限額」；而《海牙協定》主要在簡化運送文書，刪除運送人之部分免責條款，提高責任限額，如將原來規定每人死亡之最高賠償金額由8,300美元調高到16,600美元，並修訂「故意」等定義。爾後，西元1971年制定的《瓜地馬拉協定》（Guatemala City Protocol），更針對賠償責任做了大幅修訂，其中最主要的是確認承載運送人具有「絕對」的賠償責任。換言之，不管是否為人為疏失所造成的損害，若無法證明自己或受僱人或代理人已採取一切必要之措施或無法採取該措施防範時，承載運送人必須負擔完全責任。此外，並將個人死亡的賠償上限訂為100,000美元。爾後，1975年9月25日在蒙特利爾簽署的第1號、第2號、第3號、第4號《關於修改〈統一國際航空運輸某些規則的公約〉的追加議定書》等之修正，使得具國際私法性質之《華沙公約》延用至今，進而形成《華沙公約》體系。

航空事業發展日行千里，諸多國際公約或規章已不符所需。因此，美國在1944年12月7日，在芝加哥召開國際民用航空會議，在會議中簽訂了三項國際航空公約，形成戰後的「國際航空大憲章」，並對現代國際民航運輸事業產生重大影響。這三項公約分別是：(1)被當代簡稱為《芝加哥協定》（The Chicago Agreement）或《芝加哥國際民用航空公約》（Chicago Convention on International Civil Aviation）的憲章性文件——《國際民用航空公約》；(2)《國際航空過境協定》（International Air Service Transit Agreement）；(3)《國際航空運輸協定》（International Air Transport Agreement），茲探討如下：

(一)《芝加哥協定》

《芝加哥協定》旨在「使國際航空得循安穩與有秩序之方式從事發展，而國際空運事業亦得建立於機會均等之基礎上健全與經濟地經營」，可以分為空中航行、國際民航組織、國際航空運輸及最後條款等四篇共二十二章，其目錄略為：

第一篇　空中航行

第一章　公約之總則與適用：主權、領域、民用及國家航空器、民用航空器之不當使用。

第二章　飛越締約國之領域：不定期飛航權、定期航空業務、境內營運權、無人駕駛之航空器、禁航區、降落於海關航空站、空中規章之適用、空中規則、入境或通關規章、疾病散播之防止、航空站及類似之收費、航空器之搜查。

第三章　航空器之國籍：航空器之國籍、雙重登記、登記之國內法、標誌之顯示、登記之報告。

第四章　便利航空之措施：手續之便利、海關及移民程序、關稅、遇難之航空器、失事調查、專利主張扣押之豁免、航空設施及標準系統。

第五章　關於航空器所應履行之條件：航空器備帶之文件、航空器無線電裝備、適航證書、人員證照、證照之認可、航程日誌、貨物之限制、攝影機。

第六章　國際標準及建議措施：國際標準及程序之採用、異於國際標準與程序、證照之備註、備註證照之效力、現行適航標準之認可、人員能力現行標準之認可。

第二篇　國際民航組織

第七章　組織：名稱與組成、目的、永久地址、大會之第一次會議、行為能力。

第八章　大會：大會會議及投票、大會之職權。

第九章　理事會：理事會之組成及選舉、理事會之理事長、理事會之投票、列席而無投票權、理事會強制性之職掌、理事會非強制性之職掌。

第十章　空中航行委員會：委員之薦舉及任命、委員會之職掌。

第十一章　人事：人員之任命、人員之國際性、人員之豁免與優例。

第十二章　財務：預算及開支之分攤、投票權之終止、代表團及其他代表之費用。

第十三章　其他國際安排：安全之安排、與其他國際機構之安排、關於其他協定之任務。

第三篇　國際航空運輸

第十四章　情報與報告：向理事會提出報告。

第十五章　航空站及其他航空設施：航路及航空站之指定、航空設施之改善、航空設施之財務負擔、理事會對設施之提供及維護、土地之取得與使用、基金之支出及分攤、技術協助及收入之運用、自理事會接收設施、基金退還。

第十六章　聯合經營組織與合辦業務：聯合經營組織之許可、理事會之職掌、經營組織之參加。

第四篇　最後條款

第十七章　其他航空協定之安排：巴黎及哈瓦那二公約、現有協定之登記、相牴觸安排之廢止、新安排之登記。

第十八章　爭端與不履行：爭端之解決、仲裁程序、上訴、航空業不遵照之處罰、國家不遵照之處罰。

第十九章　戰爭：戰爭及緊急狀態。

第二十章　附約：附約之採用及修正。

第二十一章　批准、加入、修正及退出：公約之批准、公約之加入、其他國家之接納、公約之修正、退約。

第二十二章　定義。

《芝加哥協定》代替了原先的《巴黎公約》，對國際民航活動制定了一系列原則和規定，並根據《芝加哥協定》設立了日後影響全球航空界甚鉅的「國際民用航空組織」（International Civil Aviation Organization, ICAO），簡稱「國際民航組織」。「國際民航組織」依公約設大會與理事會，理事會依業務需要設置若干委員會：空中航行委員會、空中運輸委員會、法律委員會、空中航行服務聯合支援委員會、財務委員會、非法干擾委員會，另設秘書長及秘書處負責該組織之行政業務。該組織除了召開會議制定相關附約、標準程序、作業手冊外，亦協助開發中國家民航人員之訓練，同時也編印相關出版品（包括附約、空中航行服務程序、訓練手冊、區域空中航行計畫、航空器失事摘要、國際民航術語彙編、統計資料及法律委員會之會議紀錄與文件等），其宗旨與目的，在發展國際航空之原則及技術，並促成國際航空運輸之規劃及發展，俾達成：

1.確保全球國際民用航空安全及有序之成長。
2.為和平之目的鼓勵航空器之設計與操作技術。
3.鼓勵國際民用航空之航路、航空站及航空設施之發展。
4.滿足全球公民對安全、正常、有效及經濟之空運需求。
5.避免因不合理競爭所造成之經濟浪費。
6.確保完全尊重締約國之權利及確保各締約國享有經營國際航線之公平機會。
7.避免締約國間之差別待遇。
8.促進國際飛航之安全。

(二)《國際航空過境協定》與《國際航空運輸協定》

《芝加哥協定》和《巴黎公約》最大的差異是1919年的《巴黎公約》宣示的是關於領空主權的原則，主要是從國家安全和國防意義上為主要考量的；而1944年芝加哥會議上對於政治意義上的看法並無太大的偏頗，惟本次會議的著眼點在於民用航空領域的航空器，關心的課題也從國家主權延伸到商業意義。相較於《巴黎公約》，在《芝加哥協定》中，除了重申空中主權外，對於「無害通過」的範圍已不像前者這麼廣泛，飛越締約國之領土，僅以「不定期飛行」之「民用航空器」為限，且主權國尚得保留其權利。至於「國有航空器」（作者按：所謂「國有航空器」係指用於軍事、關稅及警察勤務之公有航空器），則以不能飛越他國上空為原則。《芝加哥協定》第3條敘明：「凡一締約國之國有航空器，如未與其他締約國締結特別協定，或另以其他方式經其准許，並按其中條件，不得飛越或降落其締約國領土。」至於有關「民用航空器」的規定，在第5條中揭示：「締約各國同意，凡不從事定期國際航空業務之其他締約國一切航空器，在遵守本公約之條件下，有權飛入其領土，或不停留而通過其領土，及為非貿易目的而停留，不必事先獲准，但飛越國有權令其降落。為飛行之安全起見，締約各國保留權利，對於航空器之意圖飛入不能進入、或缺乏適當航空便利之區域者，令其遵循規定之路線飛行，或獲其特准後始飛行。」從前述對《芝加哥協定》的敘述中得以顯見：對無須事先獲准而通過他國領域者，僅以不從事定期國際航空業務之航空器及非為商業目的者為限，以使航空較落後的國家得以採保護政策，不致為航空發達之國家所壟斷，而謀取機會平等。

談完「不定期飛行」的規範後，我們續談「定期飛行」的飛航是不是也有所規範？在《芝加哥協定》的第6條：「除經締約國之特准或其他許可，並依照其規定，不得在該國領域上空或領域內經營定期國際航空業務。」因此，凡在他國領域內或其上空從事定期國際航空業務者需事先取得領域國許可或特准，目前國際間定期航空業務之運作均以雙邊空運協定為依據。

本次會議除了簽訂憲章性文件——《芝加哥協定》以外，還簽訂了後來通稱的「兩項航權協定」（Two Freedoms Agreement）的《國際航空過境協定》，以及後來被稱為「五項航權協定」（Five Freedoms Agreement）的《國際航空運輸協定》。舉凡簽署《國際航空過境協定》的每一國家，在「定期國際航空運輸」方面，對於其他締約國應給予「兩項空中自由」，亦即：(1)不降落而飛越其領域之權利（飛越領空權）；(2)為非營利目的而降落之權利（技術降落權）。

此外，在《國際航空運輸協定》裡規定了所謂「五大自由」，亦稱為「五大權利」或「五大航權」。凡是在本會議的與會各國簽署此份協定者，得給予其他締約國家五項空中自由。換句話說，依據該協定第1條第一項規定，對於其他締約國應給予飛越權、技降權、卸載權、裝載權及經營權五項空中航權（The Five Freedoms of the Air）。世界各國爰本於其經濟、政治與地理因素之需求，復基於平等互惠之原則，互通有無之方式制訂兩國間之雙邊空運協定，載明航權授與，而從事經營國際航空事業。

四、航權

在引介五項空中航權之前，我們先為「航權」（Traffic Right）界定一個操作型定義：「當一國之民航機經營定期之國際航空業務，載運旅客、貨物、郵件等，需降落或進出其他國家，必先取得該國之同意或許可，簡稱為『航權』。」這種航權係為一國給予另一國的「空中自由」（Freedoms of the Air）或稱「特權」（Privileges）。依據現行法律以及1944年《芝加哥協定》，國際航空運輸原則上受制於國家主權及其法定限制，為了消除此類障礙，便利國際空運，乃制定數種「航權」，並載於相關法律亦或一般國際協議中。

對於航權之種類，《芝加哥協定》在附件中的《國際航空過境協定》及《國際航空運輸協定》即有所規範。《國際航空過境協定》包含「飛越領空權」及「技術降落權」，即第一及第二航權；《國際航空運輸協定》則除了前述兩種航權外又規範了另外三種商業性航權，亦即第三至第五航權。關於之後發展出之第六、第七、第八（境內營運權）、停站營運權乃至聯站營運權，並未於《芝加哥協定》中明文規定。至於航權的區別，一般多依航權序次排列，分述如下：

(一)第一航權（First Freedom）

又稱為「飛越領空權」或「飛越權」。本國籍航空器可飛越外國領空而不著陸的權利。亦即，甲國的航空器飛越乙國領空但不著陸（The right to pass over the territory of the signatory States without landing）。

(二)第二航權（Second Freedom）

又稱為「技術降落權」或「技降權」。本國籍航空器非因商業目的而降落他國的權利，其中所謂「非因商業目的」如以加油或維修等技術性因素為由之目的（The right to land in the territory of the signatory States for non-commercial reasons. For example: for a technical stop-over）。

(三)第三航權（Third Freedom）

又稱為「卸載權」。本國籍航空器將自本國裝載之客、貨、郵件等，載運至他國後卸下之權利（The right to set down passengers, mail and freight taken up in the territory of the State in which the aircraft is registered）。

(四)第四航權（Fourth Freedom）

又稱為「裝載權」。本國籍航空器將自他國裝載之客、貨、郵件等，載運回本國後卸下之權利（The right to take on passengers, mail and freight destined for the territory of the State in which the aircraft is registered）。

(五)第五航權（Fifth Freedom）

又稱為「第三國經營權」、「中間點權」或「延遠權」。本國籍航空器可以在准許國（航線之中間點）裝載客、貨、郵件等運至第三國（航線之延遠點）卸下後，再繼續裝載客、貨、郵件等回至准許國及航空器所屬國之權利（The right to take on passengers, mail and freight destined for the territory of any other contracting State and the right to set down passengers, mail and freight originating in the territory of any other contracting State）。

例如：長榮航空飛航臺北經曼谷至倫敦之班機，可在曼谷（中間點）上下往返英國的客、貨、郵件等，亦可在英國上下曼谷、臺北之客、貨、郵件等。

前述所討論的五種商業航權是國際法對於「雙邊協定」（bilateral agreements）所採行的規範，《歐洲共同體法》（European Community Law）亦採認之。此外，本於此五項自由基本運輸型態的靈活運用，國際間復衍生出以下幾種特殊的運輸型態，惟下列這些自由並不為官方所認可。

(六)第六航權（Sixth Freedom）

實際上為第三航權及第四航權之綜合。本國籍之航空器可從准許國裝載客、貨、郵件等回到本國，再轉運本國籍之不同班號的航機上，再轉運至另一准許國（The right to provide transport services between two countries other than the country in which the aircraft is registered across the territory of that country），又稱為「橋樑權」。

(七)第七航權（Seventh Freedom）

航空公司得以原航空器國籍領域以外經營航空業務，意即在准許國之領域內裝載或卸下往來於第三國或其他國家之客、貨、郵件等權利（The right to carry passengers on flights that originate in a foreign country, bypass the home country, and deposit them at another international destination），這種在境外接載客運而不用返回本國的航權又稱為「完全第三國運輸權」。

(八)境內營運權（cabotage）

「境內營運權」係為國內運送特權，係指外籍航空公司被授權國（准許國）賦予自其國境領域內之一點載運客貨、郵件至該國國境領域內另一點之權利。境內營運權可以再細分為延續的和非延續兩類，前者為第八航權，後者為第九航權。依據國際民航組織《國際航空運輸管理手冊》Doc 9626號文件（Manual on the Regulation of International Air Transport-Doc 9626），第八航權（Eighth Freedom）係指「延續的境內營運權」或「有限制的境內營運權」（limited cabotage），其定義為「關於定期國際航空服務，得由授權國（准許國）領域內兩點之間載運境內客貨之權力或特權，惟該服務之啟程地與目的地係在該外籍運輸業者本國領域或授權國領域之外」，亦即第八航權係由准許國允許他國航空公司以該國為起點或迄點，往來於授權國（准許國）境內的不同兩點從事乘客、貨物及郵件的載運。至於非延續的第九航權（Ninth Freedom），則為「完全境內營運權」（full cabotage），准許國並無規定外籍航空公司必須以其本國（登記國）為起點或迄點的限制，可安排往返於授權國（准許國）以內兩點載運客貨、郵件之自由。簡言之，第八航權只能是從其本國的一條航線在授權國（准許國）的延長，但是第九航權則是被賦予完全在授權國（准許國）開設的航線。然而，境內營運權在實踐上並不常見。依《民用航空法》第81條敘明：「外籍航空器或外籍民用航空運輸業，不得在中華民國境內兩地之間按有償或無償方式載運客貨、郵件或在中華民國境內經營普通航空業務。」各國為保護其本國籍的航空公司，均規定非該國籍航空公司不得享有「境內營運權」。亦即，外籍航空器或外籍民用航空運輸業僅可裝卸由國外運入或由本國運往他國之乘客、郵件及貨物，不可在本國境內之兩降落點間載運當地之客貨郵件。因此，外籍民用航空運輸業申請境內飛航時，除了運渡、維修、展示、外交或國防考量等得予專案核准之外，一般均不予核准。國際社會對於限制他國於其國境從事「境內營運權」的限制，除了前述對其本國籍的航空公司的保護之外，尚考量到航空器的升降飛翔相較於沿海貿易權及內河航行權更為重要，其無遠弗屆的特質，影響國民經濟與國防機密甚鉅。因而，《芝加哥協定》第7條敘明：「締約各國有權拒絕准許其他締約國之航空器，或為取償，或為雇用，在其領土內裝載乘客、郵件、貨物，運至領土內另一端。締約各國承諾不訂立任何辦法，特別給予任何他國，或任何他國之一航線，以獨享為基礎之任何此項特權。並亦不自任何他國取得任何此項獨享特權」。然而，因應商務人士搭乘自用航空器來臺的企業全球化趨勢，裨益國內商務航空和國際接軌，參照《民用航空法》第81條第1項：「外籍航空器，非經交通部許可，不得在中華民國領域飛越或降落」，以及同條第三項：「外籍航空器之飛入、飛出與飛越中華民國境內及其他應遵行事項之規則，由交通部定之」，在開放外籍自用航空器經許可後，得於中華民國境內兩地間從事「非營利性」之飛航活動，及得依條約或協定規定，開放部分境內營運權。

(九)停站營運權（Stopover Traffic Right）

當航空公司之航線停經他國兩點以上之航點時，由本國出發之旅客得於一點下機停留後，再繼續搭乘原航空公司同一航線之班機前往他國之另一航點。

(十)聯站營運權（Co-terminal Traffic Right）

當航空公司之航線停經他國兩點以上之航點時，若因初期市場經營不易，若以兩架飛機飛航兩航點恐將增加營運之成本，可考慮使用此項權利，串聯兩個城市，以「併用終點站」的模式提高旅客承載率，增加營收。

針對停站營運權與聯站營運權兩項航權在某些國家或地區被視為「境內營運」而不授與外籍航空公司，但有些國家或地區則認為其載運的旅客啟程地是在境外，並不認定其屬於「境內營運」的範疇。中華民國係援用後者的論點，唯此兩項權利在雙邊協定中均基於平等互惠原則相互施惠且相互授與。

就1944年在芝加哥會議的簽署國而言，參與旨在以「兩項空中自由」作為國家之間通航協定基礎的《國際航空過境協定》的參與國家較多。原本即以避免各國因保護主義政策彼此設限而希望達成多邊協定（multilateral agreement）的《國際航空運輸協定》，在參與國家之中，美國呼籲各國致力於達成多邊協定以鼓勵多樣化競爭，英國卻擔心國際空運市場的秩序會被美國主宰，儼然對其自身利益構成威脅。而美國提出五大航權自動授與，以及運力（capacity）、班次（frequency）、運價（tariff）等機制應由市場機制決定的提議，也因各國對於市場差異懸殊不易取得平衡而無法形成共識，因而當初參與的國家不多。弔詭的是，雖然美國是《國際航空運輸協定》締約國，卻在1946年7月25日自己也退出了該協定，而與英國另行簽訂《百慕達一號協定》（Bermuda I Agreement），顯見以多邊協定作為維持國際定期航線業務的利益分配，宛如鏡花水月，空泛且不易守持。

接下來，我們把敘述國際航空發展史的鏡頭轉向東方：自1949年10月1日中共取得大陸政權之後，在國際社會以「一個中國」的政策向國際民航組織（ICAO）要求審視臺灣以中華民國名義提出公約批准的正當性。1971年11月19日國際民航組織第七十四屆理事會第十六次會議通過決議，承認中華人民共和國政府是中國在國際民航組織唯一合法代表。1974年2月15日，中共政府致函國際民航組織承認1944年芝加哥《國際民用航空公約》，並在同年當選為國際民用航空組織的理事國，同時在平等互利的基礎與許多國家締結雙邊協定（鄭斌等，1996）。

最後，由本節對航權發展的引介，可以窺見人類在航空活動中對「國際往來」與「領空主權」之間的抵換關係（trade-off）歷經數十年的協商，迄今仍難以理出一條四海皆準的辨證論治法則。以國家領空為區隔標準所產生的完全性與排他性是否意味著任何國家基於其認定標準的不同而都有依其意志逕行處理的權力？這種權力是否絕對不受任何限制？這樣的權力會不會影響到人類的生命安全？甚至，雖然國家對其領空有主權，但某些國家將其管轄權延伸到領空以外的空氣空間應該如何公允論斷是非？如自1950年起，美國就設立了「防空識別區」（Air Defense Identification Zone, ADIZ），規定外籍航空器要進入美國領空時，必須在幾百哩外就要報告飛行計畫及定期報告位置，此制度是否具有合法性，至今仍有異議。根據IATA統計，在第二次世界大戰後擊落有意或無意進入一國領空的外國民航機的事件共發生七起，其中影響較大，引起國際社會震驚與注意的有五起。在本節，我們只舉其中三個案例：

【例一】

UTC時間1954年7月23日，原由新加坡起飛，經停曼谷之後飛往香港的香港國泰航空公司C-54型「銀色之翼（SilverWings）運輸機（註冊編號：VR-HEU，S/N: 10310，原始編號：C-54A-10-DC），在海南島三亞以東的公海上空以9,000英尺高度飛行時，被正在三亞外海為蘇聯油輪護航的中華人民共和國人民解放軍駐海口空29師85團誤以為是隸屬中華民國總統蔣介石的專機（註：美國總統羅斯福的空軍一號專機、蔣介石的專機，都曾使用C-54型運輸機改裝）而被擊落於三亞外海，機上18人中有10人罹難。7月24日，中國外交部對英國政府發出照會，對此次不幸事件表示遺憾，對傷亡者及其親屬表示同情和慰問，表示將負擔賠償。國泰航空公司開出251,400英鎊賠償帳單。中華人民共和國政府在十三個月內足額償付，實際向英方賠償367,000英鎊。

【例二】

UTC時間1983年8月31日，由美國阿拉斯加州的安克拉治起飛，準備前往韓國首爾的大韓航空公司（Korean Air Lines Co. Ltd）波音747-200型客機（編號KE007航班），於停經安科雷奇後，因飛機異常偏離航道，誤入前蘇聯堪察加半島和庫頁島領空（遠東洲際飛彈發射基地的防空識別區），蘇聯誤判其為RC-135偵察機，蘇聯國土防空軍兩架Su-15戰鬥機奉命緊急升空攔截。五分鐘後蘇軍飛行員向基地請求行動指示，基地司令官作出「擊毀入侵飛機」的命令，飛彈擊中客機中段，機尾首先脫落，乘客和行李自裂口被吸出機外，然後機頭也斷落，機上246名乘客和23名機組成員悉數罹難。機上載有包含美國在內多達16個國家和地區的公民，此事引發國際輿論與外交韃伐。

【例三】

UTC時間2014年7月17日，由荷蘭阿姆斯特丹史基浦準備前往馬來西亞吉隆坡的馬來西亞國際航空公司（Malaysia Airlines Berhad）波音777-2H6ER型客機（編號MH17航班），在靠近俄羅斯邊界的烏克蘭領空內

33,000英尺高空被俄製山毛櫸飛彈攻擊以致空中解體並墜毀的事故，機上283名乘客和15名機組成員悉數罹難。飛機墜毀在烏克蘭東部頓內次克州多列士附近，距俄羅斯邊境40公里。荷蘭調查團隊在2016年9月表示，已確認擊落MH17的山毛櫸飛彈是在事發當天從俄國運到親俄叛軍控制地點並從該地發射的，2018年5月24日，調查團隊認為擊落MH17航班的山毛櫸飛彈來自駐紮在俄羅斯庫爾斯克的俄軍第53防空飛彈旅，但俄羅斯否認調查團的結論。此次事件是2014年3月載有227名乘客和12名機組人員的馬航MH370航班失蹤以來，該公司的第二起嚴重事故。

以案例二的KE007事件為例，美蘇兩國對於這場悲劇有著「羅生門」般的解釋，令整個事件撲朔迷離。但是，擊落客機畢竟是觸犯眾怒的嚴重輿論事件。為了防止今後再發生軍機對民用飛機使用武力的爭議事件，1984年召開的第二十五屆國際民航組織（非常）大會上，大多數的會員國多發表「對國際民用航空使用武力是不符合國際行為與基本人道」，並重申「攔截民用飛機不應該對其使用武器」，且「國際民航機師協會聯盟」（International Federation of Air Line Pilots Associations, IFALPA）也號召停飛蘇聯航線六十日以示抗議。當初西方國家尚且停止蘇聯的航空公司客機航班飛抵該國兩週或六十日。然而，最後在國際貿易利益衝突與缺乏制衡機制等複合因素影響下，雷大雨小，未能貫徹始終。

第二節　英、美兩國的兩次百慕達協定

一、《百慕達一號協定》

就運輸便利性與管理思維，倘若各國能在空中主權的議題制定國際統一規則，實現多邊交換營運權似乎可以各蒙其利。然而，置諸於國際社會的實踐只是一種理想化的推演。畢竟，各國自然資源、地理位置、區

位優勢不同，以及社會、經濟、科技、管理、政治、文化、教育、旅遊等方面各有差異，航空工業與商務活動亦有強弱懸殊，甚至是各國航空政策乃至外交政策的分歧，欲找出共同適用的管理規則譬猶緣木求魚，升山採珠。本書第一節曾經敘述美國雖在1944年在芝加哥會議上簽署《國際航空運輸協定》，但後來卻於1946年7月25日退出了此一協定，而與英國簽訂百慕達一號協定（Bermuda I Agreement）。美國當年為何要退出《國際航空運輸協定》呢？1945年間，諸多美國籍的航空公司要求增加飛往倫敦的航班次數，其中的泛美航空公司（Pan American World Airways）更表示要大幅度降低飛機票價，但遭到英國和法國的強烈反對。為了消弭分歧，美國不得不於1946年1月15日與英國談判。美、英兩國在航路及價格的論述觀點不同，比較如**表3-1**。

表3-1　美國與英國在簽訂《百慕達一號協定》的論述比較

國別	立場觀點	價格主張	航路主張	協商結果
美國	美方主張航空自由及自由競爭，政府不要干預運力及價格，一切聽任市場自由競爭，以需求為導向。美方並認為對航空器的運力、飛航次數、第五航權及航空費率等問題，應採「雙方協商」的方式處理，而不應事先加上任何限制條件。	航空自由、自由競爭。	1.政府不干預載客量及價格。 2.一切任由各指定航空公司在市場自由競爭中，按實際需求，自行決定。	1.放棄價格。 2.由市場競爭決定。
英國	英方主張航空程序或航空限制，並由政府實行控制和管理，運力由雙方政府事先議定，價格由IATA統一擬定，並經雙方政府批準。英方並認為美國等國家所主張的自由方式會阻礙航空運輸的發展，應採「限制」的手段來處理。	航空程序、航空限制。	1.政府實行控制和管理。 2.載客量由雙方政府事先議定，價格由IATA統一擬定並經雙方政府批准。	1.放棄載客量和航次。 2.由雙方政府事先決定的原則。

美、英雙方在當時是左右全球航空市場的兩個主要國家，兩國航空公司業務量佔全球運量的四分之三。雙方在談判立場上的主張不同，英方主張「航空程序」或「航空限制」，而美方則堅持透過市場機制，主張「航空自由」及「自由競爭」。美、英兩國不僅在航路及第五航權上有立場上的不同，對於運力及價格所抱持的立場更是分歧。他們對峙的主因是在1944年芝加哥航空會議未能於國際航空運輸經濟議題達成協議，歷經談判磋商，雙方均做出相對退讓的空間，對英方而言，放棄原本對於運力必須事先確定定額的主張， 接受美方主張運力應該按照航空運輸市場的供給和需求決定市場機制，但又對之附加若干限制性條款。對美方而言，他們放棄原本堅持的運費價格應由航空公司自訂，以實行自由競爭，勉為其難的接受英方對於價格應由雙方航空公司商訂，再呈報雙方政府批准的體制，後來這種體制被稱為「雙批准原則」。美、英兩國遂於1946年2月11日在百慕達島簽訂《雙方領土間的航空運輸協定》（Agreement Relating to Air Services between Their Respective Territories），通稱為《百慕達協定》（Bermuda Agreement）或《百慕達一號協定》（Bermuda I Agreement）。1946年月9日9日，美國和英國聯合聲明《百慕達協定》為其與第三國間簽訂雙邊航空協定之標準範本。自此，以雙邊協定來規範兩國間的定期航線成為後世簽訂空運協定之航權發展的重要參考模式。

一般而言，兩國之間的雙邊協定雖多有差異，但主要涵蓋開放的航線、授與之航權、運力或機型、班次，以及決定機票費率（fares）、貨運價格（rates）和代理佣金（commissions）等「運價」的方法（method for determining tariffs）並無偏頗。雙邊協定通常不會涉及僅飛經他國領空不降落或者非因商業目的降落他國「技術降落權」等屬於第一及第二航權的「過境權」問題，而是本國民用航空器在他國領土進行上下旅客或裝卸貨物的「商業運輸權」，雙邊協定的形式可包含三大部分：

1.協定條文（articles）：規範運價水準及運力、關稅、資金移轉、機場收費等。

2.定期航線表（schedule of routes）：詳列航權（freedoms/ traffic rights）、航線（routes）、是否包含第五航權及所涵蓋之中間點及延遠點（intermediate and beyond points）。

3.瞭解備忘錄（memorandum of understanding）：解釋前述第一部分各條文，通常具有機密性。

有關1946年英、美兩國所簽訂之《百慕達一號協定》，對各國雙邊民航關係的發展影響如下：

1.雙邊貿易：《百慕達一號協定》之哲學乃在建立兩國之間的雙邊貿易關係，並在一個管制之航權體系下開放天空，惟仍以自由精神提供兩國空運機會。雙邊貿易體現於驅使空運體系的自我管制力量對空運秩序的發展產生最大貢獻。

2.妥協的產物：兩個對全球航空運輸界有重大影響的國家，各自代表兩種對立的主張而談判。美國放棄價格由市場競爭決定的主張，英國放棄載客量和航次由雙方政府事先決定的原則。最後兩大強國願意各退一步讓《百慕達協定》順利產生。此協定因而成為各國在磋商空中主權議題臨摹的規範。

3.民航交流：在民航方面，兩國之間欲互相通航，必須由兩國民航主管當局商議飛航路線、降落場地、飛行班次、使用機種及票價等，訂立協定，方可飛行。

4.收費標準：此協定不僅說明了許多的飛航路線及交通據點，而且也決定了兩個國家領土間的飛航營運作業收費標準的流程。至於詳細的費率制定及運輸法規則的決定亦是交由國際航空運輸協會（IATA）擬定，且擬定的費率，仍需再交由各自的政府審核與確立。

5.航空市場狀況：《百慕達一號協定》讓美國在航運市場方面獲利甚多，英美兩國競爭更激烈，美國在歐洲享有較多的第五自由，如泛美航空公司的業績遠超過英國航空公司。畢竟，形勢比人強，英國的空運實力與影響力較遜於美國，眼見市場佔有率及話語權逐漸被美國取代，更讓英國確信必須修改法規以保障自身的市場利益。

6.空中運輸：《百慕達協定》同時包含有關兩國之間的空中運輸服務發展與運作計畫。其中並規定不能任意限制飛行器之運力、飛航次數、第五航權及應公平對待其他國家的航空公司。《百慕達協定》成功地調合了英、美兩國《芝加哥協定》之後對於發展國際飛航政策的歧見。無論如何，在兩國聯合聲明中，均贊同《百慕達協定》是提供國際飛航發展之可信賴的基礎，而且，更進一步地肯定百慕達此種雙邊協定是多邊協定被接受前之最佳處理模式。

7.航空事業發展：《百慕達一號協定》被頒布之後，英美兩國在空運事業的發展與競爭更為激烈。

8.變更機型：《百慕達協定》原則允許航空公司在一航線上之不同航段適用不同載客量之飛機，也允許航空公司在本協定所指定之任一航線上，為因應不同之空運需求而使用特別飛機，以及變更機型。

二、《百慕達二號協定》

在《百慕達一號協定》之後，由於美籍航空公司的營運業績遠超過英國的航空公司，促使英國採取保護政策，積極與美洽商，遂於1976年6月22日以《百慕達一號協定》許多條款已不合時宜，而在解釋或執行上遭遇困難為由通知美方，他們決定廢除該協定。畢竟，長期以來、美國從該協定中獲得許多的第五航權加上運力自由條款，美國利益早已超過英國，英國為了能夠得到趨於平衡的利潤，遂有要求開啟第二個百慕達協定的對話需求。

就美國的立場而論，1976年正值美國醞釀制訂更加自由化的航空解除管制政策（deregulation），如果《百慕達一號協定》被終止，美方將會喪失其飛歐洲的權益，因而不得不妥協及讓步。

然而，當英、美兩國重啟談判時，雙方在立場上的分歧，依然和三十年前第一個百慕達協定一樣：英方主張更多限制，美方則堅持希望能讓市場力量在更大範圍起作用。雙方你來我往，脣槍舌劍，爭辯激烈，歷經多次折衝樽俎，終於在1977年7月23日凝聚共識，正式簽訂了第二個百慕達協定。《百慕達二號協定》特別敘明：(1)對太平洋某些航線之規定；(2)有關第五自由之規定；(3)有關班次時刻表之制訂與諮商；(4)限制美方的第五種自由或權利；(5)限制飛北大西洋航路的運力；(6)限制各方指定航空公司的數目加強國際航空運輸協會制訂運價的職能；(7)雙方航點之增減：取消美方公司通航二十二個城市之第五航權。

三、兩次百慕達協定的差異

比較前後兩次百慕達協定可以發現：《百慕達一號協定》在民航發展的里程碑除了加入《芝加哥協定》的標準條款外，還規範了兩國的飛航糾紛若不能由雙邊進行會議解決，也可參照ICAO的意見來解決，同時該協定必須依照後來所訂定的多邊航空協定隨時修訂並經由兩國簽署，此次協定不僅定義了諸多飛航路線及交通據點，也決定了兩國之間涉及飛航營運作業收費標準的流程。而《百慕達二號協定》最主要特徵即是新協定之廣泛性，在票價、裝載率標準等，都有制定較嚴謹複雜的作業程序。《百慕達二號協定》亦規定航權與降落權之互換，還包括飛行安全、商業經營、使用費、公平競爭、運價、佣金、航權授與及航空公司之指定事宜。然而，從《百慕達一號協定》到《百慕達二號協定》，雙邊協定中有關行政性、程序性和法律性之條款與內容，大致保持一致。針對這兩次協定的差異之處，茲陳述如後：

(一)美國的第五航權受限

在《百慕達二號協定》中，美國向英國開放了西雅圖、達拉斯、休士頓以及亞特蘭大等通航口岸，並把美國經倫敦飛往歐洲的第五航權限制在德國境內的四個載運地點。

(二)北大西洋航路的運力

運力方面，對跨北大西洋航線增加了若干限制性規定，如：雙方指定的航空公司應將夏季及冬季的班期表交對方備案，凡增加15%運力者，如對方政府不同意則不得實行，再由雙方政府磋商等。

(三)路線通航

英國認為《百慕達一號協定》所規定的「締約一方可指定一家或數家航空企業」對英方十分不利。因此明定大西洋路線中，除紐約、洛杉磯兩地外，雙方不得有一家以上之航空公司營運。換言之，就是限制各方指定航空公司的家數。除上述兩地外，如有下列情況發生，雙方政府方有權再指定第二家航空公司參加通航各該地點之營運：(1)全年兩地旅客之總和已超過六十萬人時；(2)有一家航空公司全年載客已超過四十五萬人；(3)有一家公司停止參與競爭，或僅提供象徵性的運航時。

(四)班次時刻表之制訂與諮商

佣金尺度及班機時間表均須先向雙方政府報核，如此一來，才能達到雙方利潤及班機時間分配的均衡。

(五)航空安全

《百慕達二號協定》在第7條中特別對加強航空安全及防止劫機的具體程序從事明文規定，重申雙方遵守三個反劫機公約和國際民航組織的有關航空安全規則的義務，並在這方面確切合作。

(六)包機發展

從1960年代開始，包機業務逐漸興起，但受限於《芝加哥協定》第5條：「締約各國同意，凡不從事定期國際航空業務之其他締約國一切航空器，在遵守本公約之條件下，有權飛入其領土，或不停留而通過其領土，及為非貿易目的而停留，不必事先獲准，但飛越國有權令其降落。

為飛行之安全起見，締約各國保留權利，對於航空器之意圖飛入不能進入，或缺乏適當航空便利之區域者，令其遵循規定之路線飛行，或獲其特准後始飛行。」包機運輸（chartered carrier）因傳統歷史格局被排除在雙邊協定和國際航協制約範圍以外。然而，包機在營運上的成本較低，載運率高，運價低廉，常與經營定期國際航空業務的航空公司進行包含價格競爭的商場較量，導致穩定實行二十餘年的國際航空運費體制面臨崩盤態勢。鑒此，在發展雙邊協定的國際航空發展史中，《百慕達二號協定》的歷史意義包含首度將包機運輸涵蓋在內。因為，北大西洋航線上有三分之一的運力是包機業務，倘若對包機載客量再無一定的管制措施，恐將引起超額包機載客量而損及定期國際航空業務載客量控制的有效性。

(七)票價之規定

《百慕達二號協定》第12條與《百慕達一號協定》附錄二之規定，同樣把票價之制定授權給國際航空運輸協會及其所屬營運會議決定。然而，有三項主要差異：

1.新協定第12條第四項規定運價協定必須在生效前一百零五天，交由兩國民航管理當局批准；而《百慕達一號協定》則只須三十天前即可。

2.新協定第12條第二項敘明「大眾空運」之運價制定必須在合理範圍內，依合理酬載率標準所提供之業務成本為基礎。《百慕達一號協定》所規定之合理標準是依據所有相關因素所付之代價為基準。

3.新協定附錄三中規定運價工作小組之建立，此為《百慕達一號協定》所無。《百慕達二號協定》較鼓勵低票價空運之發展，尤其適用於北大西洋上之定期空運。從前後兩次百慕達協定在雙邊協定中有關行政性、程序性和法律性之條款與內容，大致相符。載客量之一般原則及運價之批准程序基本上已形成模式，廣為國際空運機構在行政業務上採行。

(八)環境的形成

《百慕達二號協定》簽訂後，其影響力並不如《百慕達一號協定》可以期望它能成為國際雙邊空運體系之模範。畢竟《百慕達二號協定》僅是英、美兩國所締結的協定，其目的在重建兩國關係並解決一些特殊的問題，有其難以放諸四海的侷限性及地區限制性。

(九)理念的差別

《百慕達一號協定》旨在建立兩國之間的雙邊貿易關係，並在一個管制之航權體系下開放天空，惟仍以自由精神提供兩國空運機會。《百慕達二號協定》尋求現有空運關係之再重整；它連結舊的原則與新的管制方法而較少依賴自我管制力量。它對現今空運關係在雙層次上所作補救更為關心，而非在廣泛或全球範圍中建立創新且長遠的基礎。然而，本書強調的是，《百慕達二號協定》對於《百慕達一號協定》原協定沒有在運力與運價條款上做出重大改變，而僅在英、美權益細節上做詳細的限制，適用於英、美之間具體情況的附加限制細則和航路圖，使得他國難以仿效，因此並未產生如同《百慕達一號協定》能對後世產生深蘊原創性的標竿意義。

參考文獻

趙維田（1991）。《國際航空法》。水牛圖書出版公司。

鄭斌著、徐克維譯、劉傳民校（1996）。《國際航空運輸法》，頁26。中國民航出版社。

Chapter 4

航空器與航空人員

第一節　航空器之國籍

第二節　航空器之登記

第三節　航空器人員之類別

第四節　航空人員之資格

第一節　航空器之國籍

一、國籍取得之要件

何謂航空器（aircraft）？依據《民用航空法》第2條第一項：「航空器：指任何藉空氣之反作用力，而非藉空氣對地球表面之反作用力，得以飛航於大氣中之器物。」航空器之性質與《海商法》的船舶相似，除了提供運輸服務的物質化基礎，亦具有責任承擔主體的「人格化」特徵，所謂人格化即謂國籍之持有。為何要有國籍？可不可以擁有「雙重國籍」？國籍是代表管轄國的象徵，亦代表國家實行外交保護的依據。自然人可以有雙重甚至多重國籍，但船舶及航空器只能有一個國籍。為何只能有一個國籍呢？國際法中「國籍」（nationality）之功能，在於提供國家對於一受到損害之個人或公司在國際法體系中向造成損害之另一國提起國際索賠要求（international claim），以遂行對該人或該公司之外交保護（diplomatic protection）前，所必須證明存在之「法律上之聯繫」。亦即，國際間必須責成國籍國負有一定義務，而後始能維持國際社會中之法律秩序。航空器被視為國家的浮動領土，航空器在任何地方都受到其國籍國法律的支配，並承擔各項航空站場、助航設備及相關設施者，對於場站使用費、助航設備服務費或噪音補償金等規費的繳付請求，承擔航空事故救助的救助款項的給付請求，以及在營運中承擔因侵權行為產生的人身傷亡及財產賠償請求。

1919年《巴黎公約》和1944年《國際民用航空公約》（Convention on International Civil Aviation）（簡稱《芝加哥協定》）都規定，任何民用航空器在投入使用前，必須取得國籍。1944年《芝加哥協定》第17條：「航空器具有其登記的國家的國籍。」（Article 17 - Nationality of aircraft: Aircraft have the nationality of the State in which they are registered.），並在第18條強調航空器不得有雙重國籍：「航空器在一個以上國家登記不

得認爲有效，但其登記可以由一國轉移至另一國。」（Article 18 - Dual registration: An aircraft cannot be validly registered in more than one State, but its registration may be changed from one State to another.）。有關航空器國籍的唯一性，《民用航空法》第8條闡述：「航空器應由所有人或使用人向民航局申請中華民國國籍登記，經審查合格後發給登記證書。已登記之航空器，非經核准註銷其登記，不得另在他國登記。曾在他國登記之航空器，非經撤銷其登記，不得在中華民國申請登記。」中華人民共和國《民用航空器國籍登記條例》第4條亦強調：「民用航空器不得具有雙重國籍。未註銷外國國籍的民用航空器，不得在中華人民共和國辦理國籍登記；未註銷中華人民共和國國籍的民用航空器，不得在外國辦理國籍登記。」此外，1944年《國際民用航空公約》第19條並說明轉換航空器國籍的規定：「管理登記的國家法律航空器在任何締約國登記或轉移登記，應按該國的法律和規章辦理。」（Article 19 - National laws governing registration: The registration or transfer of registration of aircraft in any contracting State shall be made in accordance with its laws and regulations.）。

綜觀前述，可以發現，民用航空器的國籍是通過登記而取得的。在國籍取得問題上有兩種不同的處理原則：其一是「屬人主義原則」（即航空器的國籍應依該航空器所有權人或使用權人的國籍來決定），另一種是「屬地主義原則」（即以航空器之生產或使用地域作為確定國籍的準則）。在民用航空器的國籍登記中，根據1919年《巴黎公約》和1944年《芝加哥協定》，民用航空器的國籍適用於「屬人主義原則」。海峽兩岸的《民用航空法》對於取得航空器國籍的申辦條件，均是適用屬人主義原則。

至於航空器欲登記為中華民國國籍該如何辦理呢？《民用航空法》第7條規定：「中華民國國民、法人及政府各級機關，均得依本法及其他有關法令享有自備航空器之權利。但如空域或航空站設施不足時，交通部對自備非公共運輸用航空器之權利得限制之。外國人，除依第七章有關規定外，不得在中華民國境內自備航空器。」而同法第10條詳細說明：「航空器合於下列規定之一者，得申請登記為中華民國國籍航空器：

一、中華民國國民所有。

二、中華民國政府各級機關所有。

三、依中華民國法律設立，在中華民國有主事務所之下列法人所有：

(一)無限公司之股東全體為中華民國國民。

(二)有限公司之資本總額逾百分之五十為中華民國之國民、法人所有，其代表公司之董事為中華民國國民。

(三)兩合公司之無限責任股東全體為中華民國國民。

(四)股份有限公司之股份總數逾百分之五十為中華民國之國民、法人所有，其董事長及董事逾半數為中華民國國民，且單一外國人持有之股份總數不得逾百分之二十五。

(五)其他法人之代表人全體為中華民國國民。

外籍航空器，除本法另有規定外，不得在中華民國申請國籍登記。」

從《民用航空法》第10條的法意來看，在原則上採用專屬主義至為明顯，只有在對公司組織兼採半屬主義。因公司組織型態不同，對各該公司所加之限制亦異。所謂「公司」係指以營利為目的，依照《公司法》組織登記成立之社團法人。依據我國《公司法》第2條第一項所定義的公司分類，可區分為無限公司、有限公司、兩合公司及股份有限公司等四種。所謂「無限公司」指兩人以上股東所組織，對公司債務負連帶無限清償責任之公司。析之如下：(1)無限公司其股東必為兩人以上，股東對於公司債務，不問其出資額多寡，與盈虧分配之比例如何，均對公司債務負連帶無限清償責任（《公司法》第60條參照）；(2)所謂「連帶無限清償責任」，乃指各股東不問其出資額或盈虧分派之比例，對公司債權人各負責清償全部債務之責任；而債權人得對股東之一人或數人或其全部，同時或先後請求全部或一部之給付（《民法》第272、273條參照）。無限公司之股東，所以需要全體皆為中華民國國民者，因依《公司法》第45條：「無限公司各股東均有執行業務之權利，而負其義務。」是以，只要不是全體股東均為中華民國國民，政府就沒有辦法完全有效控制。

至於「有限公司」係指五人以上、二十一人以下之股東所組織，就其出資額為限，對公司負其責任之公司。析之如下：(1)有限公司，其股東至少五人以上，最高不得超過二十一人。其公司股東，僅以出資額為限，對公司負其責任。惟股東人數因繼承或遺贈而變更時，不受上述最高人數之限制；(2)所謂「有限責任」即股東就其出資額為限，對公司負其責任之謂。此種責任不僅有一定之限度（出資額），與無限責任不同，且股東只對公司負責，而不直接對公司債權人負責，亦與無限責任有異。此種責任，嚴格來說，只是出資之義務。有限公司依《公司法》第108條，公司章程明定專由股東中之一人或數人執行業務時，準用《公司法》第46條：「股東之數人或全體執行業務時，關於業務之執行，取決於過半數之同意。」

「兩合公司」係指一人以上無限責任股東與一人以上有限責任股東所組織，其無限責任股東對公司債務負連帶無限清償責任，有限責任股東就其出資額為限，對公司負其責任之公司。兩合公司之股東與無限公司同為兩人以上，惟因有限責任與無限責任不同，其股東中至少有一人負有限責任，亦即至少有一人負無限責任。

「股份有限公司」係指七人以上股東所組織，全部資本分為股份，股東就其所認股份，對公司負其責任之公司。析之如下：(1)股份有限公司之股東至少為七人，其最高額則無限制，其資本分為股份，股東於股款繳足後，對於公司即不負任何責任；(2)所謂「股東就其所認股份對公司負其責任」，就其責任之有限度及不直接對債權人負責兩點來看，與前述之有限責任並無太大的差異，但兩者在計算方式有所差異，即有限公司無股份之問題，而股份有限公司，其股東之出資額，係依股份而計算。股份有限公司之業務，必須由董事會執行，《公司法》第146條明文規定：「創立會應選任董事、監察人」，因此對股份有限公司之資格，規定在資金與董事人數上，均須佔有三分之二以上之多數。同理，對於兩合公司之無限責任股東必須限制全體為中華民國國民，政府方能有效控制與管理。

若申請人順利將其航空器登記為中華民國國籍後，依據《航空器登記規則》第五章「航空器標誌」第22條：「依民用航空法第十二條規定，航空器登記後，應將中華民國國籍標誌及登記號碼（以下簡稱標誌）標明於航空器上顯著之處。中華民國民用航空器之國籍標誌，用羅馬字母「B」，登記號碼用五位阿拉伯數字正楷，自左至右排列，其次序如下：一、國籍標誌，其後連一橫劃。二、橫劃後為登記號碼。航空器經完成國籍登記後，除經註銷登記並重新申請國籍登記外，不得申請變更標誌。」並在第29條及第30條規定了國籍標誌的大小、顏色等。如第29條：「字母及號碼，字之高度應相等，字之寬度及橫劃之長度應為字高之三分之二，字間間隔應為字寬之四分之一，橫劃作為一字計算，筆劃之寬度應為每字高度之六分之一。」第30條：「字母、號碼及橫劃之筆劃應為實線，其顏色應使標誌與背景明顯反襯。」

另外，中共對於除了用於執行軍事、海關、警察飛行任務以外的民用航空器，須經中華人民共和國國務院民用航空主管部門依法進行國籍登記，審核通過之後由國務院民用航空主管部門發給國籍登記證書。國務院民用航空主管部門設立中華人民共和國民用航空器國籍登記簿，統一記載民用航空器的國籍登記事項。對於航空器欲登記為中共國籍該如何辦理呢？依據中共《民用航空器國籍登記規定》第5條規定：「下列民用航空器應當依照本規定進行國籍登記：(一)中華人民共和國國家機構的民用航空器；(二)依照中華人民共和國法律設立的企業法人的民用航空器；企業法人的註冊資本中有外商出資的，外商在該企業法人的註冊資本或者實收資本中所佔比例不超過35%，其代表在董事會、股東大會（股東會）的表決權不超過35%，該企業法人的董事長由中國公民擔任；(三)在中華人民共和國境內有住所或者主要營業所的中國公民的民用航空器；(四)依照中華人民共和國法律設立的事業法人的民用航空器；(五)民航總局准予登記的其他民用航空器。自境外租賃的民用航空器，承租人符合前款規定，該民用航空器的機組人員由承租人配備的，可以申請登記中國國籍；但是，必須先予登出該民用航空器原國籍登記。」

若申請人順利將其航空器登記為中華人民共和國國籍後，依據其《民用航空器國籍登記規定》第25條規定，必須辦理航空器國籍標誌及登記號碼的識別工作：「民用航空器上國籍標誌和登記標誌的字體和尺寸應當符合下列規定：(一)字母、數字、短橫線（以下簡稱字）均由不加裝飾的實線構成；(二)除短橫線外，機翼上每個字的字高不小於50釐米，機身、垂直尾翼、尾梁及飛艇、氣球上每個字的字高不小於30釐米；(三)除數字1和字母Ｉ外，每個字的字寬和短橫線的長度為字高的三分之二；(四)每個字的筆劃的寬度為字高的六分之一；(五)每兩個字的間隔不小於字寬的四分之一，不大於字寬的四分之三。」同法第30條規範，「取得中華人民共和國國籍的民用航空器，應當載有一塊刻有國籍標誌和登記標誌的識別牌。該識別牌應當用耐火金屬或者其他具有合適物理性質的耐火材料製成，並且應當固定在航空器內主艙門附近的顯著位置。」

目前已通知國際民航組織的航空器國籍標誌，諸如：中國（包括香港特別行政區和澳門特別行政區）與臺灣均為B、大韓民國HL、朝鮮民主主義人民共和國P、日本JA、泰國HS、老撾人民民主共和國（寮國）RDPL、菲律賓RP、越南XV、新加坡9V、印度VT、印度尼西亞共和國（印尼）PK、尼泊爾9N、馬來西亞9M、緬甸XY或XZ、美國N、大不列顛暨北愛爾蘭聯合王國（英國）G、澳大利亞VH、奧地利OE、比利時OO、加拿大C或CF、俄羅斯聯邦RA、法國F、德國D、希臘SX、荷蘭PH、義大利I、挪威LN、奧地利OE、芬蘭OH、捷克OK等。前述有關「國籍標誌」必須通過國際電信聯盟（International Telecommunication Union, ITU）分配給登記國的無線電呼叫信號中的國籍代碼體系中選擇且應通知國際民航組織，獲得認可後始得記載於《國際民用航空公約》第7號附約的附錄。國籍標誌之後為字母、數字或者兩者組合的登記標誌。

二、有關國籍之其他規定

《民用航空法》第8條規定：「航空器應由所有人或使用人向民航局申請中華民國國籍登記，經審查合格後發給登記證書。已登記之航空器，非經核准註銷其登記，不得另在他國登記。曾在他國登記之航空器，非經撤銷其登記，不得在中華民國申請登記。」在前述討論到航空器如非真正屬於國人所有者，不能取得中華民國國籍，但有兩種例外，亦即航空器之所有權即使還沒有為國人所取得，而國人對航空器已享有全部控制之權利者，亦得申請登記為中華民國國籍，這兩種情況分別是：(1)附條件買賣之航空器；(2)租用之航空器。

對於租用非中華民國國籍的航空器而言，雖然租賃行為之意義，原所有權人仍保持該航空器之物權。但是，租賃契約原屬債權債務行為，具有「準物權」的性質。因此，租期在六個月以上，能全部管有，並已撤銷他國登記者，亦得申請為國籍登記。《航空器登記規則》（2013年3月20日修訂）第6條：「所有人或使用人申請國籍登記時，除依規定繳納費用外，應檢送下列文件（項目略）」，後半段規定：「所有人或使用人依本法第十一條規定申請國籍登記時，除前項規定外，另應檢送附條件買賣契約書或租賃契約書。」對於租用之航空器若欲登記為我國國籍，根據《民用航空法》第11條規定：「中華民國國民、法人及政府各級機關，以附條件買賣方式自外國購買之非中華民國航空器，於完成約定條件取得所有權前或向外國承租之非中華民國航空器，租賃期間在六個月以上，且航空器之操作及人員配備均由買受人或承租人負責者，經撤銷他國之登記後，得登記為中華民國國籍。」此外，中共對租用民航機之國籍登記亦為租賃期限為六個月以上的租賃合同佔有民用航空器的權利，在註銷他國登記後，可申請該國國籍登記（《中華人民共和國民用航空法》第11條第三項參照）。

至於「附條件買賣」，何謂「附條件買賣」？稱附條件買賣者，謂買受人先佔有動產之標的物，約定至支付一部或全部價金，或完成特定條件時，始取得標的物所有權之交易。例如分期付款，必俟全部價款付清後，方能取得所有權，此種分期付款的方式，縱未取得所有，確已實際管有。故在撤銷他國登記後，亦得依據《航空器登記規則》第6條第六項申請登記。民航局於必要時得請所有人、使用人或其他關係人到場說明，惟其登記不得視為所有權之證明。

以普通航空業為例，為確保飛安及營運正常化，更於《普通航空業管理規則》（2015年7月30日修訂）第8條明文規定：「普通航空業以購買、附條件買賣、租用方式引進民用航空器，應檢附下列文件一式二份申請民航局核准後，始得辦理：一、航空器規範。二、使用計畫。三、維護計畫（含維護組織、人員訓練計畫）。四、財務計畫（含付款方式、資金來源及營運收支預估）。五、駕駛員來源及訓練計畫。前項所購買、附條件買賣或租用之外籍航空器，機齡不得超過十年。但普通航空業已使用同機型航空器滿三年以上，其購買、附條件買賣、租用該機型外籍航空器之機齡不得超過十五年。第二項但書有下列情形之一者，應檢附相關文件，經申請民航局核准後，始得繼續使用：一、續租同架航空器者。二、原核准租用航空器之機齡符合前項規定，原承租人申請將租用變更為購買或附條件買賣者。三、售後租回同架航空器者。空中遊覽、救護及商務專機用航空器應為渦輪發動機或雙往復式活塞發動機，並配置雙駕駛員及座艙通話紀錄器。另依規定應具有飛航紀錄器者，亦應配置之。但空中遊覽用之自由氣球，經申請民航局核准者，得不備具發動機、不配置雙駕駛員及座艙通話紀錄器。民用航空運輸業申請以直昇機兼營普通航空業者，原已備具之渦輪發動機貨運直昇機於核准籌設後得繼續使用，不受第二項之限制。」

若以民用航空運輸業為例，對於附條件買賣或租用之外籍航空器，基於飛安考量，亦有機齡限制。根據《民用航空運輸業管理規則》（2018年11月21日修訂）第11條規定：「民用航空運輸業或以航空器供民用航空運輸業營運者，其購買、附條件買賣或租用民用航空器，應先檢附下列文件一式二份申請民航局核准後，始得辦理：一、航空器規範。

二、使用計畫。三、維護計畫（包括維護組織、人員、訓練計畫及維修能力）。四、財務計畫（包括付款方式、資金來源及營運收支預估）。五、駕駛員來源及訓練計畫。前項所購買、附條件買賣或租用之外籍航空器，客機不得超過六年。但民用航空運輸業已使用同機型航空器三年以上，其購買、附條件買賣或租用該機型外籍航空器，客機不得超過十年。第一項所購買、附條件買賣或租用之外籍航空器，貨機超過十四年者，應另檢送適航評估報告併第一項文件報請民航局辦理。第二項但書有下列情形之一者，應檢附相關文件，經申請民航局核准後，始得繼續使用：一、續租同架航空器者。二、原核准租用航空器之機齡符合前項規定，原承租人申請將租用變更為購買或附條件買賣者。三、售後租回同架航空器者。中華民國一百零九年一月一日以後，民用航空運輸業使用之客運飛機，機齡不得超過二十六年。民用航空運輸業申請經營直昇機運輸業務者，其客運直昇機應為雙渦輪引擎，貨運直昇機應為渦輪引擎。普通航空業申請以直昇機經營民用航空運輸業者，原已備具之雙渦輪引擎客運直昇機及渦輪引擎貨運直昇機於核准籌設後得繼續使用，不受第二項之限制。」

第二節　航空器之登記

航空器登記之作用有二：一為「國籍登記」，另一為「權利登記」。前者用以證明國際法上之公法關係，後者用以證明國內法之私權關係。兩者如何辦理，各國相關法律並不一致。概括來說，約有下列兩種制度：

一、分別登記制

此制將「國籍登記」與「權利登記」區分為兩個層面。有分別簽發國籍證書與權利證書者，亦有統稱為「登記證書」者，惟登記證書不論有無登載權利事項，而以明文限制證書的效力，亦即說明證書僅供國籍證明之用，其權利之得喪變更，概以國籍國之登記冊為憑，是其登記證書在實質上之效力，仍不啻國籍證書的另一形式，縱有權利事項之記載，亦僅供參考之用，不足以構成法律上之效力。

【例一】

美國採分別登記制。其《民用航空法》第501條第六項關於登記效力的規定是這麼記載的：「該項證書專供國際間證明國籍之用。不適用於美國法律上之任何程序。任何特定人發生航空器所有權之訴訟時，本登記證書不得視為所有權之證據。」

【例二】

中共採分別登記制。其《中華人民共和國民用航空法》（2018年12月29日發布／修訂）第6條：「經中華人民共和國國務院民用航空主管部門依法進行國籍登記的民用航空器，具有中華人民共和國國籍，由國務院民用航空主管部門發給國籍登記證書。國務院民用航空主管部門設立中華人民共和國民用航空器國籍登記簿，統一記載民用航空器的國籍登記事項。」另外，第11條：「民用航空器權利人應當就下列權利分別向國務院民用航空主管部門辦理權利登記：(一)民用航空器所有權；(二)通過購買行為取得並佔有民用航空器的權利；(三)根據租賃期限為六個月以上的租賃合同佔有民用航空器的權利；(四)民用航空器抵押權。」第12條：「國務院民用航空主管部門設立民用航空器權利登記簿。同一民用航空器的權利登記事項應當記載於同一權利登記簿中。」從而確立其國籍與權利登記分開。

二、統一登記制

此制下的登記證書，不僅供證明國籍之用，兼供權利證明之用。此制的優點，在一望而知航空器的權利狀態，不僅便於檢查，並可鞏固航空器交易上之信用。

【實例】

中華民國採取統一登記制。根據《航空器登記規則》（2013年3月20日修訂）第3條：「航空器關於下列權利之保存、設定、移轉、變更、處分或消滅等事宜，應辦理登記：一、所有權。二、抵押權。三租賃權。」第4-1條指明：「交通部民用航空局應設置登記簿，統一記載完成之登記事項。」並於第4條強調：「前條應行登記之事項，非經登記不得對抗第三人。」

此外，航空器登記證書在何種情事下失其效力？根據《民用航空法》第13條規定：「登記證書遇有左列情事之一者，失其效力：一、航空器所有權移轉時。二、航空器滅失或毀壞致不能修復時。三、航空器拆卸或棄置時。四、航空器喪失國籍時。」其中第一項云：「航空器所有權移轉時」、第四項云：「航空器喪失國籍時」。因此，所有權移轉與喪失國籍同為登記證書失效的原因，我國採取「統一登記制」至為顯然。另外，根據同法第15條，「登記證書或適航證書失效時，由民航局公告作廢。持有人並應自失效之日起二十日內，向民航局繳還原證書。」至於以詐術申請檢定或登記因而取得航空器登記證書或適航證書者，依《民用航空法》第106條，「以詐術申請檢定或登記，因而取得航空人員檢定證、體格檢查及格證、航空器登記證書或適航證書者，處五年以下有期徒刑、拘役或科或併科新臺幣一百萬元以下罰金。前項書、證，由民航局撤銷。」

航空公司經常與民間企業或機構透過彩繪機身的方式從事商業廣告業務合作或進行異業聯盟，抑或將飛機租賃於其他民航業者而有標漆之需求，則必須依據《航空器登記規則》第32條規定辦理：「航空器使用人自行在航空器上標漆之文字及圖案，應報請民航局核備。」由於飛機經常穿梭於不同的地域，能對具有一定消費能力的乘客產生視覺影響，因此許多企業或機構也會選擇以飛機作為廣告媒介，與航空公司共同推出彩繪機身的異業聯盟方案。諸如：全日本空輸（All Nippon Airways, ANA）推出R2-D2版星際大戰彩繪機（星戰機）；長榮航空與日本三麗鷗聯合推出以Hello Kitty為主題的蘋果機、環球機、牽手機、星空機與蛋黃哥慵懶機等彩繪機家族；中國東方航空與上海迪士尼度假區合作推出「玩具總動員歡樂假日號」主題彩繪機（A330-300機型），實例甚多不及備載。

第三節　航空器人員之類別

航空產業是需要多方專業人力共同協作才能完成的。《民用航空法》第2條第四項對航空人員的界定標準為：「航空人員：指航空器駕駛員、飛航工程師、航空器維修工程師、飛航管制員、維修員及航空器簽派員」；而《中華人民共和國民用航空法》第五章第39條所稱航空人員，涵蓋從事民用航空活動的空勤人員和地面人員，分別是：(1)空勤人員，包括駕駛員、飛行機械人員、乘務員；(2)地面人員，包括民用航空器維修人員、空中交通管制員、飛行簽派員、航空電臺通信員。

比較兩岸法規差異，中共把乘務員（亦即空服員）併入法定航空人員，但我國僅將其視為組員，而並不將其視為航空人員。對於民用航空器的「飛航組員」（flight crew），《航空器飛航作業管理規則》是指於飛航時在航空器內負責航空器相關作業且具有證照之工作人員（第二條），而中共是譯為「機組人員」且於其《中華人民共和國民用航空法》第43條界定為：「民用航空器機組由機長和其他空勤人員組成。機長應當由具有獨立駕駛該型號民用航空器的技本和經驗的駕駛員擔任。機組的組成和人員數額，應當符合國務院民用航空主管部門的規定。」

航空人員之類別，事實上尚不止如此。每一類人員，往往又因航空器的種類、等級及型式而不同。例如日本《航空法》（昭和27年法律第231號）第24條列舉各類航空人員之名稱，於第25條復作下列概括規定：

(1)國土交通大臣對於前條定期運輸航班駕駛員、商用駕駛員、自用駕駛員、準定期運輸航班駕駛員、一等航空士、二等航空士、一等航空整備士、二等航空整備士、一等航空運航整備士、二等航空運航整備士及航空工場整備士之合格證明，應依國土交通省條例的限制；(2)國土交通大臣為前項之資格證明時，得依國土交通省之規定，就航空器的類型，類別或類型或業務類型限制之；(3)國土交通大臣對於前條航空地面機械員之合格證明，得依國土交通省之規定，就其所服勤務之種類（如發動機、螺旋槳和其他重要的設備備件、無線電設備等）限制之。

被業界簡稱「人檢」的《航空人員檢定給證管理規則》（2015年12月2日）亦有類似規定，將航空人員之類別，加以細分為以下數種類別：

1.航空器駕駛員之檢定。航空器駕駛員之檢定類別分為：(1)飛機自用駕駛員檢定；(2)飛機商用駕駛員檢定；(3)多組員飛機駕駛員檢定；(4)飛機民航運輸駕駛員檢定；(5)直昇機自用駕駛員檢定；(6)直昇機商用駕駛員檢定；(7)直昇機民航運輸駕駛員檢定；(8)飛艇自用駕駛員檢定；(9)飛艇商用駕駛員檢定；(10)自由氣球自用駕駛員檢定；(11)自由氣球商用駕駛員檢定；(12)滑翔機自用駕駛員檢定；(13)滑翔機商用駕駛員檢定。(14)飛航教師檢定；(15)儀器飛航檢定；(16)無線電溝通英語專業能力檢定。（參照《航空人員檢定給證管理規則》第12條）

2.航空器駕駛員檢定證應註明航空器類別，飛機、直昇機駕駛員檢定證並應註明航空器等級、型別，以證明其專業技能。航空器檢定類別分為：(1)飛機；(2)直昇機；(3)飛艇；(4)自由氣球；(5)滑翔機；(6)其他經交通部指定者。（參照《航空人員檢定給證管理規則》第14條）

3.航空器等級分為：(1)陸上單發動機；(2)陸上多發動機；(3)水上單發動機；(4)水上多發動機。航空器型別應為航空器原製造廠商之民航主管機關認證之型別，並經民航局認可。（參照《航空人員檢定給證管理規則》第14條）

一、航空器駕駛員

首先，介紹航空器駕駛員：依據《航空人員檢定給證管理規則》第2條第二項：「航空器駕駛員：指領有檢定證、體格檢查及格證，執行航空器駕駛任務之人員，包含機長及副駕駛員。機長指由航空器所有人或使用人指派，於飛航時指揮並負航空器作業及安全責任之駕駛員；副駕駛員指機長以外之駕駛人員。」在飛行過程中，機長和副駕駛員會依據標準作業程序，以相互配合的分工方式駕駛飛機，並輪流扮演「主飛者」和「協助者」的角色。一般民用航空運輸業的客機機師，依其職等可再細分為許多階級，包括機隊總機師（chief pilot）、受交通部民用航空局委託辦理駕駛員檢定考試官（delivery examinator，簡稱DE）、檢定駕駛員（check pilot）、教師駕駛員（instructor pilot）、正駕駛（captain）、巡航正駕駛（cruise captain/ relif pilot，簡稱CC）、副駕駛（first officer，簡稱FO）、見習副駕駛（second officer）等。各種職等的駕駛員在航空公司組織編制中大多隸屬於航務處，復依駕駛員飛行的機型進行編組，每種機型設有總機師一名，負責該機型駕駛員的管理以及升訓考核，其他依其職位高至低分為教師駕駛員、正駕駛、巡航正駕駛、副駕駛。每一機型的飛機因其航程的限制，會有固定飛行的數條航線。在「簽約方式」方面，外籍駕駛主要是簽二到五年的短期合約，大專培訓與空軍轉業則是簽十年以上的長期合約。但若有不適任狀況，如未能通過體檢，則可能被開除，或者轉任地勤的職務。航空器駕駛員的工作，主要可分為飛行與非飛行。航空器駕駛員的工作時間非僅侷限於航空器移動的「飛行時間」，還包括登機前準備、登機後內外檢查、簽署飛行計畫書、檢查燃油、儀表及確認機務，以及等待旅客登機的「執勤時間」，其他非飛行的時間主要是接受例行訓練（包含基礎教育訓練、緊急訓練、地面學科訓練、飛航訓練、複習訓練、機型轉換訓練、人為因素－組員資源管理訓練、威脅與錯誤管理訓練等）、檢定考試及參加會議等，另外部分駕駛員會擔任其他非飛行的職務

（如訓練課程講師）或管理職務（如機隊總機師、飛安部經理、航務處督導、飛安部督導）。

二、飛航工程師、航空器維修工程師及維修員

接下來，我們來介紹飛航工程師、航空器維修工程師及維修員。

根據《航空人員檢定給證管理規則》第2條第三項：「飛航工程師：指領有檢定證、體格檢查及格證，在航空器上擔任機械操作、管理及維護工作之人員。」飛航工程師，係等同在2013年3月19日以前的歷史法規《航空人員檢定給證管理規則》中對於「飛航機械員」的用詞，亦即在原製造廠規範規定設有飛航機械員操作位置或儀表之航空器上擔任機械操作管理工作之人員，或由於特殊之需要在航空器上擔任機械操作、管理及維護等工作而有助於飛航安全之人員，此外，飛航工程師之檢定證與航空器駕駛員相同，必須加註航空器型式檢定。

至於航空器維修工程師，係等同2013年3月19日以前的歷史法規《航空人員檢定給證管理規則》中被稱為「地面機械員」過去的名詞定義，即根據《航空人員檢定給證管理規則》第2條第四項：「航空器維修工程師：指領有檢定證，在地面上擔任航空器機體、發動機及通信電子維護工作之人員。」就新制航空器維修工程師之檢定類別而論，可分為下列四種：(1) A類：指停機線航空器維護檢定；(2) B1類：指航空器機體型別及發動機型別維護檢定；(3) B2類：指航空電子維護檢定；(4) C類：指維修廠完成航空器維護簽證檢定。（第98-1條）

繼而，「維修員」而論，根據同法第2條第五項：「指領有檢定證，受僱於航空公司或維修廠從事航空器或其零組件之維修、改裝或檢驗工作之人員。」前述三種人員在航空公司皆隸屬於機務部門（如中華航空公司），抑或隸屬於專業航空器維修公司（例如由早期長榮航空公司機務本部逐步發展而成的長榮航太科技公司，以及由前第二次世界大戰在中華民國成立，由美國飛行人員組成的中華民國空軍美籍志願大隊（American

Volunteer Group, AVG），俗稱飛虎隊（Flying Tigers）的司令官陳納德將軍（General Claire Lee Chennault, 1893-1958）在臺灣臺南設立之民營專業飛機維修公司，現為台翔航太工業股份有限公司的子公司——亞洲航空股份有限公司，簡稱「亞航」，但與馬來西亞的AirAsia無關）。

機務部門是負責飛機維修相關事務及管理維修人員。飛航工程師、航空器維修工程師及維修員（通稱為機務人員）必須根據航空公司與民航局相關規定，遵循一定的時程與程序監控飛機及發動機性能，確保飛機能正常無誤運作。除此之外，維修人員在必要的時候需要修改航機性能，以符合相關規定或自然環境的變化。在管理人員部分，維修人員的聘用、考核、訓練與升等以及各部門維修人員的配置，也須符合航空公司與民航局的相關規定，確保維修人員的生理與技能素質，對於不同機型間的維修工作的差異，也需要特別注重。另外，管理人員也需負責日常監控維修人員的修護工作，以保障飛機的修護品質。

三、飛航管制員

所謂「飛航管制員」（air traffic controllers），係為透過通信、導航技術和監控手段對航空器飛行活動進行監視和控制，專職從事航空交通管制的作業人員，以維持負責範圍內的航空器得以有秩序、安全及迅速地升降及飛行。《航空人員檢定給證管理規則》第2條第七項對「飛航管制員」的名詞定義是：「指領有檢定證、體格檢查及格證，在地面上負責指揮、支配航空器，並協助駕駛員達成航空器在飛航中一切活動及安全之人員」。中共則將渠等人員稱為「空中交通管制員」，依據其《民用航空空中交通管制員執照管理規則（交通運輸部令2016年第15號）》規定：管制員執照由中國民用航空局統一頒發和管理。民用航空地區管理局負責本轄區管制員執照的具體管理工作。依照本規則規定承擔執照管理相關工作的其他單位和個人應當根據授權範圍做好相關工作，並接受民航局和地區管理局監督（第4條）。管制員執照類別、英語無線電陸空通信資格、特殊技能水準、從事管制工作的地點等以簽註標明。管制員所從事的工作應當與其執照簽註相符合（第5條）。管制員執照類別包括機場管制、進近管制、區域管制、進近雷達管制、精密進近雷達管制、區域雷達管制、飛行服務和運行監控等八類（第6條）。持照人執照未經註冊或者註冊無效的，不得獨立從事其執照載明的工作（第43條）。

如同陸上交通需要透過交通標誌、號誌、交通控制或警員疏導有序之交通，航空運輸也必須透過「管制」，依不同的航空器種類、不同的助導航系統、不同的空域（包含管制空域、機場管制地帶以及非管制空域等）在各種天氣條件下，透過飛航管制員依據標準程序，利用無線電通訊、雷達以及相關的電腦系統裝備等現代科技工具，執行所有的相關程序與規則，以疏導空中交通，提供飛航情報、守助、飛航管制等飛航服務，以符合安全與效率。若有航空器失事或需救援，依據《飛航規則》（原名稱《飛航及管制辦法》）第2條第二十一項提供「守助服務」，亦即將需要搜救之航空器資料通知適當單位，並應該單位之需求予以協助之服務。

飛航管制員工作內容主要為：(1)指揮航空器的起飛、降落、跑道上滑行、天空中飛航；(2)維持航空器的安全隔離；(3)提供航空器駕駛員有關氣象、航情及機場等飛航資料；(4)協助駕駛員達成航空器安全、加速及有序的飛航作業。飛航管制員擔負公共安全之重責大任，若因失誤除造成旅客傷亡、航空器毀損等重大損害外，尚需負擔民、刑事責任，因而飛航管制員被規範要持有民航局核發執業證書、檢定證與體檢證，還要定期受訓和體檢。其中，所謂的「檢定」，根據《航空人員檢定給證管理規則》第108條區分為五類檢定類別：機場檢定、近場非雷達檢定、近場檢定、區域非雷達檢定及區域檢定五類。且同法第109條載明，申請飛航管制員檢定證者，應依申請檢定類別檢定下列學科項目：(1)民用航空法、飛航規則；(2)航空氣象；(3)機場管制飛航管理程序；(4)機場管制飛航指南；(5)近場管制飛航管理程序；(6)近場管制飛航指南；(7)區域管制飛航管理程序；(8)區域管制飛航指南；(9)雷達基本原理。飛航管制員檢定證應註明類別及符合民航局訂定之無線電溝通英語專業能力檢定第四級至第六級之等級。飛航管制員應熟悉作業現況並依所持有檢定證之類別，提供或督導飛航管制服務（第111條）。

四、航空器簽派員

「航空器簽派員」（flight dispatchers或aircraft dispatchers），等同於中共所稱之「飛行簽派員」。簽派員隸屬於航空公司「聯合管制中心」或稱「運行控制中心」，置身於航空公司各項飛航相關資料彙集的核心樞紐從事運行計畫、組織、指揮、協調、監控的初級管理人員。除了擬定飛航計畫，並於每架航空器起飛前與該航班的航空器駕駛員協調溝通，雙方確立計畫書內容無誤，航空器方得以順利放行。根據《航空人員檢定給證管理規則》第2條第六項：「指領有檢定證，在地面上擔任航情守望、提供飛航資訊及協助機長執行航空器之飛航起始、繼續及終止工作之人員。」《航空器飛航作業管理規則》（2018年7月13日修訂）第177條對簽派員的職責規範如下：(1)航空器之簽派；(2)提供所需資料以協助機長完成飛航準備工作；(3)協助機長完成飛航計畫，並依當地規定向航管單位提出；(4)提供機長於飛航中安全飛航所必需之資料；(5)飛機航行位置不能經由第八條之三第二項規定之飛機位置資訊自動追蹤機制位置所確定，且無法與駕駛員建立通訊聯繫時，應立即通知飛機最後位置附近之航管單位。

航空簽派程序是飛機起飛前必須執行的程序，目的在確保飛機性能、飛行員、航路、機場氣候等各項條件皆在適航的狀態。由於簽派員責任重大，《航空器飛航作業管理規則》第179條又規定，簽派員執行職務時應具有民航局發給之檢定證並具備下列各款之經驗及知識：(1)於最近十二個月內應至少於其負責簽派之其中一條航路之航空器駕駛艙內作一次觀察飛航；(2)簽派員應經航空器使用人確認其瞭解航務手冊內容及航空器使用之通信及導航裝備；(3)簽派員應經航空器使用人確認其瞭解負責簽派飛航區域之季節性氣象情況及氣象資料來源、氣象對航空器無線電接收裝備影響情況、每一導航裝備之使用特性限制及航空器裝載說明；(4)航空器使用人對簽派員執行前條職務之能力認為合格者。

簽派員應熟悉與其職責有關之飛航作業規定，並依該飛航作業規定執行之（第180條）。簽派員連續停止工作十二個月以上者，非再經航空器使用人訓練不得執行其職務（第181條）。

第四節　航空人員之資格

充任航空人員者，必須符合公法上一定之要件。此項要件，大要可別為「能力要件」與「資格要件」兩種，茲分述如下：

一、能力要件

能力要件以下列六項為首要：

(一)國籍

《公務人員任用法》（2019年4月3日修訂）第28條規定：「有下列情事之一者，不得任用為公務人員：一、未具或喪失中華民國國籍。二、具中華民國國籍兼具外國國籍。但其他法律另有規定者，不在此限。」且公務員必須具有本國國籍乃為各國之通例。《民用航空法》第24條規定：「航空人員應為中華民國國民。但經交通部核准者，不在此限。」凡充任航空人員者，無論是否公務員，原則上均須具有我國國籍。《航空人員檢定給證管理規則》中對於各項人員申請給證者，多明定其資格必須是中華民國國民，非屬國民且無申請資格，當無從執業。雖然該條但書規定：「經交通部核准者，不在此限。」但其特許，亦有嚴格限制。依據《就業服務法》（2018年11月28日修訂）第42條：「為保障國民工作權，聘僱外國人工作，不得妨礙本國人之就業機會、勞動條件、國民經濟發展及社會安定。」因此，《航空人員檢定給證管理規則》（2015年12月2日修訂）第112條規定：「有以外國人擔任航空人員需要者，應由業者向民航局申請檢定。該外國人應經學、術科檢定合格並轉請交通部核准後，由民航局發給檢定證。」然而，國籍航空公司要如何才能夠順利經過交通部核准其聘僱外國人呢？

《就業服務法》第46條第一項強調，雇主聘僱外國人在中華民國境內從事之工作，除本法另有規定外，應以「專門性或技術性之工作」為限。然而，何謂「專門性或技術性之工作」？《外國人從事就業服務法第四十六條第一項第一款至第六款工作資格及審查標準》（2018年5月9日修訂）第4條提出解釋，前述條文所稱之「專門性或技術性之工作」係指外國人受聘僱從事下列具專門知識或特殊專長、技術之工作：(1)營繕工程或建築技術工作；(2)交通事業工作；(3)財稅金融服務工作；(4)不動產經紀工作；(5)移民服務工作；(6)律師、專利師工作；(7)技師工作；(8)醫療保健工作；(9)環境保護工作；(10)文化、運動及休閒服務工作；(11)學術研究工作；(12)獸醫師工作；(13)製造業工作；(14)批發業工作；(15)其他經中央主管機關會商中央目的事業主管機關指定之工作。第二項「交通事業工作」的範疇包含陸運事業、航運事業、郵政事業、電信事業、觀光事業、氣象事業，以及前述六款事業之相關規劃、管理工作。「航運事業」可以細分為：(1)港埠、船塢、碼頭之規劃、設計、監造、施工評鑑之工作；(2)商港設施及打撈業經營管理、機具之建造與維修、安裝、技術指導、測試、營運及協助提升港埠作業技術研究發展之工作；(3)船舶、貨櫃、車架之建造維修及協助提升技術研究發展之工作；(4)從事海運事業業務人員之訓練、經營管理及其他有助提升海運事業業務發展之工作；(5)民航場站、助航設施之規劃建設之工作；(6)有助提升航運技術研究發展之航空器維修採購民航設施查驗及技術指導之工作；(7)航空事業之人才訓練、經營管理、航空器運渡、試飛、駕駛員、駕駛員訓練、營運飛航及其他有助提升航空事業業務發展之工作。

政府為何要設置外籍人士在本國就業的門檻呢？主要考量是有助於創造國人就業機會、建構健全的就業市場，穩定社會的經濟秩序。鑒此，《外國人從事就業服務法第四十六條第一項第一款至第六款工作資格及審查標準》第3條強調：「為保障國民工作權，並基於國家之平等互惠原則，中央主管機關得會商相關中央目的事業主管機關，就國內就業市場情勢、雇主之業別、規模、用人計畫、營運績效及對國民經濟、社會發展之貢獻，核定其申請聘僱外國人之名額。」就聘僱外籍駕駛員擔任營運飛航的規範條件而言，同法第19條規定，雇主聘僱外國人，申請計畫應符合下列規定之一：(1)單、雙座駕駛員機種，雇主指派任一飛航任務，第一年許可全由外籍駕駛員擔任；第二年起雙座駕駛員機種至少一人，應由本國籍駕駛員擔任；(2)單座駕駛員機種，自第二年起該機種飛行總時數二分之一以上，應由本國籍駕駛員擔任飛行操作。但工作性質及技能特殊，經中央主管機關會商中央目的事業主管機關核准者，不在此限。

(二)年齡

◆航空器駕駛員

航空人員因有責任與體力關係，對於非職業性者，多有最低年齡之限制，對於職業性者，並有最高年齡之限制。例如《航空人員檢定給證管理規則》第13條對於航空器駕駛員之年齡有下列各項規定：(1)學習駕駛員應年滿十八歲。未滿二十歲者，應有父母或監護人之書面同意；(2)自用駕駛員應年滿二十歲；(3)商用駕駛員應年滿二十歲，最高不得逾六十歲；(4)多組員飛機駕駛員應年滿二十歲，最高不得逾六十歲；(5)民航運輸駕駛員應年滿二十三歲，最高不得逾六十歲；(6)飛航教師應年滿二十三歲，最高不得逾六十五歲。商用駕駛員、多組員飛機駕駛員及民航運輸駕駛員年滿六十歲，得由駕駛員或航空器使用人向民航局申請延長執業年限，最高不得逾六十五歲。前項經延長執業年限之駕駛員，於從事民用航空運輸業飛航任務時，其同一航班之其他執勤駕駛員不得逾六十歲。

◆其他人員

《航空人員檢定給證管理規則》對於「其他人員」的規範包含：

1. 申請飛航工程師檢定證者，其年齡應滿二十一歲，且未逾六十五歲，並具下列資格之一及提出有關文件：一、專科以上學校航空工程、機械、電機或電子科系畢業，經完成飛航工程師訓練（包括地面學科、模擬機操作、隨機見習及實際空中操作）合格者。二、具有效為航空器維修工程師檢定證，並經完成飛航工程師訓練合格者。三、擔任多發動機航空器駕駛員具五百小時以上之飛航經驗，經完成飛航工程師訓練合格者。（第88條）
2. 申請航空器維修工程師檢定證者，需年滿十八歲，並具下列資格之一：一、申請A類、B1.2子類或B1.4子類檢定證者，應具有下列資格之一：(一)具所申請檢定類別或子類別之航空器實際維修三年以上工作經驗。(二)持有飛航修護技術士證或大學、學院以上學校航空工程、機械、電機或電子相關科系畢業或同等學歷，完成航空器使用人或維修廠所訂定之相關技術訓練，並具所申請檢定類別或子類別之航空器實際維修二年以上之工作經驗。(三)完成民航局核准之民用航空人員航空維修訓練機構A類檢定訓練課程，並具所申請檢定類別或子類別之航空器實際維修一年以上工作經驗。二、申請B2類、B1.1子類或B1.3子類檢定證者，應具有下列資格之一：(一)具所申請檢定類別或子類別之航空器實際維修五年以上之工作經驗。(二)持有飛航修護技術士證，或大學、學院以上學校航空工程、機械、電機或電子相關科系畢業或同等學歷，完成航空器使用人或維修廠所訂定之相關技術訓練，並具所申請檢定類別或子類別之航空器實際維修四年以上之工作經驗。(三)完成民航局核准之民用航空人員航空維修訓練機構B1或B2類檢定訓練課程，並具所申請檢定類別或子類別之航空器實際維修二年以上之工作經驗。三、申請大型航空器C類檢定證者，應具有下列資格之一：具大型航空器B1.1子類、B1.3子類或B2類檢定證三年以上實際維修工作經驗。具大型航空器B1.2子類或B1.4子類檢定證五年以上實際維修工作經驗。四、申請小型航空器之C類檢定證者，應具有執行小型航空器B1類或B2類檢定證三年以上實際維修工作經驗。初次申請檢定證者，除應符合前項規定外，並應具所申請檢定類別或子類別於十年內取得之航空器實際維修經驗至少一年；申請檢定加簽者，應具所申請新增檢定類別或子類別如附件十八航空器維修工程師檢定加簽航空器實際維修經驗需求。其他非屬民用航空之航空器維修工作經驗，符合第一項資格並經民航局認可者，可視為等效；但民航局可依其申請之檢定類別或子類別增加額外之民用航空器維修工作經驗要求，以確保其瞭解民用航空器維修作業規定。（第98-2條）

3.申請維修員檢定證者，其年齡應滿十八歲，高級中等以上學校畢業或同等學歷，並符合下列規定：一、應為航空公司或維修廠僱用，從事申請檢定類別實際工作達十八個月以上領有證明文件者。但持有飛機修護技術士證照者，其實際維修工作得減為六個月。二、由雇主推薦，並具所申請檢定類別零組件維修知識，及對相關維護程序、檢驗方式及器材、工具、裝備使用等經驗能提出相關證明文件，或經民航局核准或認可之訓練證明文件。三、前款推薦檢定類別應限於民航局核發檢定類別或營運規範授權範圍。（第100條）

4.申請航空器簽派員檢定證者，其年齡應滿二十一歲，並為高級中等以上學校畢業或同等學歷，並具下列資格之一及提出有關文件：一、申請前二年內，曾在民用航空運輸業之合格航空器簽派員督導下，從事助理航空器簽派員工作一年以上。二、完成民航局核准之航空器簽派員訓練。三、申請前三年內曾任下列任何一目之職務二年以上或任何二目職務各一年以上者：(一)民用航空運輸業飛航組員。(二)飛航管制員。(三)民用航空運輸業航空氣象工作人員。前項航空器簽派員檢定證申請人，於申請前六個月內應在合格航空器簽派員督導下，從事實際簽派工作九十日以上。第一項第二款航空

器簽派員之訓練計畫應報請民航局審查合格後，始得開訓。（第104條）

(三)學識

此處所謂「學識」係指執業的專業學養，與一般認知之各級民間學校頒發的「學歷」無關。依《民用航空法》第25條：「航空人員經學、術科檢定合格，由民航局發給檢定證後，方得執行業務，並應於執業時隨身攜帶。前項航空人員檢定之分類、檢定證之申請資格、學、術科之檢定項目、重檢、屆期重簽、檢定加簽、逾期檢定、外國人申請檢定之資格與程序、證照費收取、工作權限及其他應遵行事項之規則，由交通部定之。第一項航空人員學、術科檢定業務，得委託機關、團體或個人辦理之；受委託者之資格、責任、監督及其他應遵行事項之辦法，由民航局定之。」前述所稱之「檢定證」，根據《航空人員檢定給證管理規則》第2條第一項的定義，係指交通部民用航空局發給航空人員，用以證明持有人具有從事該項專業技能之憑證。

《民用航空法》第25條規定，「航空人員經學、術科檢定合格，由民航局發給檢定證後，方得執行業務，並應於執業時隨身攜帶。」同法第104條則對「未領檢定證及體格檢查及格證而從事飛航者」提出罰則，可處五年以下有期徒刑、拘役或新臺幣100萬元以下罰金。是故，學識亦為基本能力之一。《中華人民共和國民用航空法》亦有類似見解，見諸於第五章第40條：「航空人員應當接受專門訓練，經考核合格，取得國務院民用航空主管部門頒發的執照，方可擔任其執照載明的工作。空勤人員和空中交通管制員在取得執照前，還應當接受國務院民用航空主管部門認可的體格檢查單位的檢查，並取得國務院民用航空主管部門頒發的體格檢查合格證書。」以及第42條：「航空人員應當接受國務院民用航空主管部門定期或者不定期的檢查和考核；經檢查、考核合格的，方可繼續擔任其執照載明的工作。」

(四)經驗

航空人員中無論是航空器駕駛員、飛航工程師、航空器維修工程師以及航空器簽派員等，依相關法規之規範，各該人員非具有規定年限之經驗，不得聲請檢定。例如：

1.航空器駕駛員以「飛行時數」核計其飛航經驗。「航空器駕駛員應備有飛航紀錄簿或民航局認可之紀錄，用以登錄並證明其飛航經驗及飛航時數。多組員操作航空器時，應分別登錄飛航時間、工作席位飛航時間及實際操控航空器時間。申請航空器駕駛員檢定所需之飛航總時間依下列時間採計：一、登錄為機長之飛航時間。二、檢定機型為單人操作之航空器，副駕駛員於工作席位上未實際操控航空器之飛航時間，得採計二分之一。三、檢定機型為多組員操作之航空器，副駕駛員於工作席位之飛航時間。」（《航空人員檢定給證管理規則》第16條）
2.飛航工程師於最近六個月內，應有擔任該機型飛航工程師之職務至少五十飛行小時以上，或經民航局考驗合格，航空器使用人始得派遣其擔任該機型之飛航工程師。（《航空器飛航作業管理規則》第172條）
3.經民用航空局委託航空器檢查之機關或團體，由其執行檢查之負責人指定合格之技術人員擔任檢查工作，其技術人員應具備檢查航空器及其發動機、螺旋槳、空用電子、儀器、系統、機件及應用裝備、安全設備等修護之適航狀況者，應領有民用航空局檢定合格之有效航空器維修工程師檢定證，並具有受檢項目五年以上之技術工作經驗。（《航空器檢查委託辦法》第4條）
4.簽派員執行職務時應具有民航局發給之檢定證並具備下列各款之經驗及知識：一、於最近十二個月內應至少於其負責簽派之其中一條航路之航空器駕駛艙內作一次觀察飛航。二、簽派員應經航空器使用人確認其瞭解航務手冊內容及航空器使用之通信及導航裝備。

三、簽派員應經航空器使用人確認其瞭解負責簽派飛航區域之季節性氣象情況及氣象資料來源、氣象對航空器無線電接收裝備影響情況、每一導航裝備之使用特性限制及航空器裝載說明。四、航空器使用人對簽派員執行前條職務之能力認為合格者。（《航空器飛航作業管理規則》第179條）

(五)技術

航空人員不僅重視學識經驗，尤重實際技術。因之在申請檢定時，在學科考試之外，尚有術科考試，其科目亦依各類性質分別訂之。以《航空人員檢定給證管理規則》第5條為例，「申請檢定證者，其學科檢定應於第一次檢定日起一年內完成，並以六次為限，未完成者應申請重新檢定，學科檢定合格後始得實施術科檢定；術科檢定應於學科檢定完成檢定日起二年內完成，並以三次為限，未完成者學、術科應申請重新檢定。申請人應於術科合格完成日起三十日內，檢具學術科檢定合格文件送民航局申請發證。但有正當理由，並申請民航局核准延展者，不在此限。檢定證申請人之學術科檢定成績有不及格之情形者，就其不及格部分得於收到民航局成績通知後三十日以後申請複檢。但經所屬機構加強訓練持有證明文件者，不在此限。其術科檢定不及格部分，應再經所屬機構加強訓練或獲得更多之該項技術經驗後，並持有證明文件，始得申請複檢，航空器駕駛員之術科檢定不及格部分應於六十日內完成複檢，超過期限者，應就術科申請重新檢定。飛航管制員之學、術科檢定應於第一次檢定日起三個月內完成，其學、術科複檢以一次為限。依第四章之一申請航空器維修工程師檢定者，其學科檢定應於第一次檢定日起五年內完成，未完成者應申請重新檢定。檢定證申請人之學術科檢定成績有不及格之情形者，就其不及格部分得於收到民航局成績通知九十日後申請複檢。但經航空維修訓練機構加強訓練持有證明文件者，不在此限。」

(六)體格

航空人員之體格標準相較於一般公職考試應考人體格檢驗標準更為嚴格。依《航空人員體格檢查標準》（2016年3月8日修訂）第4條對航空人員體格標準的界定標準可區分為甲類及乙類體位。甲類體位涵蓋：(1)民航運輸駕駛員；(2)從事民用航空運輸業及普通航空業商務專機業務之商用駕駛員；(3)多組員飛機駕駛員。乙類體位包含：(1)學習駕駛員；(2)自用駕駛員；(3)從事普通航空業商務專機以外業務之商用駕駛員；(4)自由氣球商用駕駛員；(5)滑翔機商用駕駛員；(6)飛艇商用駕駛員；(7)飛航工程師；(8)飛航管制員；(9)飛航教師。

至於有意報考飛航管制人員者，依《公務人員特種考試民航人員考試規則》（2019年4月1日修訂）第6條附表四「公務人員特種考試民航人員考試飛航管制人員體格複檢標準表」規定，除依航空人員體格檢查標準乙類體位標準檢查外，並應作下列項目之檢查：(1)腦電波；(2)眼震電圖；(3)心電圖；(4)視力、辨色力。其中對於「視力」的規定包含：(1)左右眼裸眼或經戴鏡架眼鏡或單焦距、無色隱形眼鏡矯正後之遠距離視力達1.0以上者為合格；(2)左右眼裸眼或經戴鏡架眼鏡或單焦距、無色隱形眼鏡矯正後之近距離視力達0.5以上者為合格；(3)以非鏡架方式矯正視力者，應於手術六個月後始得申請鑑定，其鑑定項目及程序依航空人員體格檢查手冊之規範辦理；(4)以其他方法矯正視力達本項第一款規定之視力標準者，應經交通部民用航空局鑑定。至於「辨色力」則要求兩眼須正常，色弱及色盲者為不合格。

此外，飛航管制員在執勤時須利用雷達、衛星及電腦等工具來瞭解航空器的位置、現況，並利用無線電通訊設備指揮航空器駕駛員或提供其資料與協助。飛航管制員除需具備一定專業素養、熟稔技術、良好英文能力外，尚需具備反應靈敏與手眼協調能力與抗壓性。因此，尚須進行「心理性向測驗」，內容包含：(1)動作判斷能力檢查：雙手協調能力檢查、雙手靈巧度檢查、多重選擇反應能力檢查；(2)認知及推理能力檢查：注意力檢查、計算力檢查、抽象推理測驗、速度預測力檢查；(3)空間能力檢查：空間關係測驗、深度知覺檢查、空間記憶力檢查。本項各款檢查以應考人測驗分數在我國飛航管制人員心理性向測驗常模之平均數減一個標準差以上者為合格。

《民用航空法》第26條規定，「航空器駕駛員、飛航工程師、飛航管制員之體格，應經民航局定期檢查，並得為臨時檢查；經檢查符合標準者，由民航局核發體格檢查及格證，並應於執業時隨身攜帶；經檢查不合標準者，應停止其執業。前項航空人員體格之分類、檢查期限、檢查項目、檢查不合標準申請覆議之程序與提起複檢條件、期間之規定、檢查與鑑定費用之收取、體格檢查及格證之核發及檢查不合標準時停止執業之基準等事項之檢查標準，由民航局定之。第一項航空人員體格檢查業務，得委託機關、團體辦理之；受委託者之資格、條件、責任及監督等事項之辦法，由民航局定之。」其重視體格可知。

此外，《中華民國憲法》第15條規定人民之工作權應予保障，人民從事工作並有選擇職業之自由，以維持生計。惟其工作與公共利益密切相關者，於符合《憲法》第23條比例原則之限度內，對於從事工作之方式及必備之資格或其他要件，得以法律或視工作權限制之性質，以法律或以有法律明確授權之命令加以規範。換言之，法令雖無限制某人從事某一職業，然而對於從事該職業時的形式或方法卻得以在保護特別重要公眾利益於迫切需要下加以限制。《民用航空法》第26條闡明，民用航空局對於航空人員之技能：「體格或性行，應為定期檢查，且得為臨時檢查，經檢查不合標準時，應限制、暫停或終止其執業，並授權民用航空局訂定檢查標準。民用航空局據此授權而發布《航空人員體格檢查標準》等標準，其第39條規定，「體檢受檢人之體檢結果經評定不符合規定之標準者，除依第八條辦理外，受檢人或所屬單位得自收受不合標準通知書之日起三十日內，檢附申請書及相關資料向民用航空局申請缺點免計。如經民航局鑑定後，認為在行使職務時，藉由該項專業技能之實際工作經驗或經完整治療後，不致影響飛航安全者，對其不合標準之部分，准予缺點免計。」

然而，為了保障民航安全，對於准予體格缺點免計者，應予時間及作業之限制。同法第42條規定：「民航局對准予缺點免計者，應於體檢證註記缺點免計項目，並予下列限制：一、缺點免計項目之有效期限。二、航醫保健條件。三、航空職司限制。四、作業環境條件。前項缺點免計之限制，該航空人員不得執行有該項缺點所不能執行之任務。前項缺點免計之限制，該航空人員不得執行有該項缺點所不能執行之任務。」同時，經准予缺點免計之項目，亦應實施例行體檢。但民航局如認有必要或體檢醫師認為病情有變化時，得對該項目實施鑑定。第44條闡明：「民航局得隨時中止已准予之缺點免計或要求該航空人員在接受檢查或鑑定前暫時停止職務。」前述規定均係為維護公眾利益，基於航空人員之工作特性，就職業選擇自由個人應具備條件所為之限制，非涉裁罰性之處分，與首開解釋意旨相符，於《憲法》保障人民工作權之規定亦無牴觸。

二、資格要件

《憲法》第15條規定，人民之工作權應予保障，其內涵包括人民之職業自由。法律若課予人民一定職業上應遵守之義務，即屬對該自由之限制。法律對職業自由之限制，因其內容之差異，在《憲法》上有寬嚴不同之容許標準。惟人民之職業與公共利益有密切關係者，國家對於從事一定職業應具備之資格或其他要件，於符合《憲法》第23條規定之限度內，得以法律或法律明確授權之命令加以限制（司法院釋字第404號、第510號及第584號解釋參照）。

人民從事航空人員應具備之「資格要件」為何？當民航主管當局或航空公司在衡量應徵者或其現職員工是否具有能力，要如何證明其能力適合法令規章或公司需求，則有賴於資格要件。通常交通人員之資格要件，專指「執業證書」一項而言。《交通技術人員執業證書核發規則》第4條規定：「交通技術人員申請核發執業證書，向交通部或其授權之發證機構為之。其領得執業證書後，始得擔任所列資位及規定可任之職務。」惟航空人員之資格要件，除執業證書之外，尚有檢定證及體格檢查及格證。《民用航空法》第26條規定：「航空器駕駛員、飛航工程師、飛航管制員之體格，應經民航局定期檢查，並得為臨時檢查；經檢查符合標準者，由民航局核發體格檢查及格證，並應於執業時隨身攜帶；經檢查不合標準者，應停止其執業。」《中華人民共和國民用航空法》亦有類似措施，見諸於第五章第41條：「空勤人員在執行飛行任務時，應當隨身攜帶執照和體格檢查合格證書，並接受國務院民用航空主管部門的查驗。」

因此，檢定證與體格檢查及格證為完成資格要件所必備，以資證明持證者符合專門職業人員執業資格始能執業。如果未經具備，或所備不全，都無法從事專門職業。

Chapter 5

飛航安全規範

第一節　飛航文書之檢備

第二節　飛航行動之管制

第三節　危險品管理

第一節　飛航文書之檢備

飛航文書是評價航空器運行是否安全的基本證明，也是決定相關當事人間之權義依據，無論國內與國際飛航，均極為重要。《民用航空法》（2018年4月25日修訂）第38條敘明：「航空器飛航時，應具備下列文書：一、航空器登記證書。二、航空器適航證書。三、飛航日記簿。四、載客時乘客名單。五、貨物及郵件清單。六、航空器無線電臺執照。民航局得依航空器分類及作業特性，公告一定之航空器於飛航時，無需具備前項第三款至第六款之文書。機長於起飛前，應確認航空器已具備第一項或第二項文書。航空器飛航前，經民航局檢查發覺未具備第一項或第二項文書或其文書失效者，應制止其飛航。」此外，對於外籍航空器在我國境內起降時，依據《外籍航空器飛航國境規則》（2015年7月30日修訂）第10條所要求之應備文書與《民用航空法》第38條一致，僅在條文上的排序與措辭略有不同：「一、航空器登記證書。二、航空器適航證書。三、飛航日記簿。四、航空器無線電臺執照。五、載客時乘客名單。六、載貨物及郵件時，貨物及郵件清單。」同時，該規則第11條並要求「外籍航空器在我國境內起降時，其航空人員應攜帶檢定證及體格檢查及格證，並應遵守境內有關之各項飛航程序。」有關飛航文書之檢備，茲討論如下：

一、航空器登記證書

航空器登記證書具有兩種功能，一為國籍證明，一為權利證明。就「國籍證明」而言，各國為維持其領空主權，對於航空器是否具有本國國籍，極為重視。而就「權利證明」而言，《民用航空法》第20條敘明：「航空器所有權移轉、抵押權設定及其租賃，非經登記不得對抗第三人。」同法第20-1條規定：「航空器之國籍與所有權之登記、註銷、抵押權與租賃權之登記、塗銷、國籍標誌、登記號碼及登記費收取等事項之規則，由交通部定之。」因此，航空器的權利非僅以登記為對抗第三人之要件，亦以登記為物權之移轉、設定或變更的公示方法。前述所謂「對抗」泛指各種不同權利之間，因權利具體行使時發生衝突、矛盾或相互抗衡之現象，係依法採取登記為判斷權利歸屬之標準，賦予登記名義人具有適法之處分權。如果沒有經由權利登記，當遇上權益事項有所爭執之際，勢將無所依據，恐無法排除第三人的侵害。

二、航空器適航證書

依《民用航空法》第9條敘明：「航空產品與其各項裝備及零組件之設計、製造，應向民航局申請檢定，檢定合格者，發給相關證書；非經民航局檢定合格發給相關證書，不得製造、銷售或使用。自國外進口之航空產品與其各項裝備及零組件，非經民航局檢定合格或認可，不得銷售或使用。已領有登記證書之航空器，其所有人或使用人，應向民航局申請適航檢定；檢定合格者，發給適航證書。前三項航空產品與其各項裝備、零組件設計、製造之檢定、適航證書與適航掛籤之申請、分類與限制、認可、發證、變更、撤銷或廢止之條件、註銷與換發、證照費收取及其他應遵行事項之規則，由交通部定之。」一般而言，飛航標準法規主要是由「作業」（operations）、「檢定給證」（certifications）及「適航標準」（airworthiness standards）等三個面向所構成。所謂「適航檢定」（aircraft airworthiness）就是為了確保民用航空器是否能滿足「適航檢定」所規範的最低安全標準，並從航空器的設計、生產製造、使用維修、接機售出等全方位、全期程的控制與監理所發展的驗證體系。民用航空局對適航管理可以概分為「初始適航管理」及「持續適航管理」兩部分。前者是在航空器交機使用之前，適航驗證單位依據相關法規標準，對該航空器的設計和製造等進行相關驗證，以確保該航空器的設計、製造符合相關規定並發給適航證書。後者則以航空器持續滿足其型別設計的初始適航要求為基礎，為保持航空器能始終處於「可安全操作狀態」而進行的監理與管理規則。兩者相輔相成，方能構建為一完整之適航體系。《航空產品與其各項裝備及零組件適航檢定管理規則》（2015年9月24日修訂）第39條規定：「領有中華民國民用航空器國籍登記證書之航空器，應由所有人或使用人向民航局申請適航檢定，經檢定合格者，依其申請發給航空器適航證書或航空器特種適航證書。航空器適航證書依適航檢定分類區分為通用類、特技類、特種作業類、通勤類、運輸類及自由氣球類航空器適航證書。航空器特種適航證書依用途區分為特許飛航類及試驗類特種適航證書。」針對通用類、特技類、特種作業類、通勤類、運輸類及自由氣球類航空器的定義，該規則第2條第十三至十八項亦提供明確的界定：

1.通用類航空器：指經民航局或原設計國之適航主管機關型別檢定為通用類之下列航空器；此類航空器不得為特技飛航：(1)載客座位數九人以下且最大起飛重量不逾五千七百公斤之飛機；(2)最大起飛重量或最大重量不逾三千一百八十公斤之直昇機。

2.特技類航空器：指載客座位數九人以下、最大起飛重量不逾五千七百公斤，且經民航局或原設計國之適航主管機關型別檢定為特技類之飛機。

3.特種作業類航空器：指載客座位數九人以下、最大起飛重量不逾五千七百公斤，且經民航局或原設計國之適航主管機關型別檢定為特種作業類之飛機。

4.通勤類航空器：指載客座位數十九人以下、最大起飛重量不逾八千六百四十公斤，具多發動機且由螺旋槳驅動，並經民航局或原設計國之適航主管機關型別檢定為通勤類之飛機；此類航空器不得為特技飛航。

5.運輸類航空器：指具多發動機並經民航局或原設計國之適航主管機關型別檢定為運輸類之航空器；此類航空器不得為特技飛航。

6.自由氣球類航空器：指非藉由機械推動輕於空氣之載人航空器，並經民航局或原設計國之適航主管機關型別檢定為自由氣球類之航空器；包含充氣自由氣球及熱氣球。

航空器所有人或使用人於民航主管機關完成登記及完成適航檢定後，應依據《航空產品與其各項裝備及零組件適航檢定管理規則》第41條，把適航證書懸掛於航空器機艙或駕駛艙內顯著之處。此外，《民用航空法》第14條敘明：「適航證書遇有下列情事之一者，失其效力：(一)有效期間屆滿時。(二)登記證書失效時。(三)航空器不合適航安全條件時。航空器所有權移轉時，未變更國籍標誌及登記號碼者，其適航證書之效力，不受前項第二款規定之限制。」然而，何種情況下的航空器為不合於適航安全條件呢？根據《航空器適航檢定維修管理規則》（2008年8月14日修訂）第19條，領有適航證書之航空器，其所有人或使用人應對航空器為妥善之維修，並應於飛航前確遵規定施行檢查，保持其適航安全條件。航空器有下列情事之一者，為不合於適航安全條件：(1)經民航局或委託之機關、團體檢查認定不符合原檢定時之適航標準者；(2)其所有人或使用人不依規定妥善維修，致航空器不能安全飛航者；(3)其所有人或使用人逾期執行或未執行民航局或原設計國民航主管機關通告之適航指令；(4)其所有人或使用人未經民航局核准，自行改變航空器用途、性能、特性者；(5)航空器連續停用逾九十日者。但因維修者，不在此限。航空器之維護狀況不合於適航安全條件者，航空器所有人或使用人應停止該航空器之飛航。違反前項規定者，由民航局依民用航空法廢止其適航證書。

《民用航空法》第40條並規定，「領有航空器適航證書之航空器，其所有人或使用人，應對航空器為妥善之維護，並應於飛航前依規定施行檢查，保持其適航安全條件，如不適航，應停止飛航；檢查員或機長認為不適航時，亦同。民航局應派員或委託機關、團體指派合格人員檢查航空器所有人或使用人之機務作業，航空器所有人或使用人不得規避、妨礙或拒絕；如航空器之維護狀況不合於適航安全條件者，應制止其飛航，並廢止其適航證書。民用航空運輸業，應按季將航空器機齡、飛航時數、最近一次重大維修紀錄及航空器駕駛員飛航時數分布等資料交由民航局公布，作為乘客選擇之參考。第二項受委託者之資格、責任、監督及其他應遵行事項之辦法，由交通部定之。」

綜上可知，適航證書係為適合飛航性能之證明。航空器之能否適航，關係飛航安全至鉅，而用以辨別其能否適航，則惟證書是賴。

三、飛航日記簿

飛航日記簿（flight log或log book）又稱為「飛航紀錄簿」（《航空器飛航作業管理規則》附件七「最低裝備需求手冊」第7條），依據《航空器飛航作業管理規則》（2018年7月13日修訂）第8-2條，「航空器使用人應依下列規定記載飛航日記簿及日常維護紀錄：一、飛航日記簿：應於每次飛航時記載每次飛航日期、飛航時間、飛航班次、組員姓名及任務、飛航起訖機場或地點及其他事項，並由機長簽證。二、日常維護紀錄：應於每次飛航前記載各項維修檢查情形、缺點及故障改正措施、缺點延遲改正紀錄、各種維修勤務及其他維修事項，由領有合格證書之負責航空器維修工程師簽證，並經機長簽署後始得飛航。前項飛航日記簿或日常維護紀錄之記載，應分別日期以不褪色墨汁即時填寫且不得共同記載於同一表內，並自記載之日起應保存一年以上。第一項規定之飛航日記簿及日常維護紀錄之記載及簽證，航空器使用人得建立並使用電子紀錄系統管理程序，報經民航局核准後實施。」

綜上可知，飛航日記簿係為記載關於航空器航行經過情形的簿冊，飛機降落後，由航空器駕駛員填寫，報告飛航狀況及飛機異常狀況，此乃用以查考航空器使用時限，及各項機件儀表使用情形的依據。此為決定航空器適航與否的重要文書。此外，尚記載航空器內每日發生的事故，如人之出生、死亡，或犯罪，航空器之救助與碰撞等，俾便發生事故時有所稽考。依據《航空器飛航作業管理規則》第183條，航空器飛航日記簿應包括下列事項：(1)航空器國籍及登記號碼；(2)日期；(3)飛航組員姓名；(4)飛航組員職務；(5)離場站；(6)抵達站；(7)離場時間；(8)抵達時間；(9)飛航時間；(10)飛航性質（如定期、不定期等）；(11)備註；(12)負責人員簽名。

四、載客時乘客名單

旅客與航空器有運送契約的關係，旅客為運送契約的當事人，一面負有契約上的義務，一面亦得享有契約上的權利。則航空器上應備有旅客名單，自屬必需。此外，此項名單亦可供沿途各站警察的稽查。從航空運務處理過境旅客的程序來說，經許可過夜住宿之乘客，查驗機關應將其護照或旅行證件收存保管，於乘客離境時發還。前項乘客過夜住宿期間，由航空公司發給識別證，並將乘客名單通知該管警察機關。另外，從風險曝光率的角度而言，雖航空器相對於其他運輸工具已是最安全者，但遭遇航空器失事、航空器重大意外事件或其他航空器飛安事件發生，民航局於接獲通報發生航空器失事或認有必要時，應即成立緊急應變小組，負責綜合及協調聯繫相關搶救措施。航空站經營人於接獲通報航空器於航空站內或航空站鄰近地區內發生航空器失事、航空器重大意外事件或航空器緊急申請需地面支援時，應即執行搶救工作，其應搶救之地點在航空站外者，並應接受現場指揮官之指揮。若遭遇人員傷亡、失蹤情事，應根據《航空器飛航安全相關事件處理規則》（2015年11月25日修訂）第7條：「航空器所有人或使用人應比對乘客名單予以查明登記，並於發生航空器失事或航空器重大意外事件之消防、搶救工作時，對於送達各醫療單位之傷亡情形，向現場指揮官報告。」現場指揮官則應協調軍警單位，於進行搶救期間，對航空器失事現場實施警衛、交通管制及對進出航空器失事現場之人員、財物及機具予以管制。

五、貨物及郵件清單

以航空器分別或合併載運旅客、行李、貨物及郵件時，貨物清單不僅關係運送契約，也是決定相關當事人權利和義務的依據，而貨中有無違禁品、應稅物品，或禁止進口物品，以及有無揑報情事，尤其是否會在公法上造成影響，為便利目的地及中途站的稽查，自有隨機攜帶的必要。至於郵件運送，各國法律多訂為民航業對國家應盡的義務，是航空器之有無載運郵件，固需隨時提供稽查，而國際間對郵件也有優先運送之規定，尤有隨時提示郵件情形之必要。

六、航空器無線電臺執照

所謂航空器無線電臺，依《民用航空器無線電臺管理辦法》（2007年7月13日修訂）第3條：「本辦法所稱民用航空器無線電台（以下簡稱電臺），係指於航空器上裝設無線電收發訊設備，供飛航時通信之無線電臺。」航空器上均應裝置無線電臺，第4條規定，「電臺應由航空器所有人或使用人向交通部民用航空局申請核轉國家通訊傳播委員會發給執照，始得設置使用。電臺之設置使用，應檢附下列文件向民航局申請核轉本會核准：一、申請書。二、電臺登記表。電臺執照有效期間為三年。申請新設電臺或換發電臺執照時，應接受審驗，不合格者不發給執照。」同時，航空器所有人或使用人應保持電臺機件設備之正常通信功能，民航局得隨時派員查核電臺機件設備及查閱相關文件。

此外，電臺用以通報或通話之頻率應經國家通訊傳播委員會核配指定。航空器於飛航時，電臺操作人應守聽飛航管制單位適當之頻率，並建立雙向通信及能收發超高頻（UHF）二四三點零兆赫或特高頻（VHF）一二一點五兆赫之緊急頻道。電臺操作人對其他航空器之遇險呼叫及通信，應優先接收，迅速答覆，並立即採取必要行動。依據我國及日本法令，均有對航空器裝設無線電臺之強行性規定。由日本《航空法》第

60條：「凡從事下列飛航之航空器，非依運輸部之規定，裝有無線電設備，不得飛航：一、用於航空運輸者。二、在飛航管制區域或地帶內作儀器飛航者。三、飛航經過之區域經民用航空局認為難於尋覓或救助者。」即可得知。此外，依據《航空器飛航作業管理規則》第131條敘明，「航空器裝置之通信裝備應備有與機場管制單位雙向通信之能力，且能於飛航中隨時接收氣象資料，並能隨時與至少一處航空電台或其他類似電台，使用當地主管機關規定之頻率通話。前項通信裝備應能透過緊急頻率一二一點五百萬赫與地面連絡。航空器飛航於通信性能需求規範之空域或航路時，除應符合第一項規定外，並應符合下列規定：一、裝置符合通信性能需求型別操作之通信裝備。二、經民航局核准於該空域飛航。」

最後，航空器飛航時，除了備有《民用航空法》第38條所規定的文書之外，《航空器飛航作業管理規則》第109條敘明，航空器飛航時，另應備有下列文件：(1)飛航手冊；(2)航務手冊；(3)航行圖表；(4)操作手冊；(5)最低裝備需求手冊；(6)客艙組員手冊；(7)民用航空運輸業許可證英文版；(8)營運規範核准項目表；(9)噪音證明文件英文版。未派遣客艙組員之飛航，得免備「客艙組員手冊」。因此，飛航文書在航空法規及飛安的重要性，不言而喻。《民用航空法》第40條條文中，亦立法規定民用航空運輸業，應按季將航空器機齡（按：《民用航空運輸業管理規則》第11條闡明，2020年1月1日以後，民用航空運輸業使用之客運飛機，機齡不得超過二十六年）、飛航時數、最近一次重大維修紀錄及航空器駕駛員飛航時數分布等資料交由民航局公布，作為乘客選擇之參考。

第二節　飛航行動之管制

當代的「飛航管制」（Air Traffic Control, ATC）制度標準係源自《芝加哥協定》，及後又分為「國際民航組織航行服務程序——空中交通管理」（PANS-ATM, Doc 4444號文件）及「美國聯邦航空管理局（FAA）

第7110.65S指示」兩大規則所衍生。

一、飛航管制的意義與航管隔離標準

(一)飛航管制的意義

所謂「飛航管制」，根據《民用航空法》第2條第九項，「指飛航管制機構為防止航空器間、航空器與障礙物間於航空站跑、滑道滑行時之碰撞及加速飛航流量並保持有序飛航所提供之服務。」由於空中交通為一立體之交通，其管制方式除了考慮航空器前後左右的距離之外，尚應注意其上下間隔及爬升、下降、穿越彼此空層等種種變動，若無導航設備、雷達系統、二次雷達、通信設備、地面控制中心組成空中交通管理系統，以從事監視、識別、導引，就航空器飛航速度之快、空層之高、飛航數量之大，發生危險的風險恐為顯見。以實務來說，航空器起飛後，便無時不在「管制」之中，所謂「管制」，大致包括航路、高度、次序等方面的管制。管制機構指定航空器飛航不同之航路，以維持航空器間之左右間隔，又指定航空器之飛航高度，以維航空器之上下間隔，並指示飛航次序，規定在某些情況下，何者有權先飛，何者需予避讓，以確保飛機不致有碰撞之虞。有關航空管制的飛航隔離管制操作係由飛航管制員（空中交通管制員）以VHF、UHF陸空通信頻率（一般使用的頻道為「甚高頻」（118.00-136.955Mhz），並明定為民間禁用頻道，確保不會遭受干擾）以及國際通用之「無線電通話程序」（radio communication procedures）和航空器駕駛員通話，通話內容大部分以航管通話術語（phraseology）為主，其職掌主要是從事航空器間安全隔離服務，保障航空器及機上所載乘員生命財產的安全。

(二)航管隔離標準

航空器飛航時，航空器應遵照一般飛航、目視飛航及儀器飛航之管制，並接受飛航管制機構之指示。航管隔離標準主要可以分為：「目視隔離」（visual separation）、「垂直隔離」（vertical separation）及「水平隔離」（horizontal separation）三種，簡述如下：

1.目視隔離：飛航管制員以目視的方式引導航空器避免碰撞，此僅限於機場附近的航空器，由塔台管制員為之。

2.垂直隔離：垂直隔離是最常被使用在同一航路之隔離方式，可增加空層的有效使用及加速飛機的流量。在操作上，高度在29,000呎以下，兩機之間要有1,000呎的高度差，且值得強調的是，高度隔離是採取「南雙北單」，亦即由北往南飛的高度必是雙數，由南往北飛必是單數，高度於29,000呎以上，兩機之間要有2,000呎的高度差。

3.水平隔離：可細分為「前後隔離」（longitudinal separation）、「左右隔離」（lateral separation）及「雷達隔離」（radar separation）等三類。

(1)前後隔離：可採取以時間為標準（time separation），限定航空器於某時間通過某點，前後航空器之隔離基本上為十分鐘，亦可採取以距離為準（DME Separation; Distance Measure Equipment）的隔離，同高度不得少於20浬。

(2)左右隔離：許可航空器飛航於不同之航路或航線上，但各航路或航線之寬度或保護空域不得重疊。在飛航空層200（含）呎以下，許可航空器飛向並報告通過由目視或參考助航設施所定出之不同地理位置，或在該位置等待。許可航空器在不同之等待點等待，且其等待航線之保護空域不彼此或不與其他保護空域重疊。許可離場航空器飛航於至少相差45度之指定航向上。值得注意的是，「水平隔離」非僅是航管隔離的標準之一，亦可減緩或避免飛機起降所造成之難以預測的「機尾渦流」（wake vortex），亦稱「機尾亂流」（wake turbulence）的干擾。因為，機尾渦流可以在無風的空氣中停留幾分鐘，向後延伸達12

公里，這種暗藏危機的渦漩氣流，將使得後續跟飛的飛機陷入危殆。美國聯邦航空管理局亦按照飛機大小而規定了飛機之間的最小安全距離。

(3)雷達隔離：當兩機有相同高度時，若兩機位於雷達天線40浬的範圍內，彼此要有3浬以上距離。若兩機位於雷達天線40浬的範圍外，彼此要有5浬以上距離。

前述所提之隔離方式，只要有一種存在便有安全隔離，若航空器間皆未達上述任一標準，則有「隔離不足」（air miss）或「空中接近」（near miss）的危險之虞。

二、飛航管制法規面

(一)國際民航組織附約

接下來，從法規面來看「飛航管制」，在國際民航組織（ICAO）的第十八項附約所顯示與民航管理相關領域中，與飛航管制服務直接相關的部分如下：

1.第二號附約（ANNEX 2）：ANNEX 2規範了航空器駕駛員的飛行規則，包含目視飛行、一般規則、儀器飛行等。

2.第十號附約（ANNEX 10）：ANNEX 10專門規範航空通訊相關事宜，包含提供地面民航服務的相關單位相互間通訊及地對空通訊之裝備、系統、無線電頻率及國際民航作業之通訊程序。

3.第十一號附約（ANNEX 11）：ANNEX 11為飛航服務（Air Traffic Services）指明提供該項服務的全球標準及作業建議。在飛航管制的部分，也包含教導各《芝加哥協定》的締約國如何建立航管機構、如何建構航路、飛航管制員又如何在所規定的法條上取得提供航管服務的法源依據，也要求各締約國就自有的航管服務責任空域內，在航管組織、裝備及法規頒布、作業程序上做適度的配合，使得國際民航能在安全、有序、迅速的狀況下持續發展。

(二)我國的《民用航空法》

我國的《民用航空法》除了配合國際民航組織相關法規之外，第41條並敘明：「為維護飛航安全，航空器飛航時，應遵照一般飛航、目視飛航及儀器飛航之管制，並接受飛航管制機構之指示。前項一般飛航、目視飛航、儀器飛航及其他應遵行事項之規則，由民航局定之。」

◆飛航管制之目的

飛航管制之目的至少包含下列三項：

1.防止航空器間之碰撞。

2.防止操作區內航空器與障礙物碰撞。

3.加速並保持有序之空中交通。

此外，為便於執行管制起見，乃將整個空域，劃分為若干區域，各就其本身任務，分別予以管制。《民用航空法》第4條敘明：「空域之運用及管制區域、管制地帶、限航區、危險區與禁航區之劃定，由交通部會同國防部定之。」

◆區域劃分

有關《民用航空法》第4條所稱的五種劃分，可分為「管制區域」（control area）、「管制地帶」（control zone）、「限航區」（restricted areas）、「危險區」（danger area）及「禁航區」（prohibited areas）等，分別定義如下：

1.「管制區域」係指自地球表面上某指定高度為基準往上延伸所劃定之管制空域（《飛航規則》（2014年12月31日修訂）第2條第三十項）。

2.「管制地帶」係指自地球表面往上延伸至某指定上限高度所劃定之

管制空域（《飛航規則》第2條第三十四項）。

3.「限航區」係指在領土及領海上空限制航空器應依特定條件飛航之特定空域（《飛航規則》第2條第六十三項）或限制航空器飛越地帶之上空（《要塞堡壘地帶法》第3條）。

4.「危險區」係指劃定之空域，於特定時間內，該空域內之活動將危及航空器之飛航（《飛航規則》第2條第三十七項）。

5.「禁航區」係指禁止航空器飛越地帶之上空為禁航區（《要塞堡壘地帶法》（2002年4月17日）第3條）。

◆名詞介紹

除此之外，下列名詞亦應瞭解：

1.飛航情報區（flight information region, FIR）：指提供飛航情報及守助服務所劃定之空域（《飛航規則》第2條第四十四項）。

2.管制空域（controlled airspace）：指依空域分類提供飛航管制服務所劃定之空域，包括：A類、B類、C類、D類、E類空域及E類地表空域（《飛航規則》第2條第三十二項）。

3.防空識別區（air defense identification zone, ADIZ）：指經特別指定範圍之空域，於該空域內之航空器除應遵循飛航服務相關規定外，並應符合特殊識別及（或）報告程序。（《飛航規則》第2條第七十九項）。另根據同法第19條，航空器進入或飛航於防空識別區時，應遵守防空識別規定。

4.守助服務：指將需要搜救之航空器資料通知適當單位，並應該單位之需求予以協助之服務（《飛航規則》第2條第二十一項）。守助服務之目的，在密切注意航空器之動態，並對遭遇困難或危險之航空器，提供一切可能之協助、搜索與救護，以減少人員財產之損害。臺北飛航情報區之守助業務，由民航局所屬航管單位負責協調搜救協調中心，通知適當之搜救單位，由臺北區域管制中心總其成；有關實際搜救工作則由國防部及地方警察單位負責。

三、飛航管制服務

實務上，飛航管制服務可分為區域管制服務、近場管制服務及機場管制服務等三種：

(一)區域管制服務

區域管制服務係指在管制區域內，對管制下航空器所執行飛航管制之服務。區域管制執行單位為區域管制中心，主要管制飛行高度在20,000呎以上的航空器。不論是離場、到場還是過境臺北飛航情報區，當航空器的航程超過臺北飛航情報區的空域範圍時，就要由區域管制中心與相鄰飛航情報區的管制員透過管制權責交接管的方式，讓飛航管制服務隨著航空器的飛行延續而不間斷。如同近場管制一樣，區域管制的管制員也是利用雷達螢幕及無線電，掌握航空器位置及飛行高度。臺北飛航情報區係由設於北部飛航服務園區（桃園）的臺北區域管制中心（Taipei Area Control Center, TACC）提供本項服務。

(二)近場管制服務

近場管制服務係指對管制下離到場航空器之航管服務。近場管制亦可稱為終端管制或離、到場管制，執行單位為近場管制台（簡稱「近場臺」，又稱「終端管制臺」（terminal approach control），此一單位多位於其所服務的主要機場，其管制空域在機場半徑60浬範圍，高度自1,200呎以上至20,000呎，或24,000呎以內之空域，負責提供航空器的離到場高度及雷達隔離之航管服務。負責提供其責任區內航空器爬升及下降之進場及離到場管制服務。近場臺的主要任務是管制機場附近剛起飛及準備要降落的航空器，讓航空器得以在機場附近較為擁擠的空域內取得安全的間隔，以順利爬升及下降高度。相較於塔臺管制員可目視機場場面及航空器動態，近場臺的管制員則是利用雷達螢幕及無線電掌握航空器位置及飛行高度，引導航空器飛行。飛航服務總臺分別於北部飛航服務園區（桃園）設有臺北近場管制塔臺，於南部飛航服務園區（高雄）設有高雄近場管制塔臺提供該項服務。

(三)機場管制服務

機場管制服務係指執行機場交通管制之服務。依據《飛航規則》第2條第七項，所謂「機場管制塔臺」，簡稱塔臺，指為機場交通提供飛航管制服務而設置之單位。機場管制又稱為「塔臺管制」（tower control），旨在對機場的空中航線及其附近，以機場參考點為中心，半徑5～10浬半徑為平面範圍，再以垂直範圍3,000呎以下空域包含機場上空及地面操作區空域之航空器，執行單位為設於各機場內的塔臺，管制員以目視的方式，掌握機場內及機場附近的航空器動態，並以無線電提供航空器起飛、降落、滑行等導引及管制服務。飛航服務總臺分別於桃園、松山、高雄等國際機場及豐年、金門、馬公、恆春、北竿、南竿、綠島、蘭嶼等國內機場塔臺提供該項服務。

機場管制塔臺負責執行航空器後推、滑行、起飛、降落、重飛等的飛航管制服務，對離場的航空器，給予從登機或上貨停機坪，到使用跑道、滑行道安排指示，並向航空器駕駛員頒發起飛許可；同時並對到場的航空器，亦由塔臺管制員提供同樣方式處理，發給航空器准予降落的指示，直到其平安到達指定的停機坪。塔臺管制員多以目視航空器狀況下，由近場管制臺接過管制責任。實務上，塔臺是負責機場內及機場附近空中航線上航空器之隔離及順序。包含三個主要席位（positions）：(1)機場管制席（local controller）；(2)地面管制席（ground controller）；(3)飛航資料席（data）。

小　結

有關區域管制服務、近場管制服務及機場管制服務這三種服務要如何移轉，應經兩單位同意之地點或時間，如係到場之航空器，由區域管制服務將航空器管制責任，移交給近場管制服務。近場管制服務再將管制進場降落航空器之責任，移交給機場管制服務。如係離場之航空器，則依相反程序，移交接管。

第三節　危險品管理

隨著經濟發展，危險品種類與數量日益增多，人們對於潛伏於運輸作業過程之貨載危險性亦更加關注。《民用航空法》第43條敘明：「危險物品不得攜帶或託運進入航空器。但符合依第四項所定辦法或民航局核定採用之國際間通用之危險物品處理標準有關分類、識別、空運限制、封裝、標示、申報及託運人責任事項之規定者，不在此限。」、「危險物品之分類與識別、空運之限制、封裝、標示、申報、託運人責任、航空器所有人或使用人責任、資訊提供、空運作業、訓練計畫、申請程序與遵守事項、失事與意外事件之通報及其他應遵行事項之辦法，由交通部定之。國際間通用之危險物品處理標準，適於國內採用者，得經民航局核定後採用之。」第43-1條敘明：「槍砲彈藥刀械管制條例所定槍砲、刀械或其他有影響飛航安全之虞之物品，不得攜帶進入航空器。但因特殊任務需要，經航空警察局核准，並經航空器使用人同意之槍砲，不在此限。」

另外，《民用航空法》第112-2條敘明：「有下列情事之一者，處新臺幣二萬元以上十萬元以下罰鍰：一、違反第四十三條第一項規定，攜帶或託運危險物品進入航空器。二、違反第四十三條之一第一項規定，攜帶槍砲、刀械或有影響飛航安全之虞之物品進入航空器。民用航空運輸業、普通航空業、航空貨運承攬業、航空站地勤業、空廚業或航空貨物集散站經營業違反第四十三條第二項規定，託運、存儲、裝載或運送危險物品者，處新臺幣二萬元以上十萬元以下罰鍰。一年內違反前項規定達三次者，處新臺幣十萬元以上五十萬元以下罰鍰，並得報請民航局轉報交通部核准後，停止其營業之一部或全部或廢止其許可。託運人違反第四十三條第一項規定，不實申報危險物品於進入航空器前受查獲者，處新臺幣二萬元以上十萬元以下罰鍰。」

一、危險品的定義

何謂「危險品」？所謂危險品係指貨物本身所具性能不甚安全或安定，易受外界冷、熱、電、火、撞擊、化學作用之影響而發生激烈變化，甚至在物品交接、倉儲、裝卸、運輸過程中，都具有一定的危險性且容易引起災害之貨物，均稱之。依據《航空器飛航作業管理規則》第2條第二十四項的界定是：「危險物品：指民航局依本法第四十三條第三項公告之物品或物質。」其範圍係指行政院勞工委員會訂定之《危險物及有害物通識規則》敘明適用之危害物質、行政院環境保護署依據《毒性及關注化學物質管理法》（2019年1月16日修訂）公告之毒性化學物質及危險物品。其分類標準可以依據《危險物品空運管理辦法》（2018年12月10日修訂）第3條界定為：(1)第一類：爆炸物品；(2)第二類：氣體；(3)第三類：易燃液體；(4)第四類：易燃固體、自燃物質、遇水釋放易燃氣體之物質；(5)第五類：氧化物、有機過氧化物；(6)第六類：毒性物質、傳染性物質；(7)第七類：放射性物質；(8)第八類：腐蝕性物質；(9)第九類：其他危險物品。前項危險物品之分類基準，依技術規範之規定。同法第4條要求託運人應確認所託運危險物品之包裝件上及危險物品申報單所標示之運送專用名稱、聯合國編號或識別編號，符合技術規範之識別規定，並於第6條規範託運人應使用良好品質之包裝封裝危險物品，以避免於空運時，因震動或溫度、濕度、壓力之變化導致滲漏或與危險物品產生化學或其他反應。包裝之材料、結構及其測試應符合技術規範之規定。同時，託運人託運危險物品時，依第10條規定，託運人應正確填寫申報單及簽署其所託運危險物品之運送專用名稱已正確與完整記載，並依技術規範之規定予以分類、封裝及標示，且符合航空運送條件之聲明。但技術規範另有規定者，不在此限。繼而，第34條要求託運人、航空器所有人或使用人、航空貨運承攬業、航空站地勤業、航空貨物集散站經營業及空廚業，應採取保安措施，以降低危險物品失竊或被第三人誤用之風險，並避免危害人員、財產或環境。

二、危險品的分類

一般而言，國際運送所涉及的危險品管理，以海運來說，係採用《國際海運危險品準則》（International Maritime Dangerous Goods，簡稱IMDG）。至於空運的危險物品運送係採用國際航空運輸協會所制定之《危險物品規則》（Dangerous Goods Regulations，簡稱DGR）為主要依據，其種類可分為九大類，茲分述如下：

(一)第一類：爆炸物品

1.第一項：具有巨量爆炸危害的物質或物體（Articles and substances having a mass explosion hazard），如：火藥。

2.第二項：具有射出危害的物質或物體（Articles and substances having a projection hazard），如：飛彈。

3.第三項：具有起火危害以及輕微的爆破危害或輕微的射出危害、或者兩者兼具，但無巨量爆炸危害的物質或物體（Articles and substances having a minor blast or projection hazard），如：燃燒彈。

4.第四項：不致引起重大危害的物質或物體（Articles and substances which present no significant hazard），如：鞭炮。

5.第五項：具有巨量爆炸危害，但敏感度低的物質或物體（Very insensitive substances which have a mass explosion hazard），如：爆破用炸藥。

6.第六項：敏感度極低且不具有巨量爆炸危害的物質或物體（Extremely insensitive article which do not have a mass explosion hazard）。

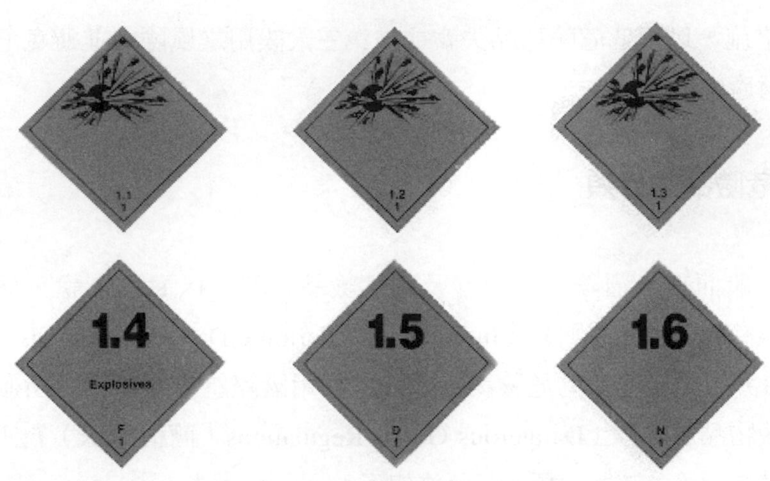

圖5-1　第一類易爆物之標籤

資料來源：Dangerous Goods Regulations, IATA.

(二)第二類：氣體

依據《危險物品規則》於氣體（gases）的定義是「物理性質在攝氏50度時的蒸汽壓大於300 KPA，或是在攝氏20度及101.3 KPA的標準壓力差下是完全氣態的物質」。

◆**第一項：易燃氣體**（flammable gases）

1.在攝氏20度及標準壓力差101.3 KPA時，體積在13%或13%以下與空氣混合所形成的混合物。其物理特性為會起火的氣體。

2.不論燃燒範圍的低點為何，與空氣的燃燒級距至少為12個百分點的氣體。

◆**第二項：非易燃氣體，無毒性氣體**（non flammable, non-toxic gases）

1.在攝氏20度及標準壓力差不低於280 KPA時，或是作為冷凍液體時的非易燃氣體，無毒性氣體。

2.此類氣體會稀釋或取代正常的氧氣。

3.此類氣體通常會供應氧氣，相對於其他物料，雖非易燃，但相對於空氣會有較高的可燃性。

◆第三項：毒性氣體（toxic gases）

已知其毒性或腐蝕性足以導致人體的危害。

圖5-2　第二類氣體之標籤

資料來源：Dangerous Goods Regulations, IATA.

(三)第三類：易燃性液體

第三類危險物品是以物質或物品的「閃點」作為歸類的依據。凡是閃點高於攝氏61度的物質或物品均歸屬於易燃性液體，且依化學性質可再細分為：

1.第一項低閃點液體。
2.第二項中閃點液體。
3.第三項高閃點液體。

圖5-3　易燃性液體之標籤

資料來源：Dangerous Goods Regulations, IATA.

(四)第四類：易燃性固體、自燃性物質、遇水釋放易燃性氣體之物質

◆**第一項：易燃性固體（flammable solids）**

易燃性固體在運送過程中很容易因摩擦生熱導致起火或是物品本身具有「即燃性」（readily combustible）。

◆**第二項：自燃性固體（spontaneously solids）**

1.「起火物質」（pyrophoric substances）：此類物質即使數量稀少，只要與空氣接觸，常會自行起火。

2.「自熱物質」（self-heating substances）：此類物質與空氣接觸時，即使是沒有供給能量，也會自行加熱。但此類物質只有在量大，或假以時日的長時間才有被點燃的可能。

◆**第三項：遇濕易燃的固體（dangers when wet）**

此類「遇濕易燃的固體」遇到水則會釋出易燃氣體，而與空氣形成爆炸性混合物。

圖5-4　易燃性固體之標籤

資料來源：Dangerous Goods Regulations, IATA.

(五)第五類：氧化物、有機過氧化物

◆**第一項：氧化物質（oxidizing substances）**

此類物質本身未必會自燃，但是因為會釋出氧氣，恐有與其他物質

接觸而產生燃燒的危險。

◆**第二項：有機過氧化物**（organic peroxide）

有機過氧化物為溫度不穩定的物質，會產生放熱性自我加速分解。

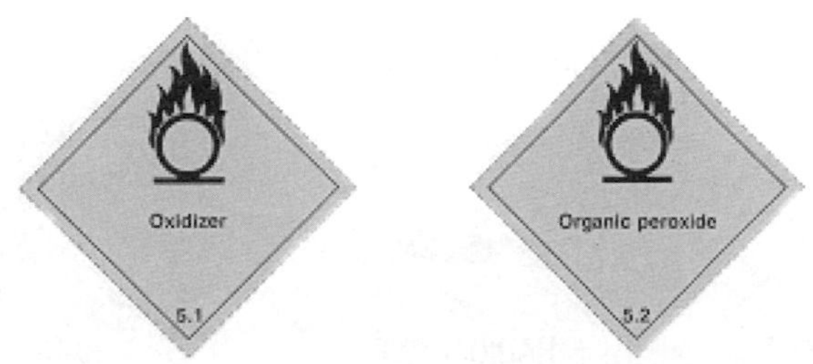

圖5-5　氧化物質、過氧化物之標籤

資料來源：Dangerous Goods Regulations, IATA.

(六)第六類：毒性物質、傳染性物質

◆**第一項：毒性物質**（toxic substances）

第一項毒性物質若吞食或吸入肺部，或經由皮膚接觸會造成嚴重傷害或當事人死亡的危險。

◆**第二項：傳染性物質**（infectious substances）

第二項傳染性物質包含具有生命力的細菌、病原體、病毒等微生有機物，而可能會對人類或動物產生危險。

圖5-6　毒性物質和傳染性物質之標籤

資料來源：Dangerous Goods Regulations, IATA.

(七)第七類：放射性物質

1.第七類第一級分類的標貼顏色：白色。

2.第七類第二級分類的標貼顏色：黃色。

3.第七類第三級分類的標貼顏色：黃色。

4.第七類第四級分類的標貼顏色：黃色且專載運輸。

圖5-7　放射性物質之標籤

資料來源：Dangerous Goods Regulations, IATA.

(八)第八類：腐蝕性物質

第八類腐蝕性物質的英文名詞corrosive來源於拉丁文中的動詞corrodere，意指「侵蝕」或「啃咬」，若接觸生物組織或物質材料時，有腐蝕或毀壞的危險因素存在。如：硫酸（H_2SO_4）、硝酸（HNO_3）和氫氯酸（HCl）等強酸，氫氧化鈉（NaOH）和氫氧化鉀（KOH）等強鹼，或酸性和氧化性極強的王水（aqua regia）等。

圖5-8　腐蝕性物質之標籤

資料來源：Dangerous Goods Regulations, IATA.

(九)第九類：其他危險物品

對於第九類DGR分類標準的涵蓋範圍來說，主要是任何危險物品在前述八大分類中均無法被歸類者，則隸屬於這個類項，統稱為「其他危險物品」或「雜項類危險物品」（miscellaneous dangerous goods）。例如磁性物質，可能危害到機體結構的物質，及其他因固有的特性若未經過適當的包裝處理就不適合空運的物品。

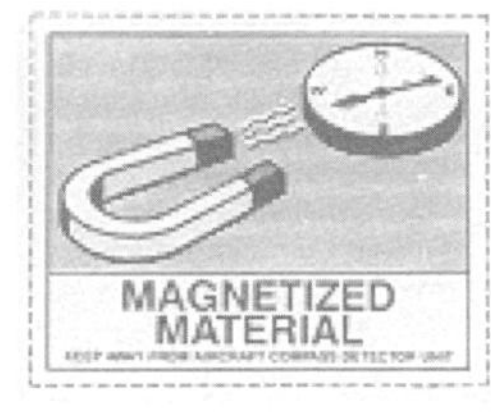

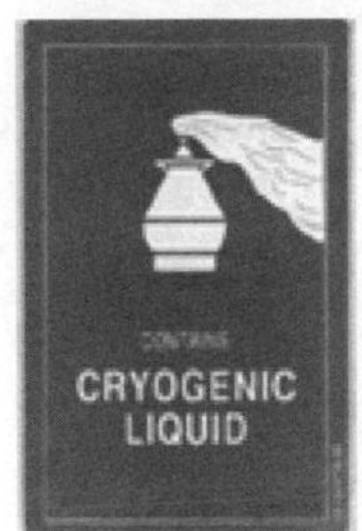

圖5-9　雜項危險品之標籤

資料來源：Dangerous Goods Regulations, IATA.

(九)第九類：其他危險物品

資料來源：Dangerous Goods Regulation, IATA.

Chapter 6 民用航空事業管理

第一節　國際民用航空事業分類
第二節　現行民用航空六大特許事業
第三節　民航事業設立要件與要求
第四節　民航事業經營要件
第五節　外籍航空器或外籍民用航空運輸業

第一節　國際民用航空事業分類

如圖6-1所示，為國際民航組織（ICAO）所建議之民用航空產業分類（ICAO, 2009），依其建議，民航產業可區分為諸多項目，與飛行直接相關的業務可分為商用航空運輸服務與普通航空（諸多文件亦稱為通用航空）兩區塊，與飛行間接相關的業務則涵蓋機場地勤、飛航服務、民航製造、民航訓練、維護翻修、法定業務與其他活動等，對照於我國則如地勤業、空廚業、貨運承攬業、貨運集散站等。

商用航空運輸服務方面，可分為定期航班與不定期航班兩類，而不定期航班則又可再區分包機、需求衍生飛航與其他非定期航班，其中，需求衍生飛航又可以分為空中計程車、商用商務航空與其他需求業務。這裡所稱的商用商務航空，指的是有取酬性質的商務專機，商務一詞在中國大

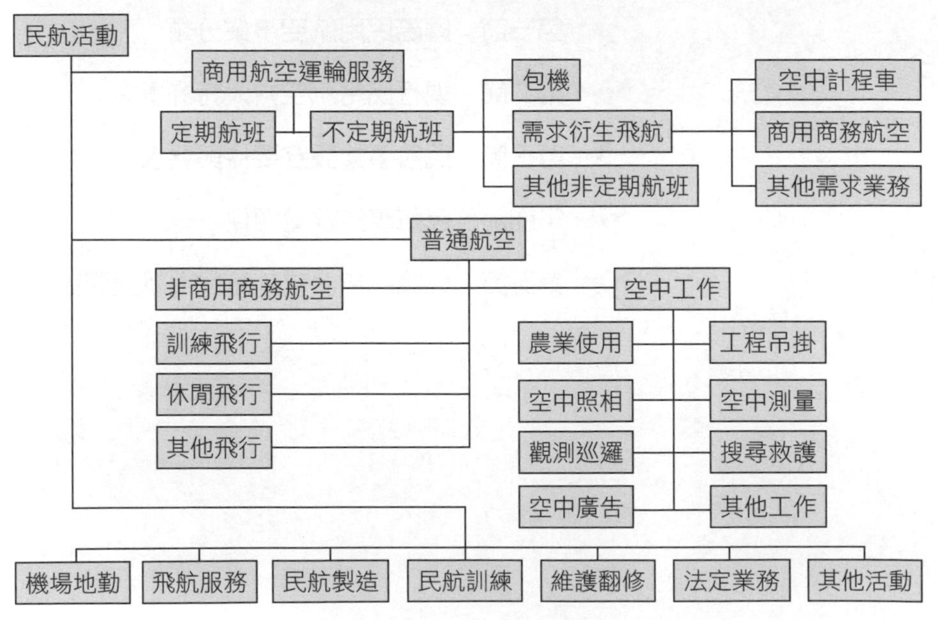

圖6-1　國際民航組織建議民航產業分類圖

資料來源：作者整理。

陸稱為公務。

普通航空部分，可區分為空中工作、非商用商務航空、訓練飛行、休閒飛行與其他飛行等。這裡所稱的非商用商務航空，指的是不取酬之自用航空器飛航活動。

我國民用航空事業業務分類亦可區分如圖6-2所示。民用航空事業之主要業務凡涉及營業性質者均屬於特許營業項目，概分為六大行業，簡稱民航六業，包含：民用航空運輸業、普通航空業、航空貨運承攬業、航空貨物集散站經營業、航空站地勤業、空廚業等。民用航空運輸業與普通航空業係民航六業中唯二與航空器運作有直接相關之產業，其餘四大行業則為不使用航空器但與航空作業緊密相關之航業。這裡要特別點出的是，海峽兩岸對於商務航空的定位，都是歸屬於普通航空（通用航空）範疇。我國有取酬性質的商務航空稱為商務專機，而沒有取酬性質的商務航空則稱為自用航空器飛航活動。

特別須注意的是，除了法定的六大行業外，其他如訓練飛行、航空

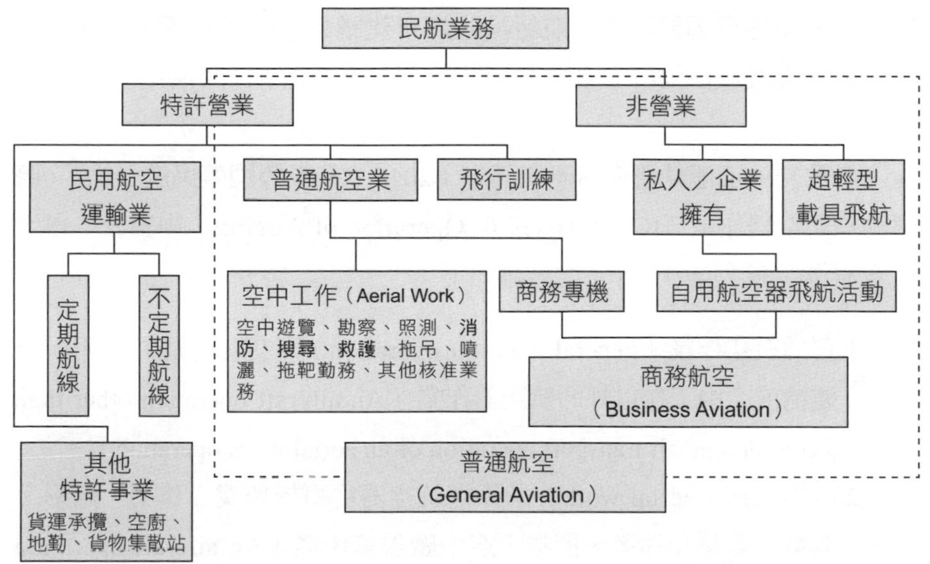

圖6-2　我國民用航空事業業務分類圖（不包含遙控無人機）

器維修廠等業務均為民航產業範疇，但並不屬於民航六業，此等差異主要係民航六業之概念有其歷史脈絡背景，隨著時空環境轉變，近代新興業務觀念導入下所產生。此外，近年新興之遙控無人機，其應用範疇與普通航空業之空中工作有若干重疊，但遙控無人機管理隸屬於《民用航空法》第九章之二，與普通航空業彼此之間互不隸屬。

「民用航空事業之管理」一章隸屬於《民用航空法》第六章，本章共分「民用航空運輸業」、「普通航空業」、「航空貨運承攬業」、「航空貨物集散站經營業」與「航空站地勤業」等，而空廚業並無專節規範，其適用條文內含於「航空站地勤業」。另「外籍航空器或外籍民用航空運輸業」之管理則明定於《民用航空法》第七章。

在國際民航組織的分類中，航空器的作業概分為商用航空運輸作業、空中工作作業，以及普通航空作業等三大範疇。根據國際民航組織的建議，具有營業性質的商務專機，建議歸屬於商用航空運輸作業，而非營業性質的私人專機，則建議歸屬於普通航空，然而在我國，基於考量業者經營環境嚴峻，故目前均定位於普通航空，並無跨越到民用航空運輸業範疇，這主要係導因於國際民航組織的最新建議分類晚於我國修法時間所致，但隨著後續演變，舉凡人員證照或體檢要求等都有相關作業配套因應。

參酌交通部運輸研究所研究報告（2015），根據國際民航公約第6號附約—航空器作業（ICAO Annex 6- Operation of Aircraft）中對於「普通航空運作」與「空中工作」之定義如下：

1.普通航空作業（general aviation operation）：係指非屬於商用航空運輸或空中工作以外的航空器作業（An aircraft operation other than a commercial air transport operation or an aerial work operation）。

2.空中工作（aerial work）：係指航空器從事於農業、建築、攝影、測量、觀察和巡邏、搜救、空中廣告等作業（An aircraft operation in which an aircraft is used for specialized services such as agriculture, construction, photography, surveying, observation and patrol, search and rescue, aerial advertisement, etc.）。

根據美國商務航空協會（National Business Aviation Association, NBAA）與歐洲商務航空協會（European Business Aviation Association, EBAA）對於普通航空與商務航空的定義：

1.美國商務航空協會（NBAA）：普通航空包含了所有非屬於航空公司與軍事單位的航空器活動，商務航空是普通航空中最重要的一環，由公司與個體以航空器為工具執行其業務（General aviation includes all aircraft not flown by the airlines or the military. Business aviation, one of the most important segments of general aviation, consists of companies and individuals using aircraft as tools in the conduct of their business.）。

2.歐洲商務航空協會（EBAA）：普通航空涵蓋了各種不同活動，包括空中工作、農業航空、廣告飛行、飛行學校、飛行體驗、空中攝影、跳傘、休閒飛行、運動飛行、特技飛行、私人飛行、空中救護、空中計程車，以及商務航空（General aviation covers such various activities as aerial work, agricultural aviation, advertisement flying, flying schools, joy-riding flights, aerial photography, parachute jumping, recreational flying, sport flying, aerobatics, private flying, air ambulance, air taxi, and business aviation.）。

根據以上兩大商務航空協會所作成之定義，商務航空是兩協會認定的普通航空項目之一，而空中工作在兩協會的認定中，亦包含在普通航空之範疇內。

各國國情不同，在各自國家的航空器作業類別劃分，可能因各國需求考量不同而有所差異。茲就「空中工作」與「商務航空」兩大範圍之法律規範，參酌交通部運輸研究所研究報告（2015），列舉日本、韓國、新加坡、中國大陸之規範對比。

一、日本民航法之空中工作與商務航空規範

根據日本航空法（Civil Aeronautics Act）第一章總則中第2條之定義內容，日本並未對「普通航空」（general aviation）一詞有所定義，惟其對於「航空運輸服務」（air transport services）、「國際航空運輸服務」（international air transport services）、「國內定期航空運輸服務」（domestic scheduled air transport services），以及「空中工作」（aerial work）等名詞定義如下：

1.航空運輸服務：係指任何使用航空器從事旅客及貨物運送並取酬之業務（The term "air transport services" as used in this Act means any business using aircraft to transport passengers or cargo for remuneration upon demand）。

2.國際航空運輸服務：係指在國內與國外兩點之間，或國外的兩點之間從事航空運輸服務的業務（The term "international air transport services" as used in this Act means any air transport services operating between one point in the country and another in a foreign country, or between one point and another in foreign countries）。

3.國內定期航空運輸服務：係指在國境內任意兩點間有固定日期與時間沿特定航路的航空運輸服務（The term "domestic scheduled air transport services" as used in this Act means any air transport services operating between one point and another in the country on a scheduled date and time along a specified route）。

4.空中工作：係指任何使用航空器從事非屬旅客或貨物運輸而取酬之業務（The term "aerial work" as used in this Act means any business using aircraft other than for the transport of passengers or cargo for remuneration upon demand）。

從以上四項名詞定義之文字內容觀之，凡非屬於民航運輸性質並有取酬之民用航空器業務，在日本境內均可視為是空中工作。而又根據其對於航空運輸服務、國際航空運輸服務，以及國內定期航空運輸服務等三項名詞之定義，在日本境內運作之商務航空業務具有收取報酬並從事於國內任兩點間、國內與國外之任兩點間，或國外任兩點間之載客運送性質，符合其航空運輸服務之定義。

從日本民航法規之架構內容來看，日本並不像我國特別規範民航產業之業別分類，故無特別定義「普通航空業」一詞，亦無特別規範境內普通航空之具體工作內容項目。就其民航法之內容而言，亦可發現，其較強調於有關安全監理方面之規範要求，而非有關商業發展之營業項目。

二、韓國民航法之空中工作與商務航空規範

韓國航空法（Aviation Act）第一章總則之第2條定義中，並未有普通航空（general aviation）或空中工作（aerial work）之定義，全文亦未有任何涉及前揭名詞之陳述。惟韓國民航法中，有一「航空器應用業務」（aircraft-using business）名詞定義，從其定義內容審視，其與空中工作概念相似，陳述如下：

航空器應用業務：係指商用旅客或貨物運輸以外，使用航空器從事於噴灑、建設、攝影等經國土交通部核准規範之業務（The term “aircraft-using business” means a business carrying on service prescribed by the Ordinance of Ministry of Land, Transport and Maritime Affairs such as cropdusting, construction and taking photos other than commercial transport of passengers or freight using the aircraft.）。

韓國之民航法內容架構與日本相似，但相較於日本其名詞定義較日本更繁多詳細，其中亦包含若干業務之定義，包含「航空運輸業務」（air transportation business）、「國內航空運輸業務」（domestic air transportation business）、「國際航空運輸業務」（international air transportation business）、「不定期航空運輸業務」（irregular air transportation business）、「航空器地勤業務」（aircraft handling business）、「航空器維修業務」（aircraft maintenance business）、「商用文件遞送業務」（commercial documents delivery business）、「航空運輸一般代理業務」（air transportation general agent business）以及「城市空中接駁業務」（city air terminal business）等。本研究茲就其定義內容說明如後：

1.航空運輸業務：係指依民眾需求使用航空器從事旅客或貨物之商業運輸業務（The term "air transportation business" means a business commercially transporting passengers or freight using the aircraft in response to the demands of other persons）。

2.國內航空運輸業務：分為定期與不定期之國內航空運輸業務。定期國內航空運輸係指在國內任兩航點間之週期性航空運輸運作業務，不定期國內航空運輸則是指任何不屬於定期國內航空運輸業務的國內航空運輸。其原文如下：

The term "domestic air transportation business" means a regular air transportation business with more than the number of aircrafts prescribed by the Ordinance of the Ministry of Land, Transport and Maritime Affairs：

(a) Scheduled domestic air transportation: an air transportation business periodically operating the aircraft with a line fixed between one point and another.

(b)Unscheduled domestic air transportation: any domestic air transportation other than the air transportation under subparagraph (a).

3.國際航空運輸業務：分為定期與不定期國際航空運輸業務，定期國際航空運輸業務係指航空器在一國內機場與國外機場間或兩國外機場間的週期性航線運作。不定期國際航空運輸業務則是指任何非屬於定期國際航空運輸業務以外的國際航空運輸業務。其原文如下：

The term "international air transportation business" means a regular air transportation business with more than the number of aircrafts prescribed by the Ordinance of the Ministry of Land, Transport and Maritime Affairs：

(a) Scheduled international air transportation: an air transportation business periodically operating the aircraft with a line fixed between a domestic airport and a foreign airport, or between a foreign airport and another foreign airport.

(b) Unscheduled international air transportation: any international air transportation other than the air transportation under subparagraph (a).

4.不定期航空運輸業務：係指非為國內或國際航空運輸業務以外之航空運輸業務（The term "irregular air transportation business" means an air transportation business other than the domestic and international air transportation businesses）。

5.航空器地勤業務：於機場或航空區域範圍內執行航機裝載與卸載目的等不包含維修工作在內之業務（The term "aircraft handling business" means the business that is run for the purpose of loading and unloading and other ground operation excluding maintenance work at an airport or airfield）。

6.航空器維修業務：係指執行航空器維護與修理目的之業務（The term "aircraft maintenance business" means the business that is run for the purpose of maintaining and repairing aircrafts, etc. equipments and components, etc.）。

7.商用文件遞送業務：係指進口與出口相關之商業文件遞送業務（The term "commercial documents delivery business" means a business commercially delivering documents related to export and import, etc. falling under the proviso of Article 2 (2) of the Postal Service Act and accompanying samples byaircraft, to meet the demands of others）。

8.航空運輸一般代理業務：係指基於航空運輸業務的人員運送需要以航空器執行具商業性質與代理性質的國際航空客貨運輸合約之業務（包含任何護照簽證取得之業務）。其原文如下：

The term “air transportation general agent business” means a business executing commercially and vicariously a conclusion of an international transportation contract of passengers or freight (excluding any vicarious executing of procedure to obtain a passport or visa) by aircraft on behalf of a person carrying on an air transportation business.

9.城市空中接駁業務：係指在機場範圍以外區域基於便利性執行旅客運輸與管理而設置與運作必要設施之業務（The term “city air terminal business” means a business installing and operating facilities necessary for offering the convenience of transport and management of air passengers and freight in an area other than an airport zone）。

從韓國民航法之業務規範定義來看，並未如我國特別規範普通航空業，其業務定義中之「航空器應用業務」對照於普通航空業的定義，與空中工作之內容較相符，惟韓國所訂內容並不包含商務專機一項。有關商務航空業務的範疇，在韓國民航法之架構中，多與航空運輸業務有關，顯見商務航空在韓國的民航發展，屬於民航運輸之一環，非為普通航空或普通航空業。再就其民航法之內容架構而言，亦可發現，其較強調於有關安全監理方面之規範要求，而非有關商業發展之營業項目。

三、新加坡民航法之空中工作與商務航空規範

根據新加坡民航局頒布新加坡普通航空需求（Singapore General Aviation Requirements）中對普通航空與空中工作所作之定義：

1.普通航空作業：係指航空器從事公共運輸與空中工作以外之任何目的作業，包含飛行訓練（'General aviation operation' means the operation of one or more aircraft for any purpose, including flight training, other than for public transport or aerial work.）。

2.空中工作：係指航空器從事於特殊服務，包含農業使用、營建使用、空中攝影、測量、觀察與巡邏、搜索與救援、空中廣告等（'Aerial work' means an aircraft operation in which an aircraft is used for specialised services such as agriculture, construction, photography, surveying, observation and patrol, search and rescue, aerial advertisement, etc.）。

四、中國大陸民航法之空中工作與商務航空規範

根據中國大陸民航法第145條所作之普通航空（中國大陸稱為通用航空）以及中國大陸《通用航空飛行管制條例》第3條定義：通用航空，是指使用民用航空器從事公共航空運輸以外的民用航空活動，包括從事工業、農業、林業、漁業和建築業的作業飛行以及醫療衛生、搶險救災、氣象探測、海洋監測、科學實驗、教育訓練、文化體育等方面的飛行活動。

中國大陸《通用航空經營許可管理規定》（民航總局令第176號）中，將通用航空經營項目分為：

1.甲類：陸上石油服務、海上石油服務、直升機機外載荷飛行、人工降水、醫療救護、航空探礦、空中遊覽、公務飛行、私用或商用飛

行駕駛執照培訓、直升機引航作業、航空器代管業務、出租飛行、通用航空包機飛行。

2.乙類：航空攝影、空中廣告、海洋監測、漁業飛行、氣象探測、科學實驗、城市消防、空中巡查。

3.丙類：飛機播種、空中施肥、空中噴灑植物生長調節劑、空中除草、防治農林業病蟲害、草原滅鼠，防治衛生害蟲、航空護林、空中拍照。

上述三類未包含的經營項目的類別，由民航局確定。

中國大陸對商務航空稱為「公務航空」，依「公務飛行營運管理規定草案」定義為：「是通用航空活動的一種方式，指使用民用航空器按單一用戶（企業、事業單位、政府機構、社會團體或個人）確定時間和始發地、目的地，爲其商業、事務、行政等活動提供的無客票飛行服務。通常使用30座以下的民用航空器。」

第二節　現行民用航空六大特許事業

一、民用航空運輸業

依據《民用航空法》第2條第十一款之定義，民用航空運輸業係指「以航空器直接載運客、貨、郵件，取得報酬之事業」。本定義直接引出三個構成民用航空運輸業的直接要件，分別是「航空器」、「直接載運客、貨、郵件」，以及「取酬」。事實上，要構成民用航空運輸業的成立條件，尚有一個隱藏於文字中的要件，也就是需有「位移事實」之存在，亦即從甲地到乙地的事實存在。

民用航空運輸業必須以「航空器」作為運送「客、貨、郵件」的工具，這概念不難理解。然而，民用航空運輸在概念上較容易被混淆之處是「位移」與「取酬」兩項要件。所謂位移事實，意味著航空器有實質的位置移動，這裡所指的位置移動，並不是指在航空站空側內的移動行為，而是指航空器在航空站與航空站之間因飛航操作而產生的位置移動，因此，當航空器在同一航空站進行起降飛航操作的行為（如空中遊覽、本場飛行訓練之飛航或經大型檢修後的試飛），並不構成法規認定上的「位移」事實。

「報酬」一詞在不同的產業會有不同的解釋與定義，簡言之，在航空事業上，「收取報酬」就是航空事業單位基於提供服務而必須對接受服務之人採行收取費用的行為事實。比較容易混淆之處在於所謂報酬，並沒有一個明確的數字或形式規範，航空公司基於酬賓或是業務推廣所提供的免費機票，儘管在其過程中，業者並無實質金額的收益，然而本質上，業者的免費機票係建立在酬謝賓客過往的業務收益貢獻，亦或是預期賓客在未來可能挹注之業務收益，因此在其實務認定上，仍可視為是具有「收取報酬」的事實。

二、普通航空業

相對於民用航空運輸業，另一使用航空器提供取酬服務的民航事業為普通航空業。比較值得留意之處在於，我國普通航空業是歸屬於整個普通航空的範圍內，針對「空中工作」與「商務專機」做特許管理，因此，普通航空業並不等於普通航空。

依據《民用航空法》第2條第十二款之定義，普通航空業係指「以航空器經營民用航空運輸業以外之飛航業務而受報酬之事業，包括空中遊覽、勘察、照測、消防、搜尋、救護、拖吊、噴灑、拖靶勤務、商務專機及其他經核准之飛航業務」。概念上，條文中的空中遊覽、勘察、照測、消防、搜尋、救護、拖吊、噴灑、拖靶勤務等，都屬於空中工作，根據《普通航空業管理規則》第2條規定，普通航空業經營商務專機業務，應以座位數十九人以下之飛機或直昇機提供單一客戶專屬客運服務，不得有個別攬客行為。

「普通航空業」係民航六大特許事業之一，歸屬於「普通航空」（General Aviation, GA）之範疇。「普通航空」在許多非官方文件中又稱為「通用航空」，中國大陸亦使用此名詞，其涵蓋所有非屬於民用航空運輸業之飛航活動，分為特許營業與非營業兩大項，依現行民航法之規範，特許營業範疇涵蓋空中工作與商務專機兩項，而非營業項目則包含私人擁有或企業擁有之自有航空器飛航活動與超輕型載具飛航活動。其中，非營業性質的自有航空器飛航活動與具特許營業性質的商務專機兩項，又統稱為商務航空（Business Aviation, BA），在中國大陸稱之為公務航空。

普通航空業所經營之空中工作項目中，消防、搜尋與救護等項近十餘年來多與內政部空中勤務總隊業務重疊，影響普通航空業主要收益來源，而近年萌芽之無人駕駛航空器系統（Unmanned Aircraft System, UAS）倘應用於民間業務，則歸屬於民用航空器定義範圍，然其業務實質重疊既有普通航空業之經營範疇，形成普通航空業更嚴峻之經營壓力。

三、其他民航事業

我國目前不以航空器從事民航事業的包括航空貨運承攬業、航空站地勤業、空廚業、航空貨物集散站經營業等四項，其管理強度相對於以航空器從事業務的民用航空運輸業與普通航空業要來得低。依據《民用航空法》第2條第十三款之定義，「航空貨運承攬業：指以自己之名義，為他人之計算，使民用航空運輸業運送航空貨物及非具有通信性質之國際貿易商業文件而受報酬之事業。」依據《民用航空法》第2條第十四款之定義，「航空站地勤業：指於機坪內從事航空器拖曳、導引、行李、貨物、餐點裝卸、機艙清潔、空橋操作及其有關勞務之事業。」依據《民用航空法》第2條第十五款之定義，「空廚業：指為提供航空器內餐飲或其他相關用品而於機坪內從事運送、裝卸之事業。」依據《民用航空法》第2條第十六款之定義，「航空貨物集散站經營業：指提供空運進口、出口、轉運或轉口貨物集散與進出航空站管制區所需之通關、倉儲場所、設備及服務而受報酬之事業。」

對照於臺灣如地勤業、空廚業、貨運承攬業、貨運集散站等歸類為法定的民用航空事業，但實質上，舉凡機場地勤、飛航服務、民航製造、民航訓練、維護翻修等，以及一些相關業務或活動，也可以視為是民航事業，差別僅在於是否有法律明定之。相關民用航空事業之設立要件與要求、經營條件規範、證書有效性規範等，如後述。

第三節　民航事業設立要件與要求

一、民用航空運輸業與普通航空業

關於民用航空運輸業之設立要件，根據《民用航空法》第48條規定，經營民用航空運輸業者，應申請民航局核轉交通部許可籌設，並應在核定籌設期間內，依法向有關機關辦妥登記、自備航空器及具有依相關法規從事安全營運之能力，並經民航局完成營運規範審查合格後，申請民航局核轉交通部核准，如營業項目包括國際運送業務者，並應先向海關辦理登記，取得證明文件，由民航局發給民用航空運輸業許可證，始得營業。民用航空運輸業自民航局發給許可證之日起，逾二十四個月未開業，或開業後停業逾六個月者，由民航局報請交通部廢止其許可後，註銷其許可證，並通知有關機關廢止其登記。但有正當理由，並依規定程序申請核准延展者，不在此限。民用航空運輸業應於停業或結束營業前檢附停業或結束營業計畫，申請民航局核轉交通部核准，並於核准之日起六十日後始得停業或結束營業。民用航空運輸業結束營業，應先報請民航局轉報交通部備查，並自結束營業之日起三十日內，將原領民用航空運輸業許可證繳還（本項普通航空業亦適用）；屆期未繳還時，由民航局逕行公告註銷。第二項核准延展期限不得逾六個月，並以一次為限。

民用航空運輸業的組織型態亦有明文規定，根據《民用航空法》第49條規定，民用航空運輸業應為公司組織，並應合於下列規定：(1)無限公司之股東全體為本國國民；(2)有限公司之資本總額逾50%為本國國民、法人所有，其代表公司之董事為本國國民；(3)兩合公司之無限責任股東全體為本國國民；(4)股份有限公司之股份總數逾50%為本國國民、法人所有，其董事長及董事逾半數為本國國民，且單一外國人持有之股份總數不得逾25%。此外，股份有限公司發行股票者，其股票應記名。民用航空運輸業實收資本額達新臺幣20億元者應設置具公益性之獨立董事，人數至少一人。

關於普通航空業之設立規定，根據《民用航空法》第64條規定，經營普通航空業之設立規定，其規範與民用航空運輸業之差異主要是營業項目、開業或停業期限之不同，並特別律定如營業項目包括商務專機之國際運送業務者，並應向海關辦理登記，取得證明文件，由民航局發給普通航空業許可證，始得營業。自民航局發給許可證之日起，逾十二個月未開業，或開業後停業逾六個月者，由民航局報請交通部廢止其許可後，註銷其許可證，並通知有關機關廢止其登記。普通航空業與民用航空運輸業具有相同的核准展延期限，均不得逾六個月，並以一次為限。《民用航空法》第64-1條另規定，普通航空業經營商務專機業務，應以座位數19人以下之飛機或直昇機提供單一客戶專屬客運服務，不得有個別攬客行為。普通航空業之公司組織規範比照民用航空運輸業規定辦理。

根據《民用航空法》第61條規定，民用航空運輸業依法解散時，其許可證及航線證書同時失效，並應於三十日內向民航局繳銷之。《民用航空法》第62條規定，民用航空運輸業許可證及航線證書定有期限者，期滿後非依法再行申請核准，不得繼續營業。

二、航空貨運承攬業與航空貨物集散站經營業

航空貨運承攬業之設立，根據《民用航空法》第66條規定，經營航

空貨運承攬業者，應申請民航局核轉交通部許可籌設，並應在核定籌設期間內，依法向有關機關辦妥登記後，申請民航局核轉交通部核准，由民航局發給航空貨運承攬業許可證後，始得營業。

航空貨運承攬業自民航局發給許可證之日起逾六個月未開業，或開業後停業逾六個月者，由民航局報請交通部廢止其許可後，註銷其許可證，並通知有關機關廢止其登記。但有正當理由，並依規定程序申請核准延展者，不在此限。航空貨運承攬業結束營業，應先報請民航局轉報交通部備查，並自結束營業之日起30日內，將原領航空貨運承攬業許可證繳還，屆期未繳還時，由民航局逕行公告註銷。第二項核准延展期限不得逾六個月，並以一次為限。《民用航空法》第66-1條規定，航空貨運承攬業應為公司組織。

根據《民用航空法》第67條規定，外籍航空貨運承攬業申請在境內設立分公司者，應申請民航局核轉交通部許可籌設，並應在核定籌設期間內，依法辦理分公司登記後，申請民航局核轉交通部核准，由民航局核發外籍航空貨運承攬業分公司許可證後，始得營業。外籍航空貨運承攬業未依前項規定設立分公司營運者，應委託在境內之航空貨運承攬業代為執行或處理航空貨運承攬業務，始得在境內辦理航空貨運承攬業務。

關於航空貨物集散站經營業之設立，根據《民用航空法》第71條規定，經營航空貨物集散站經營業者，應具備有關文書，申請民航局核轉交通部許可籌設，並應在核定籌設期間內，依法向有關機關辦妥登記，備妥有關場地、設備、設施，並應向海關辦理登記，取得證明文件後，申請民航局核轉交通部核准，由民航局發給航空貨物集散站經營業許可證後，始得營業。航空貨物集散站如經核准於國際機場外25公里範圍內營業者，航空站經營人應於機場內設置專屬之交接區域，以供機場外航空貨物集散站之貨物交接進出。航空貨物集散站經營業自民航局發給許可證之日起，逾六個月未開業，或開業後停業逾六個月者，由民航局報請交通部廢止其許可後，註銷其許可證，並通知有關機關廢止其登記。但有正當理由，並依規定程序申請核准延展者，不在此限。前項核准延展期限不得逾六個月，並以一次為限。

民用航空運輸業可跨足經營航空貨物集散站經營業，根據《民用航空法》第72條規定，民用航空運輸業得報請民航局核轉交通部許可後，設立航空貨物集散站，自辦其自營之航空器所承運貨物之集散業務。前項規定於依條約、協定或基於平等互惠原則，以同樣權利給與民用航空運輸業在其國內經營航空貨物集散站經營業務之外籍民用航空運輸業，準用之。

三、航空站地勤業與空廚業

有關地勤業設立規定，《民用航空法》第74條規定經營航空站地勤業者，應申請民航局核轉交通部許可籌設，並應在核定籌設期間內，依法向有關機關辦妥登記後，申請民航局核轉交通部核准，由民航局發給航空站地勤業許可證後，始得營業。航空站地勤業自民航局發給許可證之日起，逾十二個月未開業，或開業後停業逾六個月者，由民航局報請交通部廢止其許可後，註銷其許可證，並通知有關機關廢止其登記。但有正當理由，並依規定程序申請核准延展者，不在此限。前項核准延展期限不得逾六個月，並以一次為限。

《民用航空法》第74-1條亦規定，航空站地勤業應為公司組織，並應合於下列之規定：(1)無限公司之股東全體為本國國民；(2)有限公司之資本總額逾50%為本國國民、法人所有，其代表公司之董事1/2以上為本國國民；(3)兩合公司之無限責任股東全體為本國國民；(4)股份有限公司之股份總數逾50%為本國國民、法人所有，其董事長及董事逾半數為本國國民，且單一外國人持有之股份總數不得逾25%。股份有限公司發行股票者，其股票應記名。且航空站地勤業因條約或協定另有規定者，不受前二項規定之限制。

空廚業經營管理之規定條文較少，多為準用其他業別規定包括第57條、第66條第三項、第74條、第74-1條、第75條規定，《民用航空法》

第77-1條規定，空廚業、中外籍民用航空運輸業申請兼營空廚業之營業項目、籌設申請與設立許可、許可證之申請、登記、註銷與換發、資本額、公司登記事項之變更、證照費收取及營運管理等事項之規則，由交通部定之。

第四節　民航事業經營要件

一、民用航空運輸業與普通航空業

針對民用航空事業的經營要件規定，主要多著重於民用航空運輸業，普通航空業多為準用民用航空運輸業之標準，根據《民用航空法》第50條規定，民用航空運輸業如經營國際航線，必須先行取得國際航權及時間帶，並持有航線證書後，方得在指定航線上經營國際定期航空運輸業務。為了讓時間帶妥善規劃，民航局應設置國際機場時間帶協調委員會，或委託中立機構，辦理機場時間帶分配；受委託者之資格、條件、責任及監督等事項之辦法，則由民航局另行訂定。民用航空運輸業如經營國內航線，必須先行取得國內機場航空器起降額度或時間帶，並持有航線證書後，方得在指定航線上經營國內定期航空運輸業務。不論是國際或國內航線，所有指定航線之起迄經停地點、業務性質及期限，均於航線證書上規定之。國際航權分配及包機之審查綱要，由交通部定之，而國內機場航空器起降額度管理辦法及時間帶管理辦法，則由民航局定之。特別需要留意的是，《民用航空法》第51條規定，民用航空運輸業許可證或航線證書一經取得，是不得轉移的，其持有人不得認為已取得各該許可證或證書所載各項之專營權。

《民用航空法》第52條亦規定，已領有航線證書之民用航空運輸業，或經停本國境內之航空器，應依郵政法之規定，負責載運郵件。且《民用航空法》第53條規定，航空函件及航空郵政包裹運費應低於一般航空貨物運價。《民用航空法》第54條規定，民用航空運輸業對航空函件，應在客貨之前優先運送。

《民用航空法》第55條規定，民用航空運輸業客貨之運價，如果為國際定期航線者，應報請民航局轉報交通部備查；如果為國內定期航線者，則應報請民航局轉報交通部核准其上、下限範圍。變更時，亦同。運價之使用、優惠方式、報核程序及生效日期等相關事項之管理辦法，由交通部定之。特別要留意的是，為照顧澎湖縣、金門縣、連江縣、臺東縣蘭嶼鄉及綠島鄉等離島地區居民，對於往返居住地或離島與其離島間，搭乘固定翼飛機或直昇機者，應予票價補貼。其補貼標準依機場條件劃分如下：澎湖縣馬公機場、金門縣尚義機場補貼20%；連江縣南竿及北竿機場補貼30%；澎湖縣七美及望安機場、臺東縣蘭嶼及綠島機場補貼40%；對於經營離島地區固定翼飛機及直昇機之航空公司，應予獎助。票價補貼辦法及獎助辦法，均由交通部擬訂，報請行政院核定之。

基於對業者財務管理之所需，根據《民用航空法》第56條規定，民用航空運輸業應將有關營運者、財物者、航務者、機務者、股本3%以上股票持有者等之表報按期送請民航局核轉交通部備查，民航局於必要時，並得檢查其營運財務狀況及其他有關文件。

基於對業者安全監理之必要，根據《民用航空法》第57條規定，民航局得派員檢查民用航空運輸業各項人員、設備，並督導其業務，民用航空運輸業者不得拒絕、規避或妨礙；如有缺失，應通知民用航空運輸業者限期改善。

為確保業者營運正常，根據《民用航空法》第58條規定，民用航空運輸業如具有增減資本、發行公司債、與其他民用航空運輸業相互間或與相關企業組織間，有關租借、相繼運送及代理等契約，或主要航務及機務設備之變更或遷移時，除應依法辦理外，並應申報民航局核轉交通部備查。

為避免業者監壟斷市場，根據《民用航空法》第58-1條規定，民用航空運輸業申請聯營時，應擬具聯營實施計畫書，並檢附有關文件，報請民航局核轉交通部許可後，始得實施聯營；交通部許可聯營時，得附加條件、期限、限制或負擔。民用航空運輸業不依核定之計畫實施聯營、或核准聯營事由消滅或聯營事項有違公共利益或民航發展者，交通部得廢止許可、變更許可內容、命令停止或改正聯營行為。此處所述之聯營，如構成《公平交易法》第14條之聯合行為者，應先經公平交易委員會之許可；其聯營許可審查辦法，由交通部會同公平交易委員會定之。

基於確保公共利益，根據《民用航空法》第59條規定，民航局為應公共利益之需要，得報請交通部核准後，通知民用航空運輸業調整或增闢指定航線。這裡的公共利益，指的是關乎社會大眾群體的利益，例如特定假期時，因應龐大旅客輸運需求，必須進行相關輸運配套，即適用此條文。又如遭遇航空公司罷工或停業時，為避免不特定第三方的旅客行程遭受嚴重影響，交通部也可在民航局具體規劃下，經由相關應變計畫實施輸運。這裡要特別留意的地方是，相關的調整或增闢指定航線，原則上僅限於國內航線，國際航線因涉及國際航權分配及包機之審查，民用航空運輸業許可證或航線證書一經取得，是不得轉移的，並不適用直接經由民航局與交通部調整或增闢指定航線。

《民用航空法》第60條亦規定，政府遇有緊急需要時，民用航空運輸業應接受交通部之指揮，辦理交辦之運輸事項。這裡所指的緊急需要，主要是指戰爭、暴動或天災等事項，例如在某一國家發生戰爭、暴動或天災等情況，危急到我國僑民時，政府即可援引此法進行必要之輸運作業。

二、航空貨運承攬業與航空貨物集散站經營業

基於安全監理之必要性，根據《民用航空法》第69條規定，民航局得派員檢查航空貨運承攬業各項設備及業務，航空貨運承攬業者不得拒絕、規避或妨礙；如有缺失，應通知航空貨運承攬業限期改善。

為確保業者經營穩定，根據《民用航空法》第70條規定，航空貨運承攬業不得聘用有《公司法》第30條各款情事之一者、曾經營航空貨運承

攬業受撤銷許可未滿五年者為經理人，已充任者，解任之，相關規定於公司董事及監察人，準用之。航空貨運承攬業、外籍航空貨運承攬業分公司之籌設申請與設立許可、許可證之申請、登記、註銷與換發、資本額、公司登記事項之變更、證照費收取、外籍航空貨運承攬業委託業務之申請、營運管理及其他應遵行事項之規則，由交通部定之。本段所列相關規定於外籍航空貨運承攬業，準用之。

基於便利民用航空運輸業貨運業務之需求，根據《民用航空法》第72條規定，民用航空運輸業得報請民航局核轉交通部許可後，設立航空貨物集散站，自辦其自營之航空器所承運貨物之集散業務。前項規定於依條約、協定或基於平等互惠原則，以同樣權利給與本國國民用航空運輸業在其國內經營航空貨物集散站經營業務之外籍民用航空運輸業，準用之。

《民用航空法》第72-1條規定，航空貨物集散站經營業、中外籍民用航空運輸業申請自辦航空貨物集散站經營業務之營業項目、籌設申請與設立許可、許可證之申請、登記、註銷與換發、資本額、公司登記事項之變更、證照費收取及營運管理等事項之規則，由交通部定之。

《民用航空法》第73條規定，有關民航局依法派員檢查、結束營業之規定，以及應為公司組織之規定等事項，包含第57條、第66條第三項、第66-1條規定於航空貨物集散站經營業準用之。

三、航空站地勤業與空廚業

為便於民用航空運輸業地勤作業之所需，根據《民用航空法》第75條規定，民用航空運輸業得報請民航局核轉交通部許可後，兼營航空站地勤業或自辦航空站地勤業務。此項規定，於依條約、協定或基於平等互惠原則，以同樣權利給與本國國民用航空運輸業者在其國內經營航空站地勤業務之外籍民用航空運輸業，準用之。經許可兼營航空站地勤業或自辦航空站地勤業務者，交通部為維持航空站之安全及營運秩序，得限制其一部或全部之營業。

《民用航空法》第75-1條規定，航空站地勤業、中外籍民用航空運輸業申請兼營航空站地勤業或自辦航空站地勤業務之營業項目、籌設申請與設立許可、許可證之申請、登記、註銷與換發、資本額、增減營業項目、公司登記事項之變更、證照費收取及營運管理等事項之規則，由交通部定之。

《民用航空法》第76條規定，有關第57條、第66條第三項涉及民航局依法派員檢查、結束營業之規定，於航空站地勤業準用之。《民用航空法》第77條規定，第57條、第66條第三項、第74條、第74-1條、第75條規定等有關民航局依法派員檢查、地勤業籌設與結束營業之規定、公司組織、民航運輸業兼辦或自辦業務，於空廚業準用之。

《民用航空法》第77-1條規定，空廚業、中外籍民用航空運輸業申請兼營空廚業之營業項目、籌設申請與設立許可、許可證之申請、登記、註銷與換發、資本額、公司登記事項之變更、證照費收取及營運管理等事項之規則，由交通部定之。

第五節　外籍航空器或外籍民用航空運輸業

《民用航空法》第78條規定，外籍航空器，非經交通部許可，不得飛越中華民國領域或在中華民國境內起降。但條約或協定另有規定者，從其規定。民航局得派員檢查在中華民國境內起降之外籍航空器之各項人員、設備及其有關文件。機長不得拒絕、規避或妨礙。外籍航空器飛越中華民國領域或在中華民國境內起降申請許可之程序、應備文件、撤銷、廢止許可或禁止飛航之事由及其他應遵行事項之規則，由交通部定之。《民用航空法》第78-1條規定，《民用航空法》第5條、第6條、第37條第一項、第38條、第39條、第41條、第42條、第43條第一項、第二項、第43-1條第一項、第44條至第47條、第53條、第54條、第55條第一項、第57條、第61條、第62條、第89條、第90條、第91條、第92條、第93條、第

93-1條、第97條及第99條規定，於外籍民用航空運輸業、外籍航空器、外籍航空貨運承攬業、外籍航空人員，準用之。

《民用航空法》第79條規定，外籍民用航空運輸業，須經民航局許可，其航空器始得飛航於中華民國境內之一地與境外一地之間，按有償或無償方式非定期載運客貨、郵件。《民用航空法》第80條規定，外籍民用航空運輸業，依條約或協定，或基於平等互惠原則，其航空器定期飛航於中華民國境內之一地與境外一地之間，按有償或無償方式載運客貨、郵件，應先向民航局申請核發航線證書。《民用航空法》第81條規定，外籍航空器或外籍民用航空運輸業，不得在本國境內兩地之間按有償或無償方式載運客貨、郵件或在本國境內經營普通航空業務。但如為外籍自用航空器經許可在本國境內從事非營利性之飛航活動或條約或協定另有規定者，不在此限。

《民用航空法》第82條規定，外籍民用航空運輸業在本國設立分支機構，應檢附有關文書，申請民航局核轉交通部許可後，依法辦理登記；其為分公司者，並應依法辦理分公司登記，申請民航局核轉交通部核准，並向海關辦理登記，取得證明文件，由民航局核發外籍民用航空運輸業分公司許可證後，始得營業。外籍民用航空運輸業未依規定設立分公司營運者，應委託在本國境內之總代理執行或處理客、貨運業務，始得在本國境內攬載客貨。外籍民用航空運輸業分公司結束營業，應先報請民航局轉報交通部備查，並自結束營業之日起三十日內，將原領外籍民用航空運輸業分公司許可證繳還；屆期未繳還者，由民航局逕行公告註銷。

《民用航空法》第83條規定，民用航空運輸業或普通航空業因自有航空器維修需要、政府機關因公務或法人、團體受託辦理公務需要，租賃或借用外籍航空器，其期間在六個月以下並經交通部核准者，得不受第81條之限制，在境內兩地之間操作。

《民用航空法》第83-1條規定，外籍民用航空運輸業之航線籌辦、設立分支機構、總代理申請、證照費與包機申請費之收取、營運管理及其他應遵行事項之規則，由交通部定之。

參考文獻

交通部運輸研究所，我國普通航空業發展及經營環境改善之研究，交通部運輸研究所辦理研究計畫，主持人：盧衍良，2015年。

ICAO (2009). Review of the Classification and Definitions used for Civil Aviation Activities, Working Paper, Montréal, 23 to 27 November 2009.

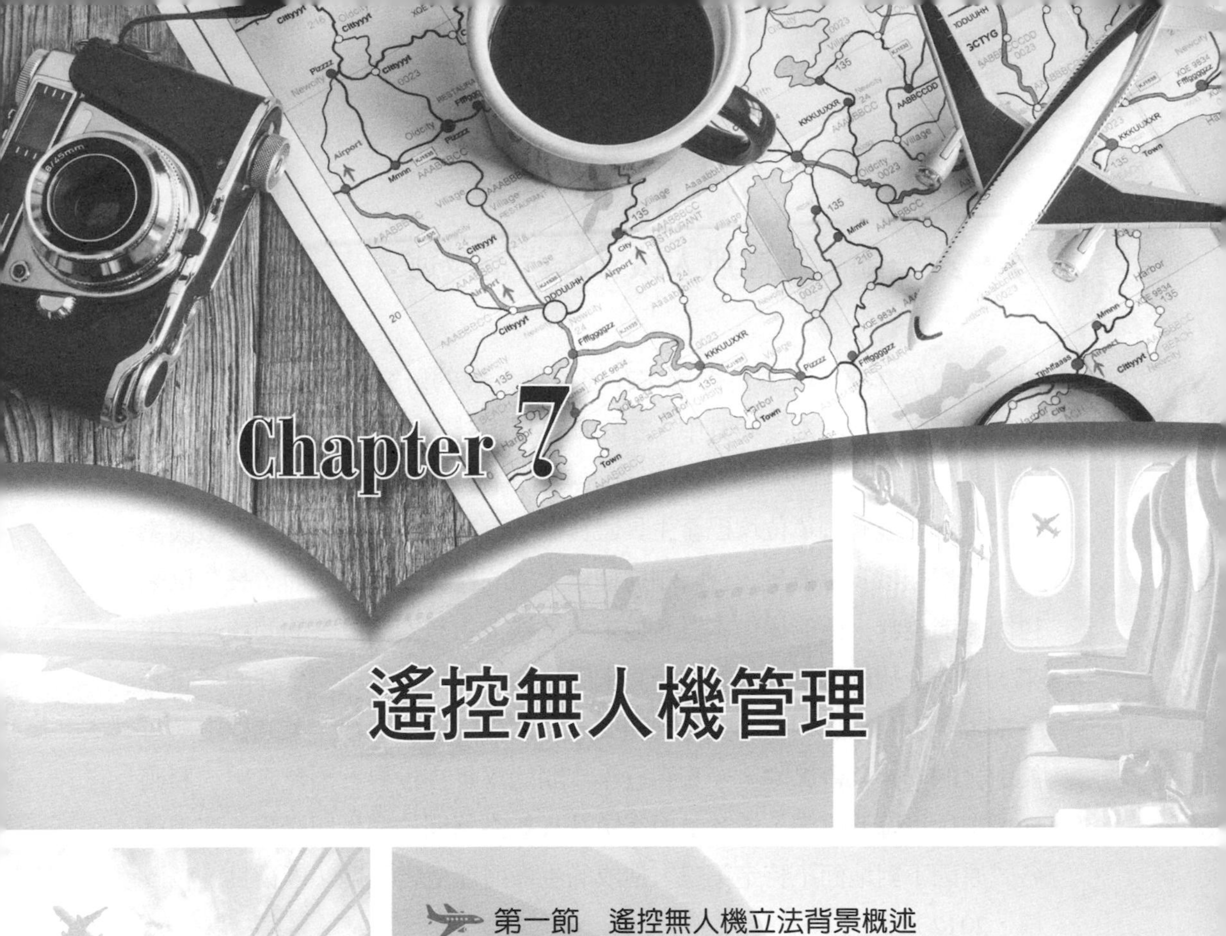

Chapter 7 遙控無人機管理

- 第一節　遙控無人機立法背景概述
- 第二節　遙控無人機的國際法規發展沿革
- 第三節　我國民航法因應遙控無人機發展之修法歷程
- 第四節　遙控無人機管理修正條文解析
- 第五節　我國遙控無人機管理專章條文解析
- 第六節　遙控無人機管理立法依據及重點總整

第一節　遙控無人機立法背景概述

近十餘年來，世界許多國家在遙控無人機的研究發展上嶄露頭角，產官學研各方也熱烈參與其中，扣除軍事用途外，應用遙控無人機的方便性，不論是在環境監控、空中攝影、氣象情蒐，或是其他相關領域的應用上，對許多有關單位均已產生具體貢獻，有著傑出表現。絕大多數國家基於總體空域安全考量，會限制遙控無人機的操作空域，然而，長久以來也因為遙控無人機的操作本質，並未涉及機上人員安全危害的問題，多年來，其安全規範考量的議題便一直未受具體關注。從整體安全性的考量著手來說，因為缺乏明確的安全規範要求，使得遙控無人機作業過程中所可能引發的安全危害風險，一直到近年才開始逐步在世界各國建立出一套確切標準用以降低危害，尤其是與空中載人航空器間的察覺與避讓，亦或是各式原因下對地面不特定第三人造成的生命財產危害問題（盧衍良、楊政樺，2012）。

遙控無人機的等級分類大致可以從「高度」與「距離」兩個指標來衡量，高度的指標上，可以概分為相對性的「高高度」、「中高度」與「低高度」，而距離指標上，則概分為「視距外」與「視距內」，分述如下：

1.早期「高高度—視距外」的遙控無人機發展多半為軍事用途，主要為視距外空拍、測繪、探勘等技術發展，但近幾年此類遙控無人機也已具備商業發展之潛力，甚至開始研發載人、載貨之功能，何時能夠在民航法規上突破進行商業運轉，則仍有待觀察。此一等級的遙控無人機技術，絕大多數都是採以「定翼機」型式發展居多，但多旋翼的技術突破後，未來「旋翼機」或是「旋翼—定翼」混合設計的型式亦能有一席之地。

2.約莫1990年代前後至今，坊間最普遍常見到之遙控無人機研發多屬於「中高度—視距外」等級，此類遙控無人機主要作為政府機關公務或研究機關之技術研究使用，功能上主要為視距外空拍、測繪、探勘等，近年此類遙控無人機已具備商業發展潛力，包括農業噴灑、投藥或是作物生長監控等，網路書店甚至也期望加以應用，未來能從事載貨快遞等業務。此一等級的遙控無人機技術，早期多數都是採以「定翼機」型式發展居多，但多旋翼的技術突破後，未來「旋翼機」型式亦能有一席之地，甚至獨領風騷。

3.隨著多旋翼穩定性控制的技術大舉突破，約莫2010年前後開始，一般民眾在不需冗長訓練下，亦能夠輕易掌控遙控無人機，「低高度一視距內」等級的遙控無人機可以說是近年最夯的航空產品，主要用於休閒娛樂或是一般性質的空拍使用，此一等級發展迅速，民眾使用的幾乎多為多旋翼型式，近年引發諸多不特定第三人等受到傷害之情事，進而也導致加速國際民航組織就有關議題的討論，並促成各國立法管理。

隨著遙控無人機日新月異的發展趨勢，以美國為例，其軍用遙控無人機發展經費從早期1990年代的30億美金大幅提升到2004年至2009年的120億美金，而2010年度民用遙控無人機市場估計即有約1億3,000萬美金（Nullmeyer, Montijo, Herz, and Leonik, 2007），意味著遙控無人機的應用市場正廣泛且迅速的成長中。過往使用遙控進行任務，雖然都抱持著盡量避免使人員遭受危害的原則，然而，不可諱言的是遙控無人機確實也存在相較於一般民航機更顯著居高的失事率（Williams, 2004; Patchett, and Sastry, 2008）。過往遙控無人機發生事故的主要原因多為人為因素所致，包含人員的技術與專業知識（例如檢查表錯誤、工作規劃不當、訓練不足、系統理解不足等）、狀況警覺（例如工作專注力不佳），以及組員協調不足等（Johnson, and Shea, 2008）。

第二節　遙控無人機的國際法規發展沿革

將無人駕駛航空器系統納入民航管理的議題探討起始於2004年，其後，國際民航組織（ICAO）之空中航行委員會（Air Navigation Commission, ANC）於2005年4月12日提議，呼籲應重視全球日益進步發展的遙控無人機技術，適度建立規範與通用術語等，以避免對既有之民用航空產業產生影響。鑒於委員會的具體考量與呼籲，國際民航組織旋即成立專責無人駕駛航空器系統研究小組（Unmanned Aircraft Systems Study Group, UASSG），並在2008年4月7日至10日期間，於加拿大蒙特婁召開第一次會議，就民航遙控無人機之各項涉及民用航空之事務進行研議，參與之會員國家陸續回應有關議題，並持續討論（Carey, 2010）。其討論議題項目包含如下：

1.所有遙控無人機相關涉及國際民航事務之工作研究，尤其是確保全球各有關機構間互助溝通與協調之暢通。

2.發展遙控無人機納入民用航空事務之法規概念與相關指南教材，以利後續法規程序之進行。

3.審閱國際民航組織既有之標準與建議措施（Standards and Recommended Practices, SARP），研擬將遙控無人機納入民用航空事務範疇之修改意見。

4.視需求提出適切之遙控無人機技術規格。

5.確認遙控無人機操作所需之無線電通信頻寬與頻譜。

國際民航組織於2011年3月10日發布遙控無人機之第328公報（ICAO, 2011），該公報中提出三大未來發展之期許項目：

1.宣達無人駕駛航空器系統操作於非隔離空域與起降場之新觀點。

2.為整合無人駕駛航空器系統與載人航空器應考量其根本差異性。

3.鼓勵各國提供經驗資訊協助發展合適遙控無人機政策。

國際民航組織第328公報中亦針對幾大項目議題進行說明，包括：

1.國際民航組織各層級法規架構研議。

2.飛航操作類議題研議。

3.設施類議題研議。

4.人員證照類議題研議。

5.其他法規議題研議。

依照1944年12月7日於芝加哥所簽屬的國際民航公約第8條（ICAO, 1944）之精神，以及國際民航組織（ICAO, 2006）第7300號修正文件（ICAO Doc 7300）之內容所指，任何無人執行操作的航空器在未經締約國許可的情況下，均不得任意跨越其領土邊境，而每一個締約國也有權從事確保該無人操作之航空器不致對民用航空器產生危害之行為。又根據國際民航組織（ICAO, 2005）第9854號文件（ICAO Doc 9854）有關全球空中交通管理運作概念（Global Air Traffic Management Operational Concept）的強化補充，無人飛行載具（UAV）即為無人執行操作的航空器，依據國際民航公約第8條條文之精神，其即為一不具機長（Pilot in Command on Board），透過遠端（地面、其他飛機、太空）控制或程式化自動飛行之航空器。以上就遙控無人機之認知論述目前已正式在2004年舉辦之第三十五屆國際民航組織年會中達成共識，且在此認知基礎下，國際民航組織業已正式展開相關法規架構制定作業，不論是遠端遙控、全自動或是前述兩者兼具之遙控無人機，均適用國際民航公約第8條之精神。綜上所述，在此時期將遙控無人機納入國際民航運作體系已為銳不可擋之國際趨勢與共識，所有攸關遙控無人機操作人的責任與功能均須詳加釐清，而遙控無人機納入飛航管制體系之運作模式與分工等亦須進一步規劃。

將遙控無人機納入民用航空運作體系之問題成為UASSG所熱切關注焦點之後，其當時之首要工作即是發展制定一套適用法規架構，用以提供規範區隔有人機與無人機間共通性與差異性的安全標準。當時UASSG

的構想，法規架構修正可以從許多層面著手，諸如檢視現行載人航空器運作之各級法規中受到影響的項目，並加以刪除、調整或修改等。另一方面，也可從更宏觀的角度思考，在既有全球空中交通管理運作概念下（ICAO Doc 9854），接受當今遙控無人機技術發展之成果，結合新一代飛航管制系統CNS/ATM已趨完整之各項技術規範，發展出更高層次之空中交通管理觀念，均為可以嘗試突破之方向。

總體而言，國際民航組織第328公報並非僅闡述一個口號與願景，亦不是藉此容許遙控無人機進入並影響既有的載人航空器運作。其主要目的係闡述現有遙控無人機發展對於載人航空器之影響已達到必須正視之地步。同時，亦藉此強調重申現有遙控無人機發展符合原國際民航公約第8條與國際民航組織第7300號修正文件對無人駕駛航空器系統所作之定義與規範。

綜觀國際民航組織有關法規概況，關於航空器事故調查相關之國際民航公約（芝加哥公約）13號附約（ICAO, 2010）首先獲得修訂，其中提及通過適航檢定之遙控無人機於發生事故後，應進行飛航事故調查。後續，國際民航組織已於2012年3月7日的委員會議中，無異議通過將針對國際民航公約中之第2號與第7號附約進行條文內容修改（ICAO, 2010; ICAO, 2004），新訂標準甫於2012年11月15日頒布施行。其中，第2號附約係與規範空中航行規則（Rules of the Air）有關之附約，而第7號附約則與規範航空器國籍及註冊標誌（Aircraft Nationality and Registration Marks）有關，這意味著一旦遙控無人機作業全面納入民用航空範疇加以管理，其原有作業之自由度將隨之受到一定程度之影響，不僅遙控無人機必須有其註冊登記與編號塗裝外，其作業亦必須遵守空域管制之各種限制。後續，國際民航組織亦編撰與遙控無人機相關之《遙控駕駛航空器系統手冊》（*Manual on Remotely Piloted Aircraft Systems*）供各國立法參酌，各國在遵從國際法規下，各區域亦有各自的規範，最終再依各式國際規章標準訂定國內法。目前，國際民航組織（ICAO）只針對150公斤以上遙控無人機制訂標準，Asia Pacific（APAC）各國無人機工作小組開會決議25公斤至150公斤之遙控無人機必須符合檢定標準，並參考歐洲JARUS SORA（Joint Authorities for Rulemaking of Unmanned Systems on Specific Operations Risk Assessment）及／或各國相關程序所評估之風險等級而訂。25公斤以下之遙控無人機則交由各國自行規範管理。

第三節　我國民航法因應遙控無人機發展之修法歷程

我國產官學研從事遙控無人機研發工作多年，至今雖已累積諸多顯著成果，然長期以來國內遙控無人機之發展，過往卻沒有明確完整之法規制度加以規範遙控無人機各式飛航之運作。在此情況下，2009年10月20日，因有學界自行研發之遙控無人機未先向交通部民航局申請使用空域，即進行臺南七股至澎湖東吉嶼間之往返實驗飛航，民航局基於飛航安全考量，遂曾於2009年10月28日發文標準一字第0980032747號函文宣導，並副知教育部通令全國各大專院校應依據相關法規於實驗前先行向民航局提出遙控無人機實驗飛航之空域申請，以確保飛航安全。

鑒於國際民航發展趨勢之變遷，遙控無人機活動納入國際民航各級法規制度規範中，已是重要議題。據此，於2015年7月經行政院決議由交通部擔任主管機關，並責成民航局負責重新審視《民用航空法》，研商中央與地方共同管理方式，並以「保障飛航安全」及「兼顧應用發展」二原則，針對現有法規不足處進行修法。於2015年9月，交通部民航局始邀集國防部等二十六個中央部會與臺北市政府等地方政府開會研商條文草案內容，遙控無人機管理之專章草案於2015年9月24日經行政院院會決議通過，並於同年9月30日經行政院函請立法院審議。2015年10月至2016年2月期間，立法院交通委員會第八屆第八會期第七次全體委員會議逐一審查「民用航空法部分條文修正草案」在案，然因第八屆立法委員任期屆滿，爰依「立法院職權行使法」之精神，遙控無人機之專章草案退回由行政機關重新擬議。

2016年7月，交通部民航局重新邀集中央各相關部會及地方政府研商，並於同年8月起，陸續邀集立法院各黨團、中央政府、地方政府及民間團體，召開修正草案說明會，至同年12月，交通部民航局依照各次會議所提意見，召開討論法規程序修正會議，並於同年12月30日函請交通部審查。2017年3月至6月期間，交通部相繼邀集中央與地方政府就修正草案內容研商討論並辦理修正草案預告，於同年6月16日函請行政院審查並核轉立法院審議。

2017年7月至12月期間，行政院陸續邀集中央與地方政府進行有關討論，唐鳳政務委員更於vTaiwan平臺召開線上資訊會議，徵求網民及玩家意見。行政院於同年10月26日經院會通過，並於同年11月2日函送立法院審議。立法院交通委員會於同年12月20日始召開審查會議逐條討論審查，完成初步審議，遙控無人機專章修正草案已於2018年4月3日經立法院三讀通過，並於2018年4月25日經總統公布，由行政院訂定2020年3月31日後正式施行，相關子法及管理系統規劃亦由交通部民航局逐一推動。

第四節　遙控無人機管理修正條文解析

行政院於2015年7月決議由交通部擔任主管機關，並由民航局負責重新審視《民用航空法》條文，研商中央與地方共同管理方式，在以「保障飛航安全」，並「兼顧應用發展」二原則下，針對現有法規不足之處進行修法。因應遙控無人機管理所新增之法條主要集中於《民用航空法》第九章之二（第99-9條至第99-19條），以及第十章罰則之第118-1條至第118-3條。另有若干條文修正見諸於其他章節，包括第一章總則之第2條、第五章飛航安全之第44條。本節主要先就修正條文之內容進行探討。《民用航空法》第九章之二之遙控無人機管理專章，以及第十章新增之罰則條文探討，則請詳見第五節說明。

因應遙控無人機管理所需修正之《民用航空法》條文共有第2條與第

44條，列舉並逐條解析如後，其中條文修正處另以粗體字標註。

> 第2條　本法用詞定義如下：
> **二十六、遙控無人機：指自遙控設備以信號鏈路進行飛航控制或以自動駕駛操作或其他經民航局公告之無人航空器。**

遙控無人機在世界各國均屬新興產物，過往未見於《民用航空法》中。因此因應國際潮流所需修法，新增「遙控無人機」之定義於第2條第二十六款中，明定遙控無人機可分為以下三大類別：

1. 自遙控設備以信號鏈路進行飛航控制：此類遙控無人機係指操作人在目視範圍內，以遙控設備發射控制信號，對於在空的無人機進行遙控操作，認定重點在於需有遙控設備，且採用信號鏈路模式進行遙控，其信號鏈路係以有線傳輸或電磁波信號型式存在，不論是採用無線電、微波、紅外線或是可見光，均屬之。換言之，坊間常見的線控式模型飛機，由於是靠著鋼繩連接之機械動作來控制飛機作動，而非使用條文所稱的遙控設備操控，因此，在此並不屬於《民用航空法》修訂所定義之「遙控無人機」範疇。但是，以手機Wi-Fi訊號控制的無人熱氣球或無人飛艇，因符合自遙控設備以信號鏈路進行飛航控制之要件，且熱氣球及飛艇等在飛航原理上均屬航空器所定義之範圍，因此，無人熱氣球或無人飛艇即為「遙控無人機」。
2. 以自動駕駛操作：所謂自動駕駛，指的是操作人經由一定的程式設計，將已規劃的飛行路徑經由機上或地面設備系統對無人航空器進行飛行控制，其飛行範圍可以超過目視距離以外。此處的重點在於無人機操作人並不是直接進行飛行操作，而是透過軟體程式規劃的運作模式為之，且其作業的範圍並不限於目視距離之內，讓無人機可在目視距離之外，以一定規劃的作業設定從事必要的作業。通常，這一類的遙控無人機可作為環保監控、農業噴灑、空中攝影、地貌探勘等用途，具有較為專業之目的，通常不屬於休閒娛樂之性質。

3.其他經民航局公告之無人航空器：遙控無人機的種類繁多，除有定翼與旋翼之分外，尚可能有各種不同性質之差異，因此，除了一般可直接判定之機型外，本款保留一由民航局認定並公告之空間。例如坊間隨處可見的四軸飛行器，其在飛行原理上是屬於旋翼的一種，但在遙控無人機領域中，因為操控方式與慣常熟知的「直昇機」並不盡相同，故將空拍使用的四軸飛行器歸屬於「多旋翼」遙控無人機。

第2條　本法用詞定義如下：

十七、航空器失事：指自任何人為飛航目的登上航空器時起，至所有人離開該航空器時止，**或自遙控無人機為飛航目的啟動推進系統準備移動時起，至飛航結束且推進系統關閉時止**，於航空器運作中所發生之事故，直接對他人或航空器上之人，造成死亡或傷害，或使航空器遭受實質上損害或失蹤。

十八、航空器重大意外事件：指自任何人為飛航目的登上航空器時起，至所有人離開該航空器時止，**或自遙控無人機為飛航目的啟動推進系統準備移動時起，至飛航結束且推進系統關閉時止**，發生於航空器運作中之事故，有造成航空器失事之虞者。

十九、航空器意外事件：指自任何人為飛航目的登上航空器時起，至所有人離開該航空器時止，**或自遙控無人機為飛航目的啟動推進系統準備移動時起，至飛航結束且推進系統關閉時止**，於航空器運作中所發生除前二款以外之事故。

國際民航公約第13號附約對於航空器失事（Accident）、航空器重大意外事件（Serious Incident），以及航空器意外事件（Incident）訂有相關定義，此三者在概念上具有相應關係，因此一併探討。

航空器失事泛指於航空器運作中所發生之事故，且該事故直接對他人或航空器上之人，造成死亡或傷害，或使航空器遭受實質上損害或失蹤。概念上，航空器失事可以再細分為三大類，分別是：

1.「航空器遭受實質損害或失蹤」且「造成人員死亡或傷害」。
2.「造成人員死亡或傷害」，但未導致「航空器遭受實質上損害」。
3.「航空器遭受實質損害」，但未導致「造成人員死亡或傷害」。

航空器重大意外事件就造成傷害之程度而言，不若航空器失事來得嚴重，但倘其事件發生情況經認定後認為「有造成航空器失事之虞」時，就會被認定為航空器重大意外事件，反之，倘其程度不若「航空器失事」或「航空器重大意外事件」來得嚴重，就會被歸屬於航空器意外事件。以行政機關的權責職掌分工，只要是「航空器失事」或「航空器重大意外事件」，就應交由「國家運輸安全調查委員會」進行事故調查，「航空器意外事件」則交由交通部民用航空局處理。

第44條　航空器飛航中，**不得投擲任何物件、噴灑、拖曳航空器及其他物體或跳傘**。但為飛航安全、救助任務**或經民航局核准者**，不在此限。

航空器不得於飛航空投擲任何物件，此規定早已行之有年，本次修法特別強化增加限制噴灑、拖曳航空器及其他物體或跳傘等事項。過往有人航空器於飛航中因緊急安全因素必須執行放油程序，使飛機重量低於最大落地重量進行進而落地，此等因飛航安全考量之情況，乃民航法之許可項目。又如天災時，普通航空業者基於救災任務而進入災區協助實施空投物資等之情事，因屬救助任務，亦不受本法條文限制。惟倘遙控無人機逕自實施農藥噴灑或投擲，亦或是以遙控無人機拖曳廣告布條等行為，在未經民航局審查核准實施以前，均屬違法行為，將依法受罰。

第五節　我國遙控無人機管理專章條文解析

因應遙控無人機活動漸增，為明確相關管理方式，交通部及民航局借鑒美國、歐盟、日本等國家立法經驗與國際民航組織規範，考量國內環境與利害關係人意見後，融合公共安全、社會秩序、飛航安全並兼顧產業發展，推動於《民用航空法》中增訂遙控無人機專章（第九章之二，條文自第99-9條起至第99-19條止，另新增第118-1條至第118-3條等條文於第十章罰則之中）及相關授權法規命令修法工作。

遙控無人機專章修正草案已於2018年4月3日經立法院三讀通過，並於2018年4月25日經總統公布，訂於2020年1月1日施行。本節就有關管理之條文精神進行探討。

第99-9條　於建築物外開放空間從事遙控無人機飛航活動，適用本章規定。 遙控無人機所有人或操作人應負使用安全、風險管理及法規遵循等責任。 遙控無人機發生飛航安全相關事件後，其所有人或操作人應通報民航局事件經過。

第99-9條係《民用航空法》遙控無人機管理專章之第1條條文，屬於基本規範性質，值得注意的是，條文中第一項言明：「於建築物外開放空間從事遙控無人機飛航活動，適用本章規定。」依照《建築法》第4條精神，所謂建築物外，意指「定著於土地上或地面下具有頂蓋、樑柱或牆壁，供個人或公眾使用之構造物或雜項工作物」以外的區域。簡言之，倘遙控無人機於建築物內之空間活動，並不適用於民航法，僅得由其建築物相關管理單位或所有權人依其考量需求另行規範或主張限制。

第99-9第二項言明：「遙控無人機所有人或操作人應負使用安全、風險管理及法規遵循等責任。」亦即規範要求遙控無人機之所有人或操作人應在操作遙控無人機時，保持狀況警覺操作環境四周之狀況，同時也必須具有操作安全之危害識別、安全風險分析以及應變處理等能力。倘若操作遙控無人機不慎導致他人死傷或財產損失時，依照情節輕重，除了援引民航法所規範之事項外，亦應依照刑法與民法之規範處理，肇事當事人將可能面對一定金額之罰鍰，以及刑事、民事責任之追究。

此外，依照條文第二項之精神，遙控無人機所有人或操作人亦應遵守其他適用法規，包括：

1.刑法：如偷拍等侵犯隱私的妨礙秘密作為。
2.國家安全法：如闖入總統府周圍等禁航區域。
3.國家公園法：如闖入不可進入之國家公園地帶。
4.國土測繪法：如進行違法空拍測繪等。
5.要塞堡壘地帶法：如闖入軍事設施或監獄區域。
6.社會秩序維護法：如以遙控無人機進行違反社會秩序之行為。
7.鐵路法：如闖入高鐵、臺鐵軌道範圍內傷及有關設施。
8.大眾捷運法：如闖入捷運系統作業範圍造成危害。
9.商港法：如闖入港口作業限制範圍影響作業。
10.各地方自治條例：如在臺北101大樓旁操作遙控無人機。
11.其他有關法令。

第99-9條第三項言明：「遙控無人機發生飛航安全相關事件後，其所有人或操作人應通報民航局事件經過。」亦即規定遙控無人機於飛航安全相關事件（如造成任何人員死亡、受傷或財產損失達一定程度以上時）發生後，其所有人或操作人應將事件種類及內容通報民航局，相關細節規範詳見《遙控無人機管理規則》。

第99-10條　自然人所有之最大起飛重量二百五十公克以上之遙控無人機及政府機關（構）、學校或法人所有之遙控無人機，應辦理註冊，並將註冊號碼標明於遙控無人機上顯著之處，且一定重量以上遙控無人機飛航應具射頻識別功能。

下列遙控無人機之操作人應經測驗合格，由民航局發給操作證後，始得操作：

一、政府機關（構）、學校或法人所有之遙控無人機。

二、最大起飛重量達一定重量以上之遙控無人機。

三、其他經民航局公告者。

第99-10條就遙控無人機之有關註冊與操作證事宜進行規範，遙控無人機完成註冊後，為保障飛航安全，倘遙控無人機操作人喪失其應有技能水準，進而造成不特定第三人等之生命財產損失時，方有其責任可追溯性，可就註冊資訊對所有人或操作人進行必要管理因應及裁罰作為。本條文有兩大重點，一是對於應註冊之遙控無人機條件進行規範，二是對於應持有操作證之操作人條件進行具體規範。

第99-10條第一項，就遙控無人機辦理註冊之規範而言，自然人所持有之遙控無人機並非均須辦理註冊，目前《民用航空法》遙控無人機專章規範之基準係以最大起飛重量是否超過250公克作為依據（含傳統之遙控飛機、航空模型機、無動力遙控飛機、個人自製遙控無人機、穿越機等），當自然人所持有之遙控無人機最大起飛重量未達250公克時，依法可不辦理註冊登記。但法人持有之遙控無人機，不論其最大起飛重量是否大於250公克，依法均須辦理註冊登記，主要係考量政府機關、法人及學校所有之遙控無人機皆為配合執行其業務所需之專用機型，且操作頻次較高，故以較嚴謹之規範要求。

最大起飛重量250公克之標準訂定有其科學依據，歐盟「預防高空墜落物計畫組織」計算結果：

1.約1公斤重之遙控無人機從11公尺（約3層樓）高位置墜落即足以造成人員死亡。

2.250公克重之遙控無人機從40公尺（約10層樓）墜落亦將導致人員死亡。

依照歐洲航空安全局（EASA）於2016年之立法，規定除玩具類（明定最大起飛重量小於250公克、最大飛行高度小於50公尺、最大速度小於54公里／小時及操作距離小於100公尺屬之）遙控無人機外，皆需辦理註冊登記。

美國聯邦航空管理局（FAA）經過科學計算，超過0.55磅（約250公克）之遙控無人機從空中墜落即足以對人體產生傷害程度。因此，美國聯邦航空法規第48編訂定小型遙控無人機註冊（PART 48- REGISTRATION AND MARKING REQUIREMENTS FOR SMALL UNMANNED AIRCRAFT）之48.15規定如下：

§48.15 Requirement to register.

No person may operate a small unmanned aircraft that is eligible for registration under 49 U.S.C. 44101-44103 unless one of the following criteria has been satisfied:

(a) The owner has registered and marked the aircraft in accordance with this part;

(b) The aircraft weighs 0.55 pounds or less on takeoff, including everything that is on board or otherwise attached to the aircraft; or

(c) The aircraft is an aircraft of the Armed Forces of the United States.

綜上所述，《民用航空法》參酌美國立法之考量，基於教育宣導之目的，於第一項明定自然人所有之最大起飛重量250公克以上之遙控無人機及政府機關（構）、學校或法人所有之各類遙控無人機均應辦理註冊，並將註冊號碼標明於遙控無人機明顯之位置；且一定重量（未來參酌國際法規動態於管理規則中訂定明確數字規範）以上遙控無人機飛航應具射頻識別功能始得從事活動。值得特別注意之處是，本項條文中所稱之政府機關（構），係指依法行使公權力之中央或地方機關或行政法人，另依據《芝加哥公約》以及《民用航空法》第7條之精神，軍事或國防用途之遙控無人機並未包括在內，相關註冊編號及人員操作資格應由國防單位辦理。

關於遙控無人機註冊事宜，目前世界各國對於所有權登記皆採實名制方式辦理，遙控無人機註冊比照汽車牌照登記概念，若有違法、危險之行為，可依註冊號碼確認其所有人。目前，根據民航局之規劃，遙控無人機上只需標明「註冊號碼」，並無相關個人資料須標明於遙控無人機上，爰無洩漏個資問題產生，且相關註冊資料將依「個人資料保護法」有關規定予以保護。特別值得注意的是，遙控無人機所有人註冊資料應以真實資料填寫並提出申請，申請人填寫資料如有不實或偽造等行為，可能構成《刑法》第210條偽造文書罪及第214條使公務員登載不實罪，可處三年至五年以下不等有期徒刑、拘役或罰金等，且屬公訴罪。

依民航局規劃，辦理遙控無人機註冊之所有人應年滿十六歲，未滿二十歲之未成年人申請註冊時應由法定代理人同意辦理註冊。有關遙控無人機之註冊程序、註冊號碼標明方式等，將明訂於《遙控無人機管理規則》中。

關於遙控無人機製造廠，是否需將生產的每架遙控無人機都向民航局註冊之疑慮，倘遙控無人機製造廠商於生產完成後而尚未交付前，仍是該無人機之所有人。惟因無實際活動、使用之事實，故不一定需要完成註冊程序才能出貨。倘該無人機有在戶外進行試飛活動之需要，另可依相關試飛程序辦理申請。

已經註冊之遙控無人機，並不需要再申請適航證，新修訂《民用航空法》並無遙控無人機需申請適航證之規定，但仍應遵守相關檢驗規定。

第99-10條第二項明定，操作人操作政府機關（構）、學校或法人所有之遙控無人機、最大起飛重量達一定重量以上之遙控無人機及其他經民航局公告者，應經測驗合格，發給操作證後，始得操作遙控無人機。目前民航局之規劃為：

1.操作「最大起飛重量1公斤以上未滿25公斤」之遙控無人機，須通過學科考驗。
2.操作「最大起飛重量25公斤以上」或「政府機關（構）、學校或法人」之遙控無人機，須通過學科及術科考驗。

因此，倘自然人所有之遙控無人機最大起飛重量未滿250克者則不需註冊，其操作人也不需持有操作證，但應遵守《民用航空法》規定之各項操作限制及活動範圍。政府機關（構）、法人或學校所有者，應先辦理註冊，其操作人亦應取得相應之操作證後始得從事活動。

倘操作人操作重量大於1公斤以上未達25公斤且未裝置任何導航設備之遙控飛機，由於此類遙控飛機活動屬於休閒娛樂性質，依目前之規定，無須取得操作證，但最大起飛重量超過250公克者應辦理註冊，並將註冊號碼標明於遙控飛機上。如果操作人所操作之遙控無人機係屬於政府機關（構）、學校或法人所有，則應依據民航法規定取得相關操作證後始得操作。

報考操作證之年齡及資格限制，應為年滿十八歲之本國國民、經許可居留一年以上之外國人，且專業操作證需累積達民航局要求之一定時數以上飛航總時間始得報考。有關遙控無人機操作證之類別，目前民航局規劃分為學習操作證、普通操作證及專業操作證。其中專業操作證依其遙控無人機之類別，再細分為飛機、直昇機及多旋翼機等，並於操作證上註記可操作類別之遙控無人機等級、操作限制等。其中，學習操作證或參照相關國家規定，研擬放寬至十六歲，且持學習操作證操作遙控無人機者，應於劃定之許可範圍內或以圍網等隔離空間內活動，活動期間並應由領有操作證者在旁指導監護。

報考操作證測驗分為學科及術科兩種，分述如下：

1.操作1公斤以上未滿25公斤之遙控無人機，為確保操作人熟悉相關航空知識與法律規範，需通過學科考驗；操作政府機關（構）、學校或法人所有之遙控無人機，或操作25公斤以上遙控無人機之操作者，因另需具備一定操作熟練度及緊急處置能力，除學科外尚需加考術科項目，測驗通過後，由民航局核發操作證。

2.操作政府機關（構）、學校或法人所有之遙控無人機，且欲執行受操作限制規範之飛航活動者，應通過相應之專業術科測驗，並於操作證上註記例外排除項目後，始得從事。

有關操作人需辦理體格檢查之規定，凡操作最大起飛重量25公斤以上之遙控無人機或申請排除操作限制者，因其操作對象屬中大型遙控無人機或具特殊作業性質，故須辦理體格檢查及定期複檢，以確保操作人具有一定之安全操作能力。目前規劃體格檢查的標準係參酌道路交通安全管理規則規定訂定體格檢查標準，明定操作最大起飛重量25公斤以上150公斤以下之遙控無人機及所有報考排除操作限制者，應實施遙控無人機之體格檢查。

此處，須留意有關身障人士是否可以操作遙控無人機之規定，依目前規定，身障人士可以操作遙控無人機，惟當操作最大起飛重量25公斤以上、政府機關（構）、學校或法人所有之遙控無人機，或申請排除操作限制者，應先經體格檢查合格並取得操作證後始得操作。

有關操作證及體檢證之有效期規定方面，除普通操作證無效期限制外；學習操作證自領證之日起二年有效；專業操作證則自發證之日起有效期間為三年；體檢證配合操作證效期辦理。持有操作證後因故發生體位變化時，應於換證時，要求檢附取證時之體格檢查及格證明。

依目前民航局之規劃，學校或機構開辦遙控無人機訓練課程，並不需要取得交通部核發的訓練機構證書，但有關操作人員之學、術科考驗標準及技能要求因事關人員操作證之核發，仍應遵守相關規定辦理。

第99-11條　遙控無人機設計、製造、改裝，應向民航局申請檢驗，檢驗合格者發給遙控無人機檢驗合格證；其自國外進口者，應經民航局檢驗合格或認可。但因形式構造簡單且經民航局核准或公告者，得免經檢驗或認可。 前項遙控無人機之檢驗基準，由民航局定之。國際間通用技術規範，適於國內採用者，得經民航局核定後採用之。

第99-11條屬於遙控無人機檢驗相關之規範，係為確保遙控無人機之安全及可靠性，明訂遙控無人機之設計、製造、改裝應申請檢驗之規定；另國外進口遙控無人機，明訂其應經檢驗合格或認可之規定。基於考量部分遙控無人機形式構造簡單，與有人航空器之航空產品裝備及其零組件規模不同，故針對國內設計、製造、改裝及國外進口者，其形式構造簡單之遙控無人機得免經檢驗或認可。目前，先進國家已開始著手研訂遙控無人機之器材檢驗基準，為便利產業取得產品認證及出口其他國家之商機，參考國際適航標準之規定，定明有關檢驗基準訂定依據及對國際間通用技術規範之核定採用規定。

依照條文之精神，自國外進口或個人攜帶入境者，應依相關規定辦理檢驗或認可。不論市售或個人自製之遙控無人機從事飛航活動所承擔之風險皆相同，為保障遙控無人機應有安全、可靠，應依相關規定辦理檢驗。另為便利產業取得產品認證及出口其他國家之商機，民航局將參考其他國家訂定檢驗基準，或直接爰引國際間通用之技術規範。

第99-11條第一項中所言「形式構造簡單」之遙控無人機，目前規劃有三種類別，為明確相關內容，民航局另規劃提供型式清單，供一般民眾查詢：

1最大起飛重量未滿25公斤之航空模型機。

2.最大起飛重量未滿250公克之遙控無人機。

3.其他經申請民航局核准或由民航公告之遙控無人機。

有關自行研製之遙控無人機應參照標準，目前民航局研議規範如下：

1.最大起飛重量25公斤以下之小型遙控無人機規劃以美國自動車協會（SAE）所訂工業規範為主。

2.最大起飛重量25公斤至150公斤規劃以歐洲JASUS協會所訂標準為主。

3.國際民航組織無人機研究小組目前亦針對最大起飛重量150公斤以上制定相關標準中，未來亦將適時納入國內法規作為準據。

依民航局規劃，最大起飛重量25公斤以上之遙控無人機應辦理檢驗。除進行改裝需重新辦理檢驗外，規劃如下以確保該遙控無人機符合設計、製造標準：

1. 25公斤至150公斤之遙控無人機每五年應重新檢驗。

2. 150公斤以上之遙控無人機則每三年應重新檢驗。

此外，依民航局規劃，最大起飛重量25公斤以下之遙控無人機，規劃以型式檢驗方式辦理，亦即同型之遙控無人機只需辦理一次檢驗，經檢驗合格後，發給型式檢驗合格標籤，並於同廠牌同型號之遙控無人機上黏貼合格標籤。除改裝外，不需再辦理檢驗。

第99-12條　外國人領有外國政府之遙控無人機註冊、操作及檢驗合格等證明文件者，得向民航局申請認可後，依本章之規定從事飛航活動。

第99-12條屬於外國人士持有遙控無人機之註冊、操作及檢驗事項規範，為利管理外國人於境內操作遙控無人機之行為，明訂外國人領有外國政府核發之遙控無人機註冊、操作及檢驗合格等證明文件者得經認可後，依遙控無人機管理專章規定，於境內從事飛航活動。

條文明訂，外國人領有外國政府核發之遙控無人機註冊、操作及檢驗合格等證明文件者，得申請民航局認可後，在遵守相關規定下從事遙控無人機活動。該條文係考量在國際間平等互惠原則下，外國人非長期於境內從事遙控無人機活動，並可促進觀光產業發展。然而應特別注意的是，本條文並不適用於取得外國操作證之本國人士，且外國自然人依據本條文精神，僅得從事休閒娛樂之用途，不得作為其他營利或非休閒娛樂用途之行為，外國人從事飛航活動時違反相關規定致民事或刑事責任時，一體適用之相關法律。民航局可依據其他國家操作證照所顯示之能力，認可外國人經申請後得依本章規定操作遙控無人機，考量外籍旅客皆從機場或港口入境，民用航空局將評估除可至民用航空局申辦外，可於入境時於航空站或港口等地就近辦理。申請認可事宜規範見諸於《民用航空法》授權之法規命令中。

有關各國核發證明文件之辨識事實，民航局經參考《道路交通安全規則》第50條規定，作成以下規劃：

1.應經我駐外使領館、代表處、辦事處，或經外國駐華使領館、經外國政府或地區授權並經外交部同意辦理文件證明業務之外國駐華機構之驗證。
2.英文以外之外文者，應附中文譯本，並經我駐外使領館、代表處、辦事處或國內公證人驗證，或經外國駐華使領館、經外國政府或地區授權並經我外交部同意辦理文件證明業務之外國駐華機構之驗證。
3.未來將依其他各國對外國人持有他國證照之普遍作法與待遇，評估其他有效、簡便之可行方式。

> 第99-13條　禁航區、限航區及航空站或飛行場四周之一定距離範圍內，禁止從事遙控無人機飛航活動；航空站或飛行場四周之一定距離範圍由民航局公告之。

前項範圍外距地表高度不逾四百呎之區域，由直轄市、縣（市）政府依公益及安全之需要，公告遙控無人機活動之區域、時間及其他管理事項。但相關中央主管機關認有禁止或限制遙控無人機飛航活動之需要者，得提請所在地之直轄市、縣（市）政府公告之，直轄市、縣（市）政府應配合辦理。

政府機關（構）、學校或法人執行業務需在第一項範圍之區域從事遙控無人機飛航活動，應申請民航局會商目的事業主管機關同意後，始得為之。

政府機關（構）、學校或法人執行業務需在第二項公告之區域、時間及其他管理事項外從事遙控無人機飛航活動，應申請直轄市、縣（市）政府會商相關中央主管機關同意後，始得為之。

未經同意進入第一項禁航區、限航區活動之遙控無人機，由禁航區、限航區之管理人採取適當措施予以制止或排除；必要時，得通知民航局會同警察機關取締。

未經同意進入第一項航空站或飛行場四周之一定距離範圍內活動之遙控無人機，由航空站、飛行場之經營人、管理人會同航空警察局取締；必要時，並得洽請有關機關協助執行。

未經同意於第二項公告之區域、時間及其他管理事項外活動之遙控無人機，由直轄市、縣（市）政府取締；必要時，得洽請警察機關協助取締。但未經同意進入政府機關（構）區域之遙控無人機，政府機關（構）可採取適當措施予以制止或排除。

第99-13條係屬於遙控無人機活動區域之規範，規範範疇較為繁複，分述如下：

1.《民用航空法》第4條明定：「空域之運用及管制區域、管制地帶、限航區、危險區與禁航區之劃定，由交通部會同國防部定之。」為防止遙控無人機於民航法第4條所規定之禁航區、限航區及航空站、飛行場四周之一定距離範圍內從事活動，影響飛航及國家安全，因此於此條文明定不得於該等範圍從事飛航活動。

2.因遙控無人機使用區域甚廣，除前述區域外，直轄市、縣（市）政府，依公益及安全之需要，考量遙控無人機管理與區域環境，得公告遙控無人機活動之區域、時間及其他管理事項。另但書定明區域內如經濟部、法務部或國防部等相關中央主管機關，有禁止或限制遙控無人機飛航活動之需，得提請直轄市、縣（市）政府列入公告之規定，以資明確。針對私人自有土地上空活動，直轄市、縣（市）政府應依《憲法》第23條及《民法》第773條規定，考量基於公、私利益衡量原則與不影響飛航安全及人民生命財產安全等公共利益下，適度開放個人土地所有權行使。

3.為利政府機關（構）、學校或法人執行業務需在禁航區、限航區及航空站、飛行場四周區（空）域內從事遙控無人機飛航活動，應申請民航局會商目的事業主管機關同意後，始得為之。

4.為利政府機關（構）、學校或法人執行業務需在直轄市、縣（市）政府公告之區域、時間及其他管理事項以外從事遙控無人機飛航活動，應申請直轄市、縣（市）政府會商相關中央主管機關同意後，始得為之。

5.禁航區、限航區之劃設，係由管理單位因特定（國家安全或飛航安全）需求，依據民航法第4條規定提出申請，為維護該等區域及明確對遙控無人機未經同意進入禁航區、限航區活動之取締方式，由禁航區、限航區之管理人採取適當措施予以制止或排除；必要時，得通知民航局會同警察機關取締。

6.為明確對遙控無人機未經同意進入航空站或飛行場四周之一定距離範圍內活動之取締方式，參酌民航法第34條第五項規定，由航空站、飛行場之經營人、管理人會同航警局取締；必要時，並得洽請有關機關協助執行。

7.遙控無人機未經同意於直轄市、縣（市）政府公告之區域、時間及其他管理事項外活動者，由直轄市、縣（市）政府執行取締；惟未經同意進入政府機關（構）區域之遙控無人機，政府機關（構）可採取適當措施予以制止或排除。

依據本條文精神，如有作業需求須以高於400呎（自地表算起）之高度飛行，且其範圍位於地方政府所限制之遙控無人機活動範圍內時，政府機關（構）、學校或法人應先向民航局申請400呎以上飛航操作限制之排除，並經能力審查核准，於每次飛航前向民航局申請同意，若起降地點位於直轄市、縣（市）政府公告限制之區域，需再取得地方政府同意後才能從事飛航活動。

禁、限航區係依《民用航空法》第4條所劃定，主要考量如國家安全、飛航安全、公眾利益等因素。現行我飛航情報區內共劃有三十二處限航區，其中包括總統府、軍事要地及核能電廠等地，除限制有人航空器飛越外，亦將禁止遙控無人機活動。考量航空站或飛行場四周之一定距離範圍內有人航空器起降作業頻繁，且遙控無人機體機小不易查覺，現行技術並無法搭建操控者與航管人員間之即時通話，如於範圍內從事遙控無人機活動將影響有人航空器之飛航安全，爰亦將禁止遙控無人機活動。

條文中所指「航空站或飛行場四周之一定距離範圍內」，其範圍規劃目前民航局暫依「機場四周禁止施放有礙飛安物體規定」所劃定之距離比照辦理，遙控無人機之禁止、限制區域包括禁航區、限航區、機場四周一定範圍及地方政府公告之區域，為求全國圖資統一，規劃由民航局開發圖資系統整合全國之禁止、限制區域，俾供民眾查詢。

本條文中，將管制區域分由中央與地方管理，主要係考量各直轄市、縣（市）政府較熟悉所轄區域範圍之地理人文環境，爰授權地方政府得依公益及安全需要自行公告禁止、限制區域。相關中央主管機關認有必要時，其設施亦得協請所在地之直轄市、縣（市）政府納入公告範圍。據此，對於非法侵入機場四周一定範圍內之遙控無人機，參酌民航法第34條第五項：「施放之有礙飛航安全物體，由航空站、飛行場之經營人、管理人會同航空警察局取締之；必要時，並得洽請有關機關協助執行排除，不予補償。」未來將由航空站、飛行場之經營人、管理人會同內政部警政署航空警察局取締；必要時，並得洽請有關機關協助執行。對於遙控無人機非法侵入地方政府公告禁止、限制範圍內時，則由直轄市、縣（市）政府執行取締。

依據新修訂民航法之精神，遙控無人機之取締分別由民航局、航空警察局及地方政府執行，惟考量遙控無人機體積小、機動性高、取得容易及操作人得遠端操控等因素，確實將造成取締工作之困難度。未來，隨著科技執法進步，干擾槍等工具預期將被廣泛應用於取締工作上。

第99-14條　從事遙控無人機飛航活動應遵守下列規定：

一、遙控無人機飛航活動之實際高度不得逾距地面或水面四百呎。

二、不得以遙控無人機投擲或噴灑任何物件。

三、不得裝載依第四十三條第三項公告之危險物品。

四、依第九十九條之十七所定規則之操作限制。

五、不得於人群聚集或室外集會遊行上空活動。

六、不得於日落後至日出前之時間飛航。

七、在目視範圍內操作，不得以除矯正鏡片外之任何工具延伸飛航作業距離。

八、操作人不得在同一時間控制二架以上遙控無人機。

九、操作人應隨時監視遙控無人機之飛航及其周遭狀況。

十、應防止遙控無人機與其他航空器、建築物或障礙物接近或碰撞。

政府機關（構）、學校或法人經檢具有關文書向民航局申請核准者，得不受前項第一款至第八款規定之限制。

前項政府機關（構）、學校或法人，從事核准之遙控無人機飛航活動前，應向民航局申請許可；其涉及第一項第五款之限制者，應先取得活動場地之直轄市、縣（市）政府及相關中央主管機關之同意。

第99-14條係屬於遙控無人機操作之規範，分述如下：

1.參酌美國聯邦航空法規第107編、日本航空法第132-2條等規定，從事遙控無人機活動應遵守相關操作規定。
2.為避免限縮產業之發展及便利政府機關（構）、學校或法人使用遙控無人機從事夜間紅外線空拍、視距外飛航、一站多機、採訪攝影等較複雜之專業作業，政府機關（構）、學校或法人經申請核准者，得不受第一項第一款至第八款之限制。
3.政府機關（構）、學校或法人雖已完成安全審查及核准，為保障飛航與地面生命及財產安全，明訂從事第一項第一款至第八款之活動前，應依其活動性質、地域與相關程序申請許可後，始得從事活動；另人群聚集或室外集會遊行具群聚性質，且活動舉辦單位須向所在地方政府申請路權或備查，為利所在地政府或警察機關得以有效掌控遙控無人機飛航活動，爰政府機關（構）、學校或法人從事第一項第五款（人群聚集或室外集會遊行上空）活動，應先取得活動場地之直轄市、縣（市）政府及相關中央主管機關同意後，再向民航局申請許可後，始得實施。

條文中以400呎（自地表算起）之操作高度限制作為界定範為，主要係依據《飛航規則》第60條：「目視飛航最低實際高度，除為起降需要或經民航局准許外，規定如下：一、飛越城鎮之居住稠密地區或露天集會廣場上空時，其高度至少應在距航空器二千呎半徑範圍內最高障礙物上一千呎。二、飛航其他地方時，不得低於距地面或水面五百呎。」

依此規則，因距地面或水面500呎為有人航空器目視飛航之最低實際高度，故遙控無人機高度超過400呎以上極有可能影響有人航空器之飛航。世界各國遙控無人機管理法規皆有相同之規定。

《民用航空法》第43條規定：「危險物品不得攜帶或託運進入航空器。」此規定適用於載人航空器與遙控無人機，遙控無人機於飛航時所裝載之危險物品若不慎掉落，將可能對生命與財產安全造成危害，爰規定不得以遙控無人機裝載任何危險物品。

《民用航空法》第44條規定：「航空器飛航中，不得投擲任何物件、噴灑、拖曳航空器及其他物體或跳傘。但為飛航安全、救助任務或經民航局核准者，不在此限。」此規定適用於載人航空器與遙控無人機，遙控無人機於飛航時投擲或噴灑物件，將可能對生命與財產安全造成危害，爰規定不得以遙控無人機投擲或噴灑任何物件。然而，遙控無人機主要在於其功能之應用，因此，對於特殊用途之需求，可以在經由民航局核准後實施操作，惟考量農藥噴灑部分因涉及專業操作技術、農政管理等因素，應以法人方式執行較為妥適；而海釣之拋餌亦規劃依海釣業者等法人身分，考量活動區域及其他影響，採彈性辦理。農民或其委託之個人，於農、林地範圍內從事農噴作業，宜由農政機關、農民組織或專業公司以法人身分申請核准並於噴灑作業前辦理活動申請；為合理簡化流程，將洽辦農政機關商議實施細則。無人機拋餌海釣參酌現行港口釣魚相關管理規定，可由登記有案之釣魚團體處理登錄、保險等事宜後，整合申辦。為保障飛航與地面生命及財產安全，法人於從事第一款至第八款（飛行高度限制、投擲噴灑任何物件、裝載危險物品、授權法規命令操作限制）活動前，仍須向民航局申請核准後實施。露天集會遊行因人群聚集，且活動舉辦單位須向所在地方政府申請路權或許可，為利所在地方政府或警察機關得以有效掌控遙控無人機活動，爰規定於從事第五款或位於第99-13條第二項公告之禁止、限制區域、時間及其他管理事項從事活動前，仍須先取得直轄市、縣市政府同意。

考量人群聚集或室外集會遊行區域人群聚集，產生危害生命與財產安全之風險等級較高，民航局爰參酌日本航空法第132-2條，規定不得於人群聚集或室外集會遊行上空從事遙控無人機活動。惟政府機關（構）、學校或法人得於考量器材裝備與風險管理程序後，經核准後於人群聚集或室外集會遊行上空進行空拍等活動。據此，於露天集會上空從事活動前，應先取得所在地方政府同意後向民航局申請許可，始得從事。另為保障地面生命與財產安全，《遙控無人機管理規則》將詳細規範依其範圍之大小訂定可同時間活動之數量，並規劃專屬之特定識別標示。

考量人體視線對夜間周遭環境無法精確掌握、操作人必須隨時監控遙控無人機及周遭情況，遙控無人機雖裝有位置燈號以利操作人判斷其姿態、方位，但於夜間對周遭環境感知能力仍不足以完成避讓程序，參酌各國相關規定，不得於日落後至日出前之時間飛航。另日出及日落時間，依中央氣象局公布之時間為準。此外，考量操作人必須隨時監控遙控無人機及周遭情況等因素，爰參酌美國聯邦航空法規第107編，規定以目視範圍內操作。除了使用一般眼鏡矯正外，不得以望遠鏡等輔助從事活動。若以虛擬實境頭盔等裝置或可攜式裝置螢幕操作之延伸視距飛行，因以此類物件操作屬於視距外操作之一種，原則上應由政府機關（構）、學校或法人提出申請核准後方得為之。自然人如操作虛擬實境頭盔等裝置，則須於視距內由目視觀察員配合同步操作。

本條文將自然人與法人作了區隔，且法人身分得申請排除遙控無人機之操作限制，主要係考量政府機關（構）、學校或法人身分者具有一定之經濟規模或安定性，故規劃對其業務採重點管理，經民航局核准後得排除操作限制。自然人所為遙控無人機活動，其目的僅為休閒娛樂，自應以限制範圍內之安全保障為主。民航局依政府機關（構）、學校或法人提出之活動計畫進行審查及許可，如政府機關（構）、學校或法人從事與申請活動事項不符且有違規事實者，得依其違規事項向所有人或操作人進行裁罰。如在許可之時間及地點等範圍內之契約執行屬私法性質，相關內容得由勞雇雙方自行處理。惟不論是自然人或法人身分，依新修訂《民用航空法》第99-9條第二項規定，遙控無人機「所有人」或「操作人」應負遙控無人機使用安全、風險管理及法令遵循等責任。

第99-15條　操作遙控無人機而致他人死傷，或毀損他人財物時，不論故意或過失，遙控無人機所有人應負賠償責任；其因不可抗力所生之損害，亦應負責。自遙控無人機上落下或投下物品，致生損害時，亦同。

遙控無人機所有人將其遙控無人機交由他人操作所生之損害，由所有人及操作人負連帶賠償責任。 政府機關（構）、學校或法人於依前條第三項從事活動前，應依第九十三條第一項所定辦法之損害賠償額，投保責任保險。

第99-15條係針對賠償責任及管轄所規範，分述如下：

1.操作遙控無人機具有一定危險性，爰參考本法第99-6條規定，明訂操作遙控無人機致他人死傷、毀損他人財物等應負賠償責任，以及遙控無人機所有人將其遙控無人機交由他人操作所生之損害，亦應負連帶賠償責任之規定。
2.政府機關（構）、學校或法人從事相關限制豁免之活動，因具有頻繁操作、複雜作業及較高安全風險等特性，明訂應於從事活動前依規定投保責任保險。

依據本法之精神，政府機關（構）、學校或法人得申請核准後從事相關操作限制豁免之活動，因具有頻繁操作及複雜作業等業務特性，爰規範政府機關（構）、學校或法人從事相關操作限制豁免之活動前，應投保責任保險；自然人在目視範圍及相關規範下從事遙控無人機活動並不被視為執行業務，其活動性質屬休閒娛樂，相關風險應以自我管理為主，爰不強制投保責任保險，惟操作人應審慎考量需要，並得自行投保。

遙控無人機之保險目前以從物（無人機）之方式規劃，倘自然人所有之遙控無人機受法人僱用時，進行飛航活動而致他人死傷或財產損失時之責任歸屬，應由「所有人」與「操作人」負連帶賠償責任。此情況下法人雖非「所有人」或「操作人」，但應負相關行政法上之管理責任。倘操作人自租賃業租用遙控無人機時，應由租賃業者（所有人）辦理保險。其賠償責任及訴訟之管轄規定，除民航法另有規定外，依民法及民事訴訟法之規定辦理。

根據《航空客貨損害賠償辦法》第3條規定：「航空器使用人或運送人，依本法第九十一條第一項前段規定對於每一乘客應負之損害賠償，其賠償額依下列標準。但被害人能證明其受有更大損害者，得就其損害請求賠償：一、死亡者：新臺幣三百萬。二、重傷者：新臺幣一百五十萬元。前項情形之非死亡或重傷者，其賠償額標準按實際損害計算。但最高不得超過新臺幣一百五十萬元。第一項第二款所稱重傷，依刑法第十條第四項之規定。」

因此，政府機關（構）、學校或法人投保之責任保險額度，應比照《航空客貨損害賠償辦法》第3條辦理，即死亡新臺幣300萬元、受傷新臺幣150萬元之責任保險。

> 第99-16條　政府機關為執行災害防救、偵查、調查、矯正業務等法定職務，於第九十九條之十三第一項公告之航空站或飛行場四周之一定距離範圍內或第二項公告之區域、時間及其他管理事項外，從事遙控無人機飛航活動，經民航局同意者，不受該條第三項及第四項規定之限制。
>
> 政府機關為執行災害防救、偵查、調查、矯正業務等法定職務，從事第九十九條之十四第一項第二款至第八款之活動，經民航局同意者，不受該條第三項規定之限制。

第99-16條係針對政府機關特別規定所規範，分述如下：

1.為便利政府機關執行災害防救、偵查、調查、矯正業務等法定職務，有立即性或保密性之任務，而於航空站或飛行場四周一定距離範圍內或直轄市、縣（市）政府公告之區域外從事活動或從事第99-14條第一項第二款至第八款之活動，明訂經民航局同意者，不受第99-13條第三項及第四項及第99-14條第三項規定之限制。

2.為便利政府機關執行災害防救、偵查、調查、矯正業務等法定職務，有立即性或保密性之任務，爰規定經申請民航局核准後，於相關區域內或從事相關操作限制排除之飛航活動前，不必再逐次申請。

3.第99-14條第二項規定係為審查政府機關（構）、學校或法人之能力，並經民航局核准後，得不受該條第一款至第八款規定之限制。惟第99-16條係為便利府機關執行災害防救、偵查、調查、矯正業務等法定職務，經申請民航局同意後，可不必逐次申請，但仍需由民航局先行核准其能力。

第99-17條　遙控無人機之分類、註冊（銷）、射頻識別、檢驗、認可、維修與檢查、試飛、操作人員年齡限制、體格檢查與操作證之發給、飛航活動之申請資格、設備與核准程序、操作限制、活動許可、費用收取、製造者與進口者之登錄及責任、飛航安全相關事件之處理與通報及其他應遵行事項之規則，由交通部定之。

第99-17條係針對後續《遙控無人機管理規則》之子法配套進行規範，明訂授權主管機關應訂定遙控無人機相關應遵行事項之管理規則。授權交通部訂定管理規則，內容包括：遙控無人機之分類、註冊（銷）、射頻識別、檢驗、認可、維修與檢查、試飛、操作人員年齡限制、體格檢查與測驗給證、換（補）證、飛航活動之申請資格、設備與核准程序、操作限制、活動許可、費用收取、製造者與進口者之登錄及責任、飛航安全相關事件之處理及通報及其他應遵守事項等。

依據新修訂《民用航空法》第99-17條所訂管理規則，包含維修相關內容，惟考量無人機系統複雜程度較低，管理強度亦不如有人航空器必須先取得航空器維修工程師或維修員執照方能執行維修工作之規定來得嚴謹，因此，並不要求維修遙控無人機之人員應取得航空器維修工程師或維修員之檢定證，惟為建立有效之管理，政府機關（構）、法人及學校之相關維修紀錄仍應妥善保存。

第99-18條　遙控無人機之註冊、檢驗、認可及操作人員測驗等業務，民航局得委託機關（構）、團體或個人辦理之；受委託者之資格、責任、監督及其他相關事項之辦法，由交通部定之。

第99-18條係針對後續管理所需之委託業務進行規範，明訂遙控無人機之註冊、檢驗、認可及操作人員測驗等業務，得委託辦理及授權主管機關訂定相關委託辦法。依據《民用航空法》第99-17條，授權民航局得將註冊、檢驗、認可及人員測驗等業務委託機關（構）、團體或個人辦理，其受委託者之資格、責任、監督及應遵行事項之辦法，由交通部訂之。此係依據《行政程序法》第16條規定，行政機關得依法規將其權限之一部分，委託民間團體或個人辦理，目前鐵路法、公路法、電信法、船舶法、氣象法等皆有委託民間團體或個人辦理相關業務之規定。只要符合委託辦法之資格條件，任何合法成立之機關（構）、團體或個人皆具被委託資格，相關收費標準亦由交通部定之。

第99-19條　第九十九條規定，於遙控無人機準用之。

《民用航空法》第99條敘明，航空器失事之賠償責任及其訴訟之管轄，除本法另有規定外，適用民法及民事訴訟法之規定。第99-19條援引第99條規定，敘明除遙控無人機管理專章所律定之規範外，遙控無人機亦適用此條文精神。

第118-1條　遙控無人機之所有人或操作人有下列情事之一者，由民航局廢止其操作證，並處新臺幣三十萬元以上一百五十萬元以下罰鍰，並得沒入遙控無人機： 一、違反第九十九條之十三第一項規定，於禁航區、限航區及航空站或飛行場四周之一定距離範圍內從事飛航活動。

二、違反第九十九條之十四第一項第一款規定，逾距地面或水面高度四百呎從事飛航活動。
第118-2條　遙控無人機之所有人或操作人有下列情事之一者，禁止其活動，並處新臺幣六萬元以上三十萬元以下罰鍰；情節重大者，並得沒入遙控無人機： 一、違反第九十九條之十第二項規定，未領有操作證而操作遙控無人機。 二、違反第九十九條之十五第三項規定，未投保或未足額投保責任保險而從事遙控無人機活動。 遙控無人機之所有人或操作人有下列情事之一者，禁止其活動，並處新臺幣三萬元以上十五萬元以下罰鍰；情節重大者，並得沒入遙控無人機： 一、違反第九十九條之十第一項有關遙控無人機註冊或標明註冊號碼之規定。 二、違反第九十九條之十三第二項有關直轄市、縣（市）政府公告之區域、時間及其他管理事項之規定。 三、違反第九十九條之十四第一項第二款至第十款有關遙控無人機飛航活動應遵守之規定。 本條規定之處罰，除同時違反第九十九條之十三第一項或第九十九條之十四第一項第一款由民航局處罰外，由直轄市、縣（市）政府處罰之。
第118-3條　違反依第九十九條之十七所定規則有關射頻識別、檢驗、認可、維修與檢查、飛航活動之活動許可及內容、製造者與進口者之登錄及責任、飛航安全相關事件之通報等事項規定者，禁止其活動，並處新臺幣一萬元以上一百五十萬元以下罰鍰；情節重大者，並得沒入遙控無人機。

第118-1條至第118-3條係針對有關罰則進行規範，分述如下：

1.於400呎以上、禁航區、限航區、機場四周一定範圍內從事遙控無人機活動者，除將廢止其操作證外，並處新臺幣30萬至150萬元罰鍰，並得沒入遙控無人機。針對此類行為採取高額罰則主要係考量，於此區域操作遙控無人機，航管雷達無法對其有效探測並指揮其他航空器執行避讓動作，對國家、飛航安全影響重大，爰參酌《民用航空法》第118條第一項第四款對有礙飛航安全物體之規定，明定裁罰額度。

2.最大起飛重量250公克以上之遙控無人機未註冊或未標明註冊號碼而從事活動者，除將禁止其活動外，並將處以新臺幣3萬元以上15萬元以下之罰鍰，倘其情節經認定為重大者，民航局得沒入其遙控無人機。

3.未領有操作證而從事遙控無人機活動者，除將禁止其活動外，另將處以新臺幣6萬元以上30萬元以下之罰鍰，倘其情節經認定為重大者，民航局得沒入遙控無人機。

4.於直轄市、縣（市）政府公告禁止之區域從事遙控無人機活動者，將禁止其活動併處新臺幣3萬元以上15萬元以下之罰鍰，倘期情節經認定為重大者，得沒入遙控無人機。

5.違反第99-14條相關操作規範者，將禁止其活動併處新臺幣3萬元以上15萬元以下之罰鍰，經認定情節重大者，得沒入遙控無人機。

6.有關裁罰機關之分工方面，操作遙控無人機如於400呎以上、禁航區、限航區、機場四周範圍內違規或違反相關管理規則，由民航局處罰；其餘由直轄市、縣（市）政府處罰。

7.操作遙控無人機違反《遙控無人機管理規則》之相關規定時，倘其違反一般性管理規定者，禁止其活動並罰款1萬至5萬元；違反製造、進口等專用業務規定者，罰款可至150萬元；情節重大者，得沒入遙控無人機。

8.學習操控遙控無人機時如造成違規，倘其係未領有學習操作證而從事活動，處新臺幣6萬元以下30萬元以下罰鍰，如操作人未滿十八歲者，參酌《行政程序法》第9條以其法定代理人為處罰對象；領有學習操作證但未由領有操作證者在旁指導監護，處新臺幣1萬至5萬罰鍰，如操作人未滿十八歲者，參酌《行政程序法》第9條以其法定代理人為處罰對象。違反其他相關規定，依其違規項目處罰操作人或所有人；其領有操作證在旁指導監護者，因違反管理規則所定之監督責任，處新臺幣1萬至5萬元罰鍰。

9.外國人如未遵守本章相關規定而從事遙控無人機活動，依其違反之行為事實處理裁罰。

10.操作人於未取得核准或同意下從事遙控無人機活動，違反400呎以下規定或於禁限航區及機場四周活動者，罰鍰新臺幣30萬元至150萬元並廢止其操作證或沒入遙控無人機；其他情事為罰鍰並得沒入遙控無人機；證照廢止後兩年始得重新報考。

11.規範遙控無人機，係為保障生命、財產及飛航安全、維持社會秩序、增進公共利益而定。違反相關規定處以罰責係為達此等特定目的而採取之方法或措施，爰符合適合性原則；罰鍰額度給予行政機關裁量權，得基於不同場合、情況選擇對人民侵害最小之手段，亦符合必要性原則。新修訂《民用航空法》所訂相關罰鍰額度，均衡量整體利益、危害程度等客觀情況，應無違比例原則。

第六節　遙控無人機管理立法依據及重點總整

總結《民用航空法》因應遙控無人機管理之修法概念上，遙控無人機管理的架構包含「活動區域」、「器材及人員管理」、「操作限制」及「罰則」等四大組成部分，分述如下：

1.活動區域：採取中央及地方分工管理劃分，概念上即地表高度（Above Ground Level, AGL）400呎以上、禁限航區、機場四周均由中央（交通部民航局）進行管理，除前述範圍外，400呎AGL以下由直轄市、縣（市）政府管理。

2.器材及人員管理：包含器材之註冊與檢驗，以及人員操作證有關規定之訂定。

3.操作限制：民航法將訂定遙控無人機八大操作限制與兩大應遵守事項，惟政府機關（構）、學校或法人得經能力審查後排除限制。

4.罰則：遙控無人機管理將依違規情形由中央或地方取締處以罰鍰，情節重大者，將沒入遙控無人機。

對於遙控無人機管理，修法設計採取「自然人」與「法人」的兩層級區隔方案管理，對於遙控無人機活動公告及取締地點則採取「中央政府」與「地方政府」分工管理，如**圖7-1**與**圖7-2**所示，分述如下：

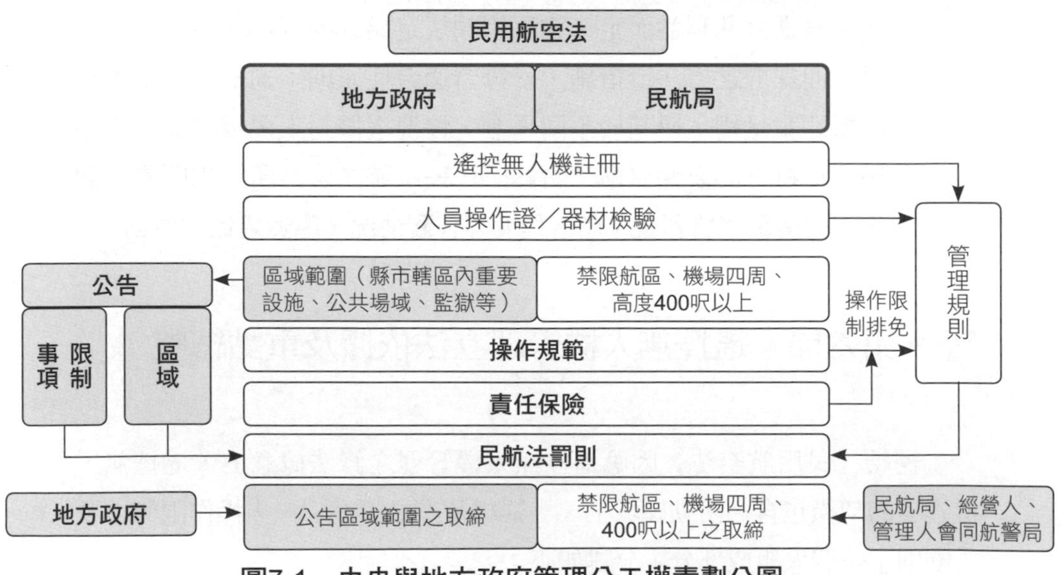

圖7-1　中央與地方政府管理分工權責劃分圖

資料來源：交通部民航局。

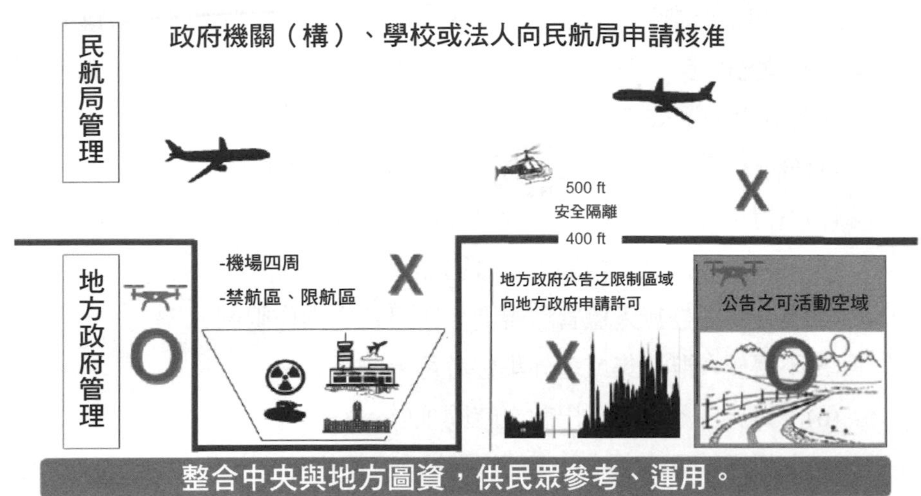

圖7-2　中央與地方政府活動管理權責劃分圖

資料來源：交通部民航局。

1.就「分級管理」上，具自然人性質的休閒娛樂玩家，著重於進行宣導教育及建立安全操作觀念之管理方案，而具法人性質的商業、研究、公務、農業應用等範疇，則採以自主安全管理給證的方案。

2.就「分工管理」上，交通部民航局負責制訂無人機裝備、操作限制、量罰標準、公告禁（限）航區與機場四周範圍及取締。直轄市、縣（市）政府則負責公告地點及其取締。

自然人於註冊、人員操作證、器材檢驗、操作限制、活動區域，以及保險等事項應遵循之規範陳述如下：

1.註冊：目前規定250公克以上之遙控無人機，應辦理註冊及標明註冊號碼。由於目前國際間尚無定論，未來達一定重量以上之遙控無人機飛航，應會要求具備射頻識別功能。

2.人員操作證：操作遙控無人機重量達1公斤至10公斤者，須通過學科測驗；操作重量達10公斤以上者，須通過學、術科測驗。

3.器材檢驗：遙控無人機重量達25公斤以上者，應辦理定期檢驗。

4.操作限制（第一至八項為自然人依法遵守事項，第九至十項係與法人操作共同遵守事項）：

(1)飛航活動之實際高度不得逾距地面或水面400呎。

(2)不得以遙控無人機投擲或噴灑任何物件。

(3)不得以遙控無人機裝載危險物品。

(4)遵守《遙控無人機管理規則》所訂定之操作限制。

(5)不得於人群聚集或室外集會遊行上空活動。

(6)不得於日落後至日出前之時間飛航。

(7)在目視範圍內操作，不得以除矯正鏡片外之任何工具延伸飛航作業距離；

(8)操作人不得在同一時間控制2架以上遙控無人機。

(9)操作人應隨時監視該遙控無人機之飛航及其周遭狀況。

(10)應防止遙控無人機與其他航空器、障礙物接近或碰撞。

5.活動區域：自然人操作遙控無人機僅限於公告可活動之區域內操作，不得踰越。

6.保險：自然人操作遙控無人機無需保險。

法人（包含公務機關、學校或各式法人機構）於註冊、人員操作證、器材檢驗、操作限制、活動區域，以及保險等事項應遵循之規範陳述如下：

1.註冊：應依規定辦理註冊及標明註冊號碼，由於目前國際間尚無定論，未來達一定重量以上之遙控無人機飛航，應會要求具備射頻識別功能。

2.人員操作證：操作公務機關、法人或學校所有之遙控無人機者，依法須持有人員操作證，並須通過學、科測驗。

3.器材檢驗：遙控無人機重量達25公斤以上者，應辦理定期檢驗。

4.操作限制經申請核准後，可排除相關操作規範（第一至八項為法人得申請核准項目，第九至十項係與自然人操作共同遵守事項）：

(1)飛航活動之實際高度超過地面或水面400呎。

(2)以遙控無人機投擲或噴灑任何物件。

(3)以遙控無人機裝載危險物品。

(4)排除管理規則所訂操作限制。

(5)人群聚集或露天集會上空活動。

(6)夜間之時間飛航。

(7)視距外方式操作。

(8)一臺多機操作。

(9)操作人應隨時監視該遙控無人機之飛航及其周遭狀況。

(10)應防止遙控無人機與其他航空器、障礙物接近或碰撞。

5.活動區域：法人經申請核准後，可於禁止、限制區域內從事遙控無人機操作活動。

6.保險：法人從事操作限制豁免活動前，應辦理相關投保事宜。

總結遙控無人機管理專章之條文精神，其各條文之對應主題與核心重點列舉如**表7-1**所示。

國際民航組織（ICAO）為因應遙控駕駛航空器系統（Remotely Piloted Aircraft System, RPAS）發展，目前僅只針對150公斤以上之遙控無人機設立相關標準及建議措施，未來應會逐步對現有國際民航公約各項附約（annex）進行修正。2015年及2017年，ICAO已兩度召開會議，會中並揭示相關後續附約修訂之計畫，目前預估至2020年間將會陸續修正其他附約內有關RPAS之內容。惟為因應《民用航空法》遙控無人機管理專章於2020年1月1日起施行，為了健全遙控無人機管理作業，仍須有相關的配套，說明如下：

1.制定相關子法規則與標準：

(1)訂定《遙控無人機管理規則》及《遙控無人機考驗及檢驗委託辦法》兩子法規則。

表7-1　遙控無人機管理專章各條文核心重點彙整

條文	主題	核心重點
第99-9條	一般性規定	•建築物外開放空間從事遙控無人機飛航活動之規定。 •操作人應負使用安全、風險管理、法規遵循及飛航安全事件通報之責任。
第99-10條至第99-12條	註冊、操作證、檢驗及外國人管理相關	•無人機應有相關註冊 •操作人員應持有操作證。 •無人機之設計、製造、改裝應申請檢驗。 •認可外國人持有外國政府之證明文件。
第99-13條至第99-14條	空（區）域及操作限制相關	規範中央與地方政府之禁止、限制區域、相關操作規定等，以及政府機關（構）、學校或法人申請程序。
第99-15條	損害及責任保險	•規範操作遙控無人機之賠償責任及政府機關（構）、學校或法人投保責任保險。
第99-16條	因應政府機關需求之特別規定	•政府機關為執行災害防救、偵查、調查、矯正業務等法定職務，得不受相關申請規定之限制。
第99-17條至第99-18條	因應管理規則之子法授權	•遙控無人機管理規則及委託管理辦法之授權。
第118-1條至第118-3條	相關罰則	•違反相關規定可處新臺幣1萬元至150萬元罰鍰。

資料來源：交通部民航局。

(2)建置無人機檢驗標準、術科考試標準以及受委託單位之資格制度。

2.建置資訊系統：

(1)建置「無人機註冊」網路作業系統，包括使用健保卡、自然人憑證及個人手機認證之註冊作業，以及金融卡收費作業、線上學科題庫及考試系統、註冊碼列印、標籤材質及規格與黏貼方式等。

(2)導入地理圍欄技術，建置操作定位之APP，即時定位並檢視其操作範圍之合法性。

(3)建置法人「無人機操作申請作業系統」及各縣市政府即時查詢系統。

3.協調中央及地方整府之整合事項：

(1)協調中央相關機關之應用管理，包括警政之交通事故鑑定、農委會之農藥噴灑、海巡署之海洋巡防、環保署之環境監控、港口或海岸之海釣用途等。

(2)協調整合各縣市政府進行公告圖資及取締事宜，包括成立工作小組製訂公告範本供各縣市政府參考，以及辦理各縣市政府圖資公告及更新作業協調等。

4.其他各地方政府與民眾使用端之強化宣導說明。

目前世界主要國家之管理方式如**表7-2**所示。

表7-2　世界主要國家遙控無人機管理之重點項目比較

國家地區 管理項目	美國	歐盟	日本	中國大陸	臺灣
最低註冊重量	0.55磅（約250公克）	全部重量 （玩具類除外） 註：重量250公克以下／飛行高度50公尺以下／水平距離100公尺以內／速度54KM/H以下，屬玩具類者，不需註冊／操作證	200公克以上，需有飛航許可申請 註：200公克以下不受航空法管理	250公克 註：依其目前暫行條例規定	250公克
人員操作證（最低報考年齡）	學科：16歲（FAR 107） 註：25公斤以下航空模型機除外	900克以下需學科考試：14歲 900克以上需學／術科考試：16歲	申請時判定	7公斤以上需學／術科考試	1公斤以上需學科考試；25公斤以上或經操作限制排除者須加考術科：均滿18歲 註：25公斤以下航空模型機除外
檢驗	25公斤以上	25公斤以上	申請時判定	25公斤以上	25公斤以上

（續）表7-2　世界主要國家遙控無人機管理之重點項目比較

國家地區 管理項目	美國	歐盟	日本	中國大陸	臺灣
一般操作限制	1.視距內 2.日間 3.400呎	1.視距內 2.日間 3.500呎	1.視距內 2.日間 3.150公尺（約492呎）	1.視距內 2.日間 3.150公尺（約492呎）	1.視距內 2.日間 3.400呎
限制排除	申請核准後可排除				
取締分工	未明文規定，但實務上仍應由該國警察機關執行取締工作。				中央與地方分工

資料來源：交通部民航局。

參考文獻

盧衍良、楊政樺（2012）。〈國際民航事務法規變革對我國未來無人駕駛航空器系統發展影響之研究〉。《航空太空及民航學刊》，系列B第四十四卷第二期，頁119-130。

Carey, L. (2010). International Civil Aviation Organization UAS Study Group. *2010-2011 UAS Yearbook- UAS: The Global Perspective*, 8th Edition, 51-53.

ICAO (2010). *Aircraft Accident and Incident Investigation, ANNEX 13 to the Convention on International Civil Aviation*, 10th edition.

ICAO (2004). *Aircraft Nationality and Registration Markings, Annex 7 to the Convention on International Civil Aviation*, 5th edition.

ICAO (2006). *Convention on International Civil Aviation- Doc 7300*, 9th edition.

ICAO (1944). *Convention on International Civil Aviation*.

ICAO (2005). *Global Air Traffic Management Operational Concept- Doc 9854*, 1st edition.

ICAO (2011). *ICAO Unmanned Aircraft System (UAS)- Circular 328*.

ICAO (2010). *Rules of the Air, ANNEX 2 to the Convention on International Civil Aviation*, 10th edition.

Johnson, C. W.and Shea, C. (2008). "The Hidden Human Factors in Unmanned Aerial Vehicles", In R. J. Simmons, D. J. Mohan and M. Mullane (eds.), *Proceedings of the 26th International Conference on Systems Safety*.

Nullmeyer, R. T., Montijo, G. A., Herz, R., and Leonik, R. (2007). "Birds of Prey: Training Solutions to Human Factors Issues", *The Interservice/Industry Training, Simulation & Education Conference* (I/ITSEC).

Patchett, C. and Sastry, V. (2008). "A Preliminary Model of Accident Causality for Uninhabited Autonomous Air Systems and Its Implications for their Decision Architectures", *10th International Conference on Computer Modelling and Simulation, IEEE Computer Socirty*, 487-492.

Williams, K. W. (2004). "A Summary of Unmanned Aircraft Accident/Incident Data: Human Factors Implications", *DOT/FAA/AM-04/24, Office of Aerospace Medicine*.

參考文獻

[illegible]（2012）。[illegible]。

Carey, L. (2010). International Civil Aviation Organization UAS Study Group, 2010/2011 UAS Yearbook, UAS: The Global Perspective, 8th edition, [illegible].

ICAO (2010). Aeronautical [illegible] and [illegible] Specification, ANNEX [illegible] to the Convention on International Civil Aviation, 10th edition.

ICAO (2003). Aircraft Nationality and Registration Markings, ANNEX 7 to the Convention of International Civil Aviation, 5th edition.

ICAO (2006). Convention on International Civil Aviation, Doc 7300, 9th edition.

ICAO (1944). Convention on International Civil Aviation.

ICAO (2005). Global Air Traffic Management Operational Concept, Doc 9854, 1st edition.

ICAO (2011). ICAO Unmanned Aircraft System (UAS) Circular 328.

ICAO (2005). Rules of the Air, ANNEX 2 to the Convention on International Civil Aviation, 10th edition.

Johnson, C. W. and Shea, C. (2008). "The Hidden Human Factors in Unmanned Aerial Vehicles," in R. J. Simmons, D. J. Mohan and M. Mullane (eds.), Proceedings of the 26th International Conference on Systems Safety.

[illegible] (2005). "[illegible] Training Solutions to Human Factors Issues," [illegible] Training, Simulation & Education Conference (I/ITSEC).

[illegible] (2008). "A Preliminary Model of Accident Causality for Uninhabited Autonomous Air Systems and Its Implications for their Decision Architectures," 10th International Conference on Computer Modeling and Simulation, UKSIM 2008.

Williams, K. W. (2004). "A Summary of Unmanned Aircraft Accident/Incident Data: Human Factors Implications," DOT/FAA/AM-04/24, Office of Aerospace Medicine.

Chapter 8

客艙行政法規

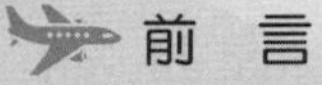

前 言

第一節 Responsibility and Authority of the Pilot in Command

第二節 Prohibition Against Interference With Crewmembers

第三節 Alcohol or Drugs

第四節 Portable Electronic Devices

第五節 Seats and Safety Belts

第六節 Flight Attendants

第七節 Admission to Flight Deck

第八節 Briefing Passengers Before Takeoff

前　言

美國聯邦航空管理局（FAA）為了規範所有商業用航空公司去遵循法令規章，特別設計用以保護乘客及組員的聯邦航空法規（Federal Aviation Regulations, FAR），以確保飛航運作的安全。本章遵循FAR，以全部或摘錄部分條文的方式闡述與空服員有關的客艙行政法規，並有助於大學院校航空管理相關科系學生之學習。

第一節 Responsibility and Authority of the Pilot in Command

§ 91.3 Responsibility and authority of the pilot in command

(a) The pilot in command of an aircraft is directly responsible for, and is the final authority as to, the operation of that aircraft.

(b) In an in-flight emergency requiring immediate action, the pilot in command may deviate from any rule of this part to the extent required to meet that emergency.

(c) Each pilot in command who deviates from a rule under paragraph (b) of this section shall, upon the request of the Administrator, send a written report of that deviation to the Administrator.

Notes：

F/A's are responsible to the pilot in command during the completion of a flight assignment. The ranking crewmember is responsible for command of the entire group. The chain of command is：

PIC（機長）≧Captain（正駕駛）> First Officer（副駕駛）> First F/A（一等座艙長／事務長）

【引申解析】

一、國際民用航空組織對「Pilot in Command」的定義

在ICAO Annex 2的「Rules of the Air」之2.3.1「Responsibility of pilot-in-command」對機長之責做了如是規範：「The pilot-in-command of an aircraft shall, whether manipulating the controls or not, be responsible for the operation of the aircraft in accordance with the rules of the air, except that the pilot-in-command may depart from these rules in circumstances that render such departure absolutely necessary in the interests of safety.」，且於2.4「Authority of pilot-in-command of an aircraft」對機長之職權亦做了界定：「The pilot-in-command of an aircraft shall have final authority as to the disposition of the aircraft while in command.」惟這兩項條文的前提皆在航空器運作過程中遭遇有危急航空器或人員安全之緊急或異常狀況，賦予機長得為一切緊急處置的法定權力。

二、機長的法律地位

航空器之機長，猶如船舶中之船長，不僅為駕駛部門之技術首長。其職責在私法關係上固應對航空器所有人負責，而在公法上並直接對國家負責。對於機長的職權，《民用航空法》第45條敘明：「航空器在飛航中，機長為負責人，並得為一切緊急處置。」此外，國際民航組織的《東京公約》給予機長在執行職務時，對於防範在民用航空器上違犯刑法的犯罪和擾亂機上秩序、危及飛行安全的行為，有命令與管理在航空器內航空人員及其他人員之權力，必要時並得管理或約束乘客之行為。依該條法意，機長有命令與管理在航空器上航空人員及其他人員之權力，所謂「其他人員」，當然包括旅客在內。機長於必要時，不僅有權管理乘客之行為，並得以約束「干擾民用航空活動」之乘客行為。另外，根據《飛航

規則》（2014年12月31日修訂）第5條，機長於執行飛航任務時，不論有無親自操縱均應依本規則之規定負責航空器之安全作業。但為確保航空器之安全，必要時得不受本規則之限制而作斷然處置。

《中華人民共和國民用航空法》（2018年12月29日修訂）第五章第二節第44條對機長的職權亦有如前述之規範：「民用航空器的操作由機長負責，機長應當嚴格履行職責，保護民用航空器及其所載人員和財產的安全。機長在其職權範圍內發布的命令，民用航空器所載人員都應當執行。」另在第46條更強調：「飛行中，對於任何破壞民用航空器、擾亂民用航空器內秩序、危害民用航空器所載人員或者財產安全以及其他危及飛行安全的行為，在保證安全的前提下，機長有權採取必要的適當措施。飛行中，遇到特殊情況時，為保證民用航空器及其所載人員的安全，機長有權對民用航空器作出處置。」此外，《中華人民共和國民用航空法》對於非法干擾民用航空安全的行為的管理措施有哪些？該法第十五章「法律責任」第191條至199條，分別將劫持民用航空器、對飛行中的民用航空器上的人員使用暴力，危及飛行安全的、隱匿攜帶炸藥、雷管或者其他危險品乘坐民用航空器，或者以非危險品品名託運危險品的、違規運輸危險品、故意在使用中的民用航空器上放置危險品或者唆使他人放置危險品，足以毀壞該民用航空器，危及飛行安全的、故意傳遞虛假情報，擾亂正常飛行秩序，使公私財產遭受重大損失的、盜竊或者故意損毀、移動使用中的航行設施，危及飛行安全，足以使民用航空器發生墜落、毀壞危險的、聚眾擾亂民用機場秩序的、航空人員怠忽職守，或者違反規章制度，導致發生重大飛行事故，造成嚴重後果的九種行為界定為「非法干擾」（unlawful interference）的犯罪行為，並應受到刑事處罰或治安管理處罰。

三、機長權力的法源依據：《東京公約》

為了防止危害或能危害航空器或其所載人員或財產的安全、或危害航空器上的良好秩序和紀律的行爲，無論是否構成犯罪行爲。國際民航組織於1963年9月14日主持制訂了《關於在航空器內的犯罪和其他某些行爲的公約》（*Convention on Of fences and Certain Other Acts Committed on Board Aircraft*），簡稱為《東京公約》。《東京公約》係為首次將民用航空器上違犯刑法的犯罪和擾亂機上秩序、危及飛行安全的行為規定為國際法所禁止的行為。該公約適用於在締約國登記的航空器內所載人員已犯或準備犯罪或其他行為，無論該航空器是在飛行中，在公海上，或在不屬於任何國家領土的其他地區上授與機長對於飛行中犯罪或危及航空安全或正常秩序行為的警察權力。其後所簽定的1960年《制止非法劫持航空器公約》（*Convention for the Suppression of Unlawful Seizure of Aircraft*），簡稱《海牙公約》，和1971年《制止危害民用航空安全的非法行為公約》（*Convention for the Suppression of Unlawful Acts against the Safety of Civil Aviation*），簡稱《蒙特利爾公約》，已將這些危及民用航空安全、擾亂民用航空活動正常秩序的犯罪和行為，統稱為「非法干擾」。

機長主司航空駕駛及安全，為了從技術上保證航行安全，機長一般應服從空中交通管制部門的指令，但遇有緊急情況時，機長有自主權力，可根據自己的獨立判斷從事最後決定，不一定要聽從指揮。因為機長是身臨其境又熟知所駕駛飛機的具體詳細資料，這是地面航管人員無法取代的。機長是由航空公司任命，在民事責任方面處於「承運人的受僱人或代理人」的地位。1929年《華沙公約》和1952年10月7日在羅馬簽訂的《外國航空器對地面（水面）第三者造成損害的公約》（簡稱《羅馬公約》）中雖未對機長行為作出明文表述，但在履行運輸契約或在侵權行為方面卻具有「代理人」的身分。遇有迫降或降落地點無本航空公司駐地人員時，機長有權作為公司代表決定修理飛機、餐飲補給等事項。飛機一旦升空，或由嚴格法律定義來說「航空器自搭載後關閉其所有外門之時刻起至為卸載而開啟任何上述之門止」，機上人員與財物構成一個臨時單位時起，在這個「封閉空間」裡，機長就成了「無冕之王」。當然，這無冕之王的前提是：一方面機長要行使一定行政乃至司法管理權，另一方面卻無政府公職人員或公共官員資格或身分。對於機長這項管理職能，各國在國內法中一般都有規定，其中以前蘇聯最為具體，即「航空器上的全體人員應毫無例外地絕對服從航空器機長的命令。在飛行中，航空器機長有權對有威脅航行安全行為而不服從機長命令者，採取一切必要措施」。至於《東京公約》的適用性係根據該公約第1條第三款中，「航空器從其開動馬力起飛到著陸衝程完畢這一時間」，都應被認爲是在飛行中。惟根據第1條第四款敘明「本公約不適用於供軍事、海關或警察用的航空器」。

機長雖只是航空公司的雇員，並非政府的司法人員，亦非法律工作者，航空公司雖可提供其法律常識訓練，但不能要求他們像一般執法者，在1963年東京會議（ICAO Doc 8565-LC/152-1）上，英、美等大多數國家代表認為，機長不是法律專家，又要在緊急又不可能全面掌握情況的條件下作出判斷和決定，失誤在所難免，為鼓勵其勇於負責，應在法律上給予保護，免得其於臨大事前畏首畏尾、躊躇不前而無所作為。因此，國際民航組織在《東京公約》中給予行使職權的航空器機長擁有機內治安的警察權，免除其於行使職權的責任。根據《東京公約》第三章（機長的權力）第5條即清楚的給予機長在安全前提下便宜行事的法源依據：「(1)除航空器前一起飛地點或預定的下一降落地點不在登記國領土上，或航空器繼續飛往非登記國領空，而罪犯仍在航空器內的情況外，本章規定不適用於航空器在登記國領空、公海上空或不屬於任何國家領土的其他地區上空飛行時，在航空器內所發生或行將發生的犯罪和行爲；(2)雖然有第1條第三款的規定，在本章中，航空器從裝載結束、機艙外部各門關閉時開始直至打開任一機艙門以便卸載時爲止的任何時候，應被認爲是在飛行中。航空器強迫降落時，本章規定對在航空器上發生的犯罪和行爲仍繼續適用，直至一國主管當局接管該航空器及其所載人員和財產時爲止。」

如同《東京公約》第10條所云：「對於根據本公約所採取的措施，無論航空器機長、機組其他成員、旅客、航空器所有人或經營人，或本次飛行是爲他而進行的人，在因遭受這些措施而提起的訴訟中，概不負責。」該條文意謂，倘若機長在行使公約規定的權力中有失誤，使「被採取行動者」（諸如：受到看管者、受令下機者，或者被押送降落國當局者……）受到損害而引起行政、刑事、民事責任，則不應予以追究，而應免除機長的這類責任。有關《東京公約》的重點彙整摘錄如下：

1.機長在有理由認爲某人在航空器上已犯或行將犯公約第1條第一款所指的罪行或行爲時，可對此人採取合理的措施，包括必要的管束措施，以便：(1)保證航空器、所載人員或財產的安全；(2)維持機上的良好秩序和紀律；(3)根據本章的規定將此人交付主管當局或使他離開航空器。

2.機長可以要求或授權機組其他成員給予協助，並可以請求或授權但不能強求旅客給予協助以從事管束。

3.除非出於航空器及其所載人員或財產的安全需要外，本公約的任何規定均不得被解釋爲准許或要求對政治性刑法或對以種族或宗教歧視爲基礎的刑法的犯罪，採取某種措施。

4.機長行使權力的時機開始於航空器裝載完畢，機艙外部各門均已關閉時起，到打開任何一扇艙門卸載時止。

5.如機長有理由認爲，任何人在航空器內犯了他認爲按照航空器登記國刑法是嚴重的罪行時，他可將該人移交給航空器降落地任何締約國的主管當局。機長按照上款規定，擬將航空器內的一人移交給締約國時，應儘快，並在可能時，在載有該人的航空器降落於該國領土前，將他要移交此人的意圖和理由通知該國當局。此外，在將嫌疑犯移交當局時，應將其按航空器登記國法律合法地佔有的證據和情報提供該當局。

6.對於根據本公約所採取的措施，無論航空器機長、機組其他成員、旅客、航空器所有人或經營人，或本次飛行是爲他而進行的人，在因遭受這些措施而提起的訴訟中，概不負責。

7.當航空器被迫降時，對機上發生的犯罪與行為，機長仍負有權力，直到國家主管當局接管為止。

第二節 Prohibition Against Interference With Crewmembers

§ 91.11 Prohibition against interference with crew members
No person may assault, threaten, intimidate, or interfere with a crewmember in the performance of the crewmembers duties aboard an aircraft being operated.
§ 135.120 Prohibition on interference with crewmembers
No person may assault, threaten, intimidate, or interfere with a crewmember in the performance of the crewmember's duties aboard an aircraft being operated under this part.

第三節 Alcohol or Drugs

從空運的角度來說，酒精性飲料常是客艙服務受歡迎的侍應餐飲。然而，隨著飛行高度與旅行時間的增加，飛航時客艙的艙壓約略等於海平面上5,000～8,000英尺高度處的氣壓，少數旅客可能會呈現類似高山症的缺氧現象（hypoxia）。若是搭乘長程航線，長時間蜷縮雙腿加上吸入重新過濾的乾燥空氣，血液會變得濃稠，更容易產生深層靜脈栓塞現象（deep venous thrombosis），也就是俗稱的「經濟艙症候群」（economy class syndrome）。尤其，密閉客艙內的空氣原本就比較乾燥，容易產生輕度脫水現象，屬於中樞神經抑制劑的酒精性飲料會加速體內快速的脫水，讓人感到疲憊與不適，伴隨飛行時的焦慮、狹隘座艙空間的不適、長時間不運動、低溼度等不利因素，常會造成旅客情緒失控，提升客艙滋擾事件的機會讓空勤組員疲於奔命。除了旅客外，負責飛航任務的前、後艙組員也被要求值勤前不得飲酒。美國聯邦航空法規FAR 91.17規定任何人喝了含有酒精成分的飲料在八個鐘頭以內，或血液中酒精濃度等於或超過

0.04%，可能會影響駕駛員之航機操作能力，增加無法及時因應飛航環境變化之風險，遂禁止駕駛民航飛機。

§ 91.17 Alcohol or drugs

(a) No person may act or attempt to act as a crewmember of a civil aircraft-

(1) Within 8 hours after the consumption of any alcoholic beverage;

(2) While under the influence of alcohol;

(3) While using any drug that affects the person's faculties in any way contrary to safety; or

(4) While having an alcohol concentration of 0.04 or greater in a blood or breath specimen. Alcohol concentration means grams of alcohol per deciliter of blood or grams of alcohol per 210 liters of breath.

(b) Except in an emergency, no pilot of a civil aircraft may allow a person who appears to be intoxicated or who demonstrates by manner or physical indications that the individual is under the influence of drugs (except a medical patient under proper care) to be carried in that aircraft.

(c) A crewmember shall do the following:

(1) On request of a law enforcement officer, submit to a test to indicate the alcohol concentration in the blood or breath, when-

(i) The law enforcement officer is authorized under State or local law to conduct the test or to have the test conducted; and

(ii) The law enforcement officer is requesting submission to the test to investigate a suspected violation of State or local law governing the same or substantially similar conduct prohibited by paragraph (a)(1), (a)(2), or (a)(4) of this section.

(2) Whenever the FAA has a reasonable basis to believe that a person may have violated paragraph (a)(1), (a)(2), or (a)(4) of this section, on request of the FAA, that person must furnish to the FAA the results, or authorize any clinic, hospital, or doctor, or other person to release to the FAA, the results of each test taken within 4 hours after acting or attempting to act as a crewmember that indicates an alcohol concentration in the blood or breath specimen.

(d) Whenever the Administrator has a reasonable basis to believe that a person may have violated paragraph (a)(3) of this section, that person shall, upon request by the Administrator, furnish the Administrator, or authorize any clinic, hospital, doctor, or other person to release to the Administrator, the results of each test taken within 4 hours after acting or attempting to act as a crewmember that indicates the presence of any drugs in the body.

(e) Any test information obtained by the Administrator under paragraph (c) or (d) of this section may be evaluated in determining a person's qualifications for any airman certificate or possible violations of this chapter and may be used as evidence in any legal proceeding under section 602, 609, or 901 of the Federal Aviation Act of 1958.

【引申解析】

飛航作業人員在執勤時的精神狀態，攸關保障乘客生命安全之重要責任，茲考慮酒精與藥物恐會對器官、系統、情緒及精神方面造成影響，從而干擾他們正確控制的判斷力或導致作業錯誤。因而，採取值勤前進行麻醉藥物及酒精濃度測試之規範有其必要。《航空器飛航作業管理規則》（2018年7月13日修訂）第199條：「航空器使用人應確保其飛航組員、客艙組員、簽派員及維護人員等相關飛航作業人員於執勤期間無受麻醉藥物或酒精作用而影響飛安之情形，並訂定相關之麻醉藥物及酒精測試規定，並執行抽檢，檢測紀錄應存檔備查。民航局得以定期或不定期方式對前項飛航作業人員實施麻醉藥物及酒精檢測。麻醉藥物及酒精檢測檢查標準如下：一、麻醉藥物檢測：尿液樣本反應呈陰性。二、酒精濃度檢測：血液中酒精濃度不得超過百分之零點零二或吐氣中酒精濃度不得超過每公升零點一毫克。前項檢查不合格或吐氣中酒精濃度超過每公升零毫克而未超過規定標準者，不得從事相關飛航作業，拒絕檢測者，亦同。第二項麻醉藥物及酒精之檢測，民航局得委託航空站經營人辦理。」交通部民用航空局並於2018年2月23日參考FAA所屬Aerospace Medical Education

Division製作之「藥物與飛航」（Medications and Flying）宣導文件，發布飛安公告ASB No:107- 058/O，要求國籍航空公司應要求飛航組員謹慎使用藥物，飛航組員於用藥前應向醫師諮詢可能的副作用，並於使用藥物後且充分休息情況下，方可執行飛航勤務。繼而，要求航空公司參照民用航空局訂定之規範，建立駕駛員使用藥物之相關機制，並強化宣導、訓練及列入風險控管項目。

《中華人民共和國民用航空法》第77條亦有類似敘明：「民用航空器機組人員的飛行時間、執勤時間不得超過國務院民用航空主管部門規定的時限。民用航空器機組人員受到酒類飲料、麻醉劑或者其他藥物的影響，損及工作能力的，不得執行飛行任務。」第208條敘明，民用航空器的機長或者機組其他人員有第77條第二款所列行為的，可以給予吊銷執照的處罰。在中共《大型飛機公共航空運輸承運人運行合格審定規則》（2017年9月4日修訂）第121.577條則規定：「擔任安全敏感工作的人員，包括機組成員、飛行簽派員等，不得使用或者攜帶鴉片、海洛因、甲基苯丙胺（冰毒）、嗎啡、大麻、可卡因以及國家規定管制的其他能夠使人形成癮癖的麻醉藥品和精神藥品。合格證持有人不得安排明知其使用或者攜帶了上述禁用毒品和藥品的人員擔任安全敏感工作，該人員也不得為合格證持有人擔負此種工作。」

第四節　Portable Electronic Devices

§ 91.21 Portable electronic devices

(a) Except as provided in paragraph (b) of this section, no person may operate, nor may any operator or pilot in command of an aircraft allow the operation of, any portable electronic device on any of the following U.S.-registered civil aircraft: (1) Aircraft operated by a holder of an air carrier operating certificate or an operating certificate; or (2) Any other aircraft while it is operated under IFR. (b) Paragraph (a) of this section does not apply to (1) Portable voice recorders; (2) Hearing aids; (3) Heart pacemakers; (4) Electric shavers; or (5) Any other portable electronic device that the operator of the aircraft has determined will not cause interference with the navigation or communication system of the aircraft on which it is to be used. (c) In the case of an aircraft operated by a holder of an air carrier operating certificate or an operating certificate, the determination required by paragraph (b)(5) of this section shall be made by that operator of the aircraft on which the particular device is to be used. In the case of other aircraft, the determination may be made by the pilot in command or other operator of the aircraft.

【引申解析】何謂「VFR」與「IFR」？

「目視飛行規則」（visual flight rules，簡稱VFR）與「儀器飛行規則」（instrument flight rules，簡稱IFR）均是用以指導航空器駕駛員飛行操縱與程序之飛行規則。前者是航空器駕駛員在「目視氣象狀態」（visual meteorological condition，簡稱VMC）許可的前提下，依據「看見並避讓」（see and avoid）原則，由駕駛員自主判斷並選擇理想的飛行高度，與其他航空器保持安全隔離，聽取航管單位之指示，並依規定從事位置通報之飛行操縱規則。後者則是當氣象條件不能達到VMC下，無法進行目視飛行，則採用「儀表飛行狀態」（instrument meteorological condition，簡稱IMC）並取得航管許可（clearance）所從事的飛行規則，其原則大致包含：(1)起飛前須填具飛航計畫書，並獲得航管許可；(2)在航路上需接受航管指示，定時報告航空器之位置、高度及通過時間以保持各在空機之安全間距（垂直及水平）；(3)無論對飛航計畫書或目前航管指示有任何變更的需求，均應獲得航空管制單位的核准。

第五節　Seats and Safety Belts

§ 121.311 Seats, safety belts, and shoulder harnesses

(a) No person may operate an airplane unless there are available during the takeoff, en route flight, and landing--

(1) An approved seat or berth for each person on board the airplane who has reached his second birthday; and

(2) An approved safety belt for separate use by each person on board the airplane who has reached his second birthday, except that two persons occupying a berth may share one approved safety belt and two persons occupying a multiple lounge or divan seat may share one approved safety belt during en route flight only.

(b) Except as provided in this paragraph, each person on board an airplane operated under this part shall occupy an approved seat or berth with a separate safety belt properly secured about him or her during movement on the surface, takeoff, and landing. A safety belt provided for the occupant of a seat may not be used by more than one person who has reached his or her second birthday. Notwithstanding the preceding requirements, a child may:

(1) Be held by an adult who is occupying an approved seat or berth, provided the child has not reached his or her second birthday and the child does not occupy or use any restraining device; or

(2) Notwithstanding any other requirement of this chapter, occupy an approved child restraint system furnished by the certificate holder or one of the persons described in paragraph (b)(2)(i) of this section, provided:

(i) The child is accompanied by a parent, guardian, or attendant designated by the child's parent or guardian to attend to the safety of the child during the flight;

(ii) Except as provided in paragraph (b)(2)(ii)(D) of this section, the approved child restraint system bears one or more labels as follows:

(A) Seats manufactured to U.S. standards between January 1, 1981, and February 25, 1985, must bear the label: "This child restraint system conforms to all applicable Federal motor vehicle safety standards."

(B) Seats manufactured to U.S. standards on or after February 26, 1985, must bear two labels:

(1) "This child restraint system conforms to all applicable Federal motor vehicle safety standards"; and

(2) "THIS RESTRAINT IS CERTIFIED FOR USE IN MOTOR VEHICLES AND AIRCRAFT" in red lettering;

(C) Seats that do not qualify under paragraphs (b)(2)(ii)(A) and (b)(2)(ii)(B) of this section must bear either a label showing approval of a foreign government or a label showing that the seat was manufactured under the standards of the United Nations;

(D) Notwithstanding any other provisions of this section, booster-type child restraint systems (as defined in Federal Motor Vehicle Standard No. 213 (49 CFR 571.213)), vest- and harness-type child restraint systems, and lap held child restraints are not approved for use in aircraft; and

(iii) The certificate holder complies with the following requirements:

(A) The restraint system must be properly secured to an approved forward-facing seat or berth;

(B) The child must be properly secured in the restraint system and must not exceed the specified weight limit for the restraint system; and

(C) The restraint system must bear the appropriate label(s).

(c) Except as provided in paragraph (c)(3) of this section, the following prohibitions apply to certificate holders:

(1) No certificate holder may permit a child, in an aircraft, to occupy a booster-typc child restraint system, a vest-type child restraint system, a harness-type child restraint system, or a lap held child restraint system during take off, landing, and movement on the surface.

(2) Except as required in paragraph (c)(1) of this section, no certificate holder may prohibit a child, if requested by the child's parent, guardian, or designated attendant, from occupying a child restraint system furnished by the child's parent, guardian, or designated attendant provided --

(i) The child holds a ticket for an approved seat or berth or such seat or berth is otherwise made available by the certificate holder for the child's use;

(ii) The requirements of paragraph (b)(2)(i) of this section are met;

(iii) The requirements of paragraph (b)(2)(iii) of this section are met; and

(iv) The child restraint system has one or more of the labels described in paragraphs (b)(2)(ii)(A) through (b)(2)(ii)(C) of this section.

(3) This section does not prohibit the certificate holder from providing child restraint systems authorized by this section or, consistent with safe operating practices, determining the most appropriate passenger seat location for the child restraint system.

(d) Each sideward facing seat must comply with the applicable requirements of § 25.785(c) of this chapter.

(e) Except as provided in paragraphs (e)(1) through (e)(3) of this section, no certificate holder may take off or land an airplane unless each passenger seat back is in the upright position. Each passenger shall comply with instructions given by a crewmember in compliance with this paragraph.

(1) This paragraph does not apply to seat backs placed in other than the upright position in compliance with § 121.310(f)(3).

(2) This paragraph does not apply to seats on which cargo or persons who are unable to sit erect for a medical reason are carried in accordance with procedures in the certificate holder's manual if the seat back does not obstruct any passenger's access to the aisle or to any emergency exit.

(3) On airplanes with no flight attendant, the certificate holder may take off or land as long as the flight crew instructs each passenger to place his or her seat back in the upright position for takeoff and landing.

(f) No person may operate a transport category airplane that was type certificated after January 1, 1958, or a nontransport category airplane manufactured after March 20, 1997, unless it is equipped at each flight deck station with a combined safety belt and shoulder harness that meets the applicable requirements specified in § 25.785 of this chapter, effective March 6, 1980, except that --

(1) Shoulder harnesses and combined safety belt and shoulder harnesses that were approved and installed before March 6, 1980, may continue to be used; and

(2) Safety belt and shoulder harness restraint systems may be designed to the inertia load factors established under the certification basis of the airplane.

(g) Each flight attendant must have a seat for takeoff and landing in the passenger compartment that meets the requirements of § 25.785 of this chapter, effective March 6, 1980, except that --

(1) Combined safety belt and shoulder harnesses that were approved and installed before March, 6, 1980, may continue to be used; and

(2) Safety belt and shoulder harness restraint systems may be designed to the inertia load factors established under the certification basis of the airplane.

(3) The requirements of § 25.785(h) do not apply to passenger seats occupied by flight attendants not required by § 121.391.

(h) Each occupant of a seat equipped with a shoulder harness or with a combined safety belt and shoulder harness must have the shoulder harness or combined safety belt and shoulder harness properly secured about that occupant during takeoff and landing, except that a shoulder harness that is not combined with a safety belt may be unfastened if the occupant cannot perform the required duties with the shoulder harness fastened.

(i) At each unoccupied seat, the safety belt and shoulder harness, if installed, must be secured so as not to interfere with crewmembers in the performance of their duties or with the rapid egress of occupants in an emergency.

(j) fter October 27, 2009, no person may operate a transport category airplane type certificated after January 1, 1958 and manufactured on or after October 27, 2009 in passenger-carrying operations under this part unless all passenger and flight attendant seats on the airplane meet the requirements of § 25.562 in effect on or after June 16, 1988.

【引申解析】

《航空器飛航作業管理規則》（2018年7月13日修訂）第101條敘明：「飛航組員座椅應配置安全帶。該安全帶應具備自動抑制軀幹之裝置，於快速減速情況下，能維護其人身安全。載客之飛機應配置具備安全帶及肩帶之客艙組員座椅，並能符合遂行緊急撤離之需求。前項客艙組員座椅應接近緊急出口位置並貼近於客艙地板。年滿二歲以上乘客搭乘航空器時，航空器使用人應為其配備具安全帶之座椅或臥舖，供其於航空器起飛、降落及飛航中使用。使用兒童安全座椅時，該座椅應經民航局或其他國家之民航主管機關核准。」同法第123條：「航空器飛航時，其艙壓高度高於一萬呎者，應備有氧氣及其配送設備。航空器飛航高度高於一萬呎者，應備有維持艙壓高度低於一萬呎之裝置或符合第七十七條規定供應氧氣。加壓航空器，其飛航高度高於二萬五千呎者，應備有警告飛航組員失壓情況之裝置。」而有關航空器客艙內應有明確指示乘客相關訊息的標識方法，《航空器飛航作業管理規則》第45條敘明：「航空器使用人應於航空器起飛前確使所有乘客知悉下列事項：一、禁菸告知。二、電子用品使用限制之告知。三、座椅安全帶繫緊及鬆開之說明。四、緊急出口位置。五、救生背心位置及使用方法。六、氧氣面罩位置及使用方法。七、供乘客個別及共同使用之其他緊急裝備。對可能需要協助迅速移至緊急出口之乘客，客艙組員應個別說明遇緊急時，至適當緊急出口之路線與開始前往出口之時機並詢問乘客或其同伴最適當之協助方式。航空器使用人應於航空器內備有印刷之緊急出口圖示及操作方法與其他緊急裝備使用需要之說明資料並置於乘客易於取用處。每一說明資料應僅適用於該型別及配置之航空器。航空器使用人應訂定出口座椅安排計畫，該計畫應包括定義各型別航空器之緊急出口、座位安排程序、機場資訊及出口座位乘客提示卡，以提供相關作業人員使用。」

另外，該規則第292條亦敘明：「機長應於航空器起飛前確使組員及乘員知悉下列裝備之位置及使用方法，並提供書面使用說明：一、座椅安全帶。二、緊急出口。三、救生背心。四、氧氣裝備。五、供乘員個別及共同使用之緊急裝備。航空器搭載乘員者，機長於航空器起飛、降落時，應告知乘員繫妥安全帶或肩帶。飛航中遭遇亂流或緊急情況時，組員應告知乘員採取適當之行動。但水上飛機或裝置浮筒之直昇機，於水面移動作業時，從事自碼頭推離及在碼頭繫留之人員，不在此限。年滿二歲以上乘員搭乘航空器時，航空器使用人應為其配備具安全帶之座椅或臥舖，供其於航空器起飛、降落及飛航中使用。使用兒童安全座椅時，該座椅應經民航局或其他國家之民航主管機關核准。」

至於每一航班的空服員派遣人數如何規範？依該規則第188條敘明，「航空器載客座位數為二十座至五十座時，應派遣一名以上之客艙組員。載客座位數為五十一座至一百座時，應派遣二名以上之客艙組員，於每增加五十座載客座位數時，增派一名以上之客艙組員，以確保飛航安全及執行緊急撤離功能。但運渡或經民航局事先核准者，不在此限。」至於機上執勤的飛航組員座椅有何規範？第155條對飛航組員工作席位規範如下：「一、飛航組員於起飛、降落時，應各就其工作席位。二、飛航組員於航路上應各就其工作席位，除因工作或生理上之需要外，不得離席。三、飛航組員位於工作席位時，應繫安全帶，起飛降落時應繫肩帶。駕駛席位以外之飛航組員，如肩帶影響其工作，於起飛、降落時得不繫肩帶。但仍應繫安全帶。四、飛航組員位於工作席位時，不得閱讀與該次飛航無關之書籍報刊。」航空器使用人必應遵循第159條之規定，應就各型航空器指派其每一飛航組員，於飛航緊急情況或緊急撤離時擔任必要任務。其任務包括緊急及救生裝備之使用。航空器使用人，並應於年度訓練計畫中施以訓練及定期演練。

第六節　Flight Attendants

ICAO Annex- PART 1; CHAPTER 1. DEFINITION

Cabin attendant:
A crew member who performs, in the interest of safety of passengers, duties assigned by the operator or the pilot-in-command of the aircraft, but who shall not act as a flight crew member.

【引申解析】

《航空器飛航作業管理規則》第2條第十一項對「客艙組員」的定義如下：「客艙組員：指由航空器使用人或機長指定於飛航時，在航空器內從事與乘客有關安全工作或服務之人員。但不能從事飛航組員之工作。」

Crew member:
A person assigned by an operator to duty on an aircraft during flight time.

【引申解析】

《航空器飛航作業管理規則》第2條第四項對「組員」的定義如下：「組員：指由航空器使用人指派於飛航時在航空器內工作之人員。」第五項對「飛航組員」的定義如下：「飛航組員：指於飛航時在航空器內負責航空器相關作業且具有證照之工作人員。」而根據《民用航空法》第2條第四項對航空人員的界定標準為：「航空人員：指航空器駕駛員、飛航工程師、航空器維修工程師、飛航管制員、維修員及航空器簽派員。」從而推知，空服員並非我國法律意義的航空人員，也不是飛航組員，但他們卻符合組員的界定標準，空服員正式的法律名稱為客艙組員。此外，《中華人民共和國民用航空法》第五章第39條所稱航空人員，涵蓋從事民用航空活動的空勤人員和地面人員，分別是：(1)空勤人員，包括駕駛員、飛行機械人員、乘務員；(2)地面人員，包括民用航空器維修人員、空中交通管制員、飛行簽派員、航空電臺通信員。換言之，中共把乘務員（亦即空服員）併入法定航空人員，但我國僅將其視為組員。

§ 91.533 Flight attendant requirements

(a) No person may operate an airplane unless at least the following number of flight attendants are on board the airplane:
  (1) For airplanes having more than 19 but less than 51 passengers on board, one flight attendant.
  (2) For airplanes having more than 50 but less than 101 passengers on board, two flight attendants.
  (3) For airplanes having more than 100 passengers on board, two flight attendants plus one additional flight attendant for each unit (or part of a unit) of 50 passengers above 100.

(b) No person may serve as a flight attendant on an airplane when required by paragraph (a) of this section unless that person has demonstrated to the pilot in command familiarity with the necessary functions to be performed in an emergency or a situation requiring emergency evacuation and is capable of using the emergency equipment installed on that airplane.

【引申解析】

有關美國聯邦航空法FAR 91.533所記載之客艙組員最低派遣人數的計算標準，《航空器飛航作業管理規則》第339條亦做同樣的規定：「乘員座位數為二十座至五十座時，應派遣一名以上之客艙組員。乘員座位數為五十一座至一百座時，應派遣二名以上之客艙組員，於每增加乘員座位數五十座時，增派一名以上之客艙組員。但運渡或經民航局事先核准者，不在此限。客艙組員應熟練執行緊急程序及需要緊急逃生之時機，並具使用航空器上緊急裝備之能力。」

§ 121.391 Flight attendants

(a) Except as specified in § 121.393 and § 121.394, each certificate holder must provide at least the following flight attendants on board each passenger-carrying airplane when passengers are on board:

(1) For airplanes having a maximum payload capacity of more than 7,500 pounds and having a seating capacity of more than 19 but less than 51 passengers -- one flight attendant.

(2) For airplanes having a maximum payload capacity of 7,500 pounds or less and having a seating capacity of more than 19 but less than 51 passengers -- one flight attendant.

(3) For airplanes having a seating capacity of more than 50 but less than 101 passengers -- two flight attendants.

(4) For airplanes having a seating capacity of more than 100 passengers -- two flight attendants plus one additional flight attendant for each unit (or part of a unit) of 50 passenger seats above a seating capacity of 100 passengers.

(b) If, in conducting the emergency evacuation demonstration required under § 121.291 (a) or (b), the certificate holder used more flight attendants than is required under paragraph (a) of this section for the maximum seating capacity of the airplane sed in the demonstration, he may not, thereafter, take off that airplane-

(1) In its maximum seating capacity configuration with fewer flight attendants than the number used during the emergency evacuation demonstration; or

(2) In any reduced seating capacity configuration with fewer flight attendants than the number required by paragraph (a) of this section for that seating capacity plus the number of flight attendants used during the emergency evacuation demonstration that were in excess of those required under paragraph (a) of this section.

(c) The number of flight attendants approved under paragraphs (a) and (b) of this section are set forth in the certificate holder's operations specifications.

(d) During takeoff and landing, flight attendants required by this section shall be located as near as practicable to required floor level exists and shall be uniformly distributed throughout the airplane in order to provide the most effective egress of passengers in event of an emergency evacuation. During taxi, flight attendants required by this section must remain at their duty stations with safety belts and shoulder harnesses fastened except to perform duties related to the safety of the airplane and its occupants.

§ 135.273 Duty period limitations and rest time requirements

(a) For purposes of this section --

Calendar day means the period of elapsed time, using Coordinated Universal Time or local time, that begins at midnight and ends 24 hours later at the next midnight.

Duty period means the period of elapsed time between reporting for an assignment involving flight time and release from that assignment by the certificate holder. The time is calculated using either Coordinated Universal Time or local time to reflect the total elapsed time.

Flight attendant means an individual, other than a flight crewmember, who is assigned by the certificate holder, in accordance with the required minimum crew complement under the certificate holder's operations specifications or in addition to that minimum complement, to duty in an aircraft during flight time and whose duties include but are not necessarily limited to cabin-safety-related responsibilities.

Rest period means the period free of all responsibility for work or duty should the occasion arise.

(b) Except as provided in paragraph (c) of this section, a certificate holder may assign a duty period to a flight attendant only when the applicable duty period limitations and rest requirements of this paragraph are met.

(1) Except as provided in paragraphs (b)(4), (b)(5), and (b)(6) of this section, no certificate holder may assign a flight attendant to a scheduled duty period of more than 14 hours.

(2) Except as provided in paragraph (b)(3) of this section, a flight attendant scheduled to a duty period of 14 hours or less as provided under paragraph (b)(1) of this section must be given a scheduled rest period of at least 9 consecutive hours. This rest period must occur between the completion of the scheduled duty period and the commencement of the subsequent duty period.

(3) The rest period required under paragraph (b)(2) of this section may be scheduled or reduced to 8 consecutive hours if the flight attendant is provided a subsequent rest period of at least 10 consecutive hours; this subsequent rest period must be scheduled to begin no later than 24 hours after the beginning of the reduced rest period and must occur between the completion of the scheduled duty period and the commencement of the subsequent duty period.

(4) A certificate holder may assign a flight attendant to a scheduled duty period of more than 14 hours, but no more than 16 hours, if the certificate holder has assigned to the flight or flights in that duty period at least one flight attendant in addition to the minimum flight attendant complement required for the flight or flights in that duty period under the certificate holder's operations specifications.

(5) A certificate holder may assign a flight attendant to a scheduled duty period of more than 16 hours, but no more than 18 hours, if the certificate holder has assigned to the flight or flights in that duty period at least two flight attendants in addition to the minimum flight attendant complement required for the flight or flights in that duty period under the certificate holder's operations specifications.

(6) A certificate holder may assign a flight attendant to a scheduled duty period of more than 18 hours, but no more than 20 hours, if the scheduled duty period includes one or more flights that land or take off outside the 48 contiguous states and the District of Columbia, and if the certificate holder has assigned to the flight or flights in that duty period at least three flight attendants in addition to the minimum flight attendant complement required for the flight or flights in that duty period under the certificate holder's operations specifications.

(7) Except as provided in paragraph (b)(8) of this section, a flight attendant scheduled to a duty period of more than 14 hours but no more than 20 hours, as provided in paragraphs (b)(4), (b)(5), and (b)(6) of this section, must be given a scheduled rest period of at least 12 consecutive hours. This rest period must occur between the completion of the scheduled duty period and the commencement of the subsequent duty period.

(8) The rest period required under paragraph (b)(7) of this section may be scheduled or reduced to 10 consecutive hours if the flight attendant is provided a subsequent rest period of at least 14 consecutive hours; this subsequent rest period must be scheduled to begin no later than

24 hours after the beginning of the reduced rest period and must occur between the completion of the scheduled duty period and the commencement of the subsequent duty period.

(9) Notwithstanding paragraphs (b)(4), (b)(5), and (b)(6) of this section, if a certificate holder elects to reduce the rest period to 10 hours as authorized by paragraph (b)(8) of this section, the certificate holder may not schedule a flight attendant for a duty period of more than 14 hours during the 24-hour period commencing after the beginning of the reduced rest period.

(10) No certificate holder may assign a flight attendant any duty period with the certificate holder unless the flight attendant has had at least the minimum rest required under this section.

(11) No certificate holder may assign a flight attendant to perform any duty with the certificate holder during any required rest period.

(12) Time spent in transportation, not local in character, that a certificate holder requires of a flight attendant and provides to transport the flight attendant to an airport at which that flight attendant is to serve on a flight as a crewmember, or from an airport at which the flight attendant was relieved from duty to return to the flight attendant's home station, is not considered part of a rest period.

(13) Each certificate holder must relieve each flight attendant engaged in air transportation from all further duty for at least 24 consecutive hours during any 7 consecutive calendar days.

(14) A flight attendant is not considered to be scheduled for duty in excess of duty period limitations if the flights to which the flight attendant is assigned are scheduled and normally terminate within the limitations but due to circumstances beyond the control of the certificate holder (such as adverse weather conditions) are not at the time of departure expected to reach their destination within the scheduled time.

(c) Notwithstanding paragraph (b) of this section, a certificate holder may apply the flight crewmember flight time and duty limitations and rest requirements of this part to flight attendants for all operations conducted under this part provided that --

(1) The certificate holder establishes written procedures that --

(i) Apply to all flight attendants used in the certificate holder's operation;

(ii) Include the flight crewmember requirements contained in subpart F of this part, as appropriate to the operation being conducted, except that rest facilities on board the aircraft are not required; and

(iii) Include provisions to add one flight attendant to the minimum flight attendant complement for each flight crewmember who is in excess of the minimum number required in the aircraft type certificate data sheet and who is assigned to the aircraft under the provisions of subpart F of this part, as applicable.

(iv) Are approved by the Administrator and described or referenced in the certificate holder's operations specifications; and

(2) Whenever the Administrator finds that revisions are necessary for the continued adequacy of duty period limitation and rest requirement procedures that are required by paragraph (c)(1) of this section and that had been granted final approval, the certificate holder must, after notification by the Administrator, make any changes in the procedures that are found necessary by the Administrator. Within 30 days after the certificate holder receives such notice, it may file a petition to reconsider the notice with the certificate-holding district office. The filing of a petition to reconsider stays the notice, pending decision by the Administrator. However, if the Administrator finds that there is an emergency that requires immediate action in the interest of safety, the Administrator may, upon a statement of the reasons, require a change effective without stay.

【引申解析】

對於美國聯邦航空法FAR 135.273中有關排班執勤時間限制下的客艙組員需求數及相關休息時間等規定，整理如下表，讀者可由下表對前述篇幅諸法條所載的規範予以效率化的瞭解。

Scheduled Duty Period	Minimum Rest Period	Reduced Rest Period	Rest Period Following Reduced Rest	No. of Flight Attendants
14 hrs or less	9 hrs	8 hrs	10 hrs	Minimum
14-16 hrs	12 hrs	10 hrs	14 hrs	Minimum+1
16-18 hrs	12 hrs	10 hrs	14 hrs	Minimum+2
*18-20 hrs	12 hrs	10 hrs	14 hrs	Minimum+3

* Applies only to duty periods with one or more flights that land or take off outside the 48 contiguous states and the District of Columbia.

前述美國聯邦航空法FAR 135.273有關排班執勤時間及休息時間等規定僅專為「客艙組員」而設計，至於與飛航組員相關的「執勤時間」及「休息時間」的規範，《航空器飛航作業管理規則》第2條第二十項對「執勤時間」界定為「指航空器使用人要求組員執行之各項勤務期間，包括飛航任務、飛航後整理工作、行政工作、訓練、調派及待命等時間，並應列入勤務表」，而第二十一項對「休息時間」的界定為「指組員在地面毫無任何工作責任之時間」，而其休息處所，則依第二十二項定義，係指組員之居住處所或公司提供組員住用之旅館或宿舍。

第七節　Admission to Flight Deck

§ 121.547 Admission to flight deck

(a) No person may admit any person to the flight deck of an aircraft unless the person being admitted is --

(1) A crewmember;

(2) An FAA air carrier inspector, a DOD commercial air carrier evaluator, or an authorized representative of the National Transportation Safety Board, who is performing official duties;

(3) Any person who --

(i) Has permission of the pilot in command, an appropriate management official of the part 119 certificate holder, and the Administrator; and

(ii) Is an employee of --

(A) The United States, or

(B) A part 119 certificate holder and whose duties are such that admission to the flightdeck is necessary or advantageous for safe operation; or

(C) An aeronautical enterprise certificated by the Administrator and whose duties are such that admission to the flightdeck is necessary or advantageous for safe operation.

(4) Any person who has the permission of the pilot in command, an appropriate management official of the part 119 certificate holder and the Administrator. Paragraph (a)(2) of this section does not limit the emergency authority of the pilot in command to exclude any person from the flightdeck in the interests of safety.

(b) For the purposes of paragraph (a)(3) of this section, employees of the United States who deal responsibly with matters relating to safety and employees of the certificate holder whose efficiency would be increased by familiarity with flight conditions, may be admitted by the certificate holder. However, the certificate holder may not admit employees of traffic, sales, or other departments that are not directly related to flight operations, unless they are eligible under paragraph (a)(4) of this section.

(c) No person may admit any person to the flight deck unless there is a seat available for his use in the passenger compartment, except --

(1) An FAA air carrier inspector, a DOD commercial air carrier evaluator, or authorized representative of the Administrator or National Transportation Safety Board who is checking or observing flight operations;
(2) An air traffic controller who is authorized by the Administrator to observe ATC procedures;
(3) A certificated airman employed by the certificate holder whose duties require an airman certificate;
(4) A certificated airman employed by another part 119 certificate holder whose duties with that part 119 certificate holder require an airman certificate and who is authorized by the part 119 certificate holder operating the aircraft to make specific trips over a route;
(5) An employee of the part 119 certificate holder operating the aircraft whose duty is directly related to the conduct or planning of flight operations or the in-flight monitoring of aircraft equipment or operating procedures, if his presence on the flightdeck is necessary to perform his duties and he has been authorized in writing by a responsible supervisor, listed in the Operations Manual as having that authority; and
(6) A technical representative of the manufacturer of the aircraft or its components whose duties are directly related to the in-flight monitoring of aircraft equipment or operating procedures, if his presence on the flightdeck is necessary to perform his duties and he has been authorized in writing by the Administrator and by a responsible supervisor of the operations department of the part 119 certificate holder, listed in the Operations Manual as having that authority.

【引申解析】

《航空器飛航作業管理規則》第194條敘明：「客運航空器之駕駛艙除經航空器使用人依規定允許之所屬人員及執行簽派任務人員外，其他人員不得進入。但經民航局核准者，不在此限。」且同法第193條並規定：「客運航空器之駕駛艙門，於飛航中應予關妥並上鎖。航空器使用人應提供方法使客艙組員於發現有礙飛航安全之干擾行為時能通知飛航組員。飛航國際航線之客運航空器最大起飛重量超過四萬五千五百公斤，或載客座位數超過六十座，於中華民國九十二年十一月一日前，應裝置經民航局核准之駕駛艙門，其強度應足以抵擋小型武器及手榴彈破片穿透及非許可人員之強力闖入。此門應能由任一駕駛員座椅上操作上鎖及解鎖。裝置前項駕駛艙門之航空器，其駕駛艙門應於乘客登機完畢艙門關妥後至艙門開啟乘客下機前之期間，保持關妥及上鎖位置。但航空器使用人或民航局許可進入駕駛艙之人員於需要進出時，不在此限。裝置第二項規定駕駛艙門之航空器，應有由任一駕駛員座椅上即可監看駕駛艙門外部情況之方法，以辨識欲進入駕駛艙之人員及察覺可疑行為與潛在威脅。航空器使用人因特殊情況無法於規定期限內完成本條規定之駕駛艙門及客艙監視系統改裝時，應檢具相關證明文件及說明文件向民航局申請核准延展完成期限。」

第八節　Briefing Passengers Before Takeoff

在探討FAR 121.571之前，先檢視ICAO Annex 6 Requirement及《航空器飛航作業管理規則》第45條對本節「Briefing Passengers Before Take off」的規範。

ICAO Annex 6 Requirement 4.2.11 Passengers

4.2.11.1 An operator shall ensure that passengers are made familiar with the location and use of：

(a) seat belts;

(b) emergency exits;

(c) if the carriage of life jackets is prescribed;

(d) oxygen dispensing equipment. if the provision of oxygen for the use of passengers is prescribed; and

(e) other cmergency equipment provided for individual use, including passenger emergency briefing cards.

4.2.11.2 The operator shall inform the passengers of the location and general manner of use of the principal emergency equipment carried for collective use.

4.2.11.3 In an emergency during flight, passengers shall be instructed in such emergency action as may be appropriate to the circumstances.

4.2.11.4 The operator shall ensure that during take-off and landing and whenever, by reason of turbulence or any emergency occurring during flight, the precaution is considered necessary, all passengers on board an aeroplane shall be secured in their seats by means of the seat belts or harnesses provided.

【引申解析】

《航空器飛航作業管理規則》第45條規定，航空器使用人應於航空器起飛前確使所有乘客知悉下列事項：(1)禁菸告知；(2)電子用品使用限制之告知；(3)座椅安全帶繫緊及鬆開之說明；(4)緊急出口位置；(5)救生背心位置及使用方法；(6)氧氣面罩位置及使用方法；(7)供乘客個別及共同使用之其他緊急裝備。對可能需要協助迅速移至緊急出口之乘客，客艙組員應個別說明遇緊急時，至適當緊急出口之路線與開始前往出口之時機並詢問乘客或其同伴最適當之協助方式。航空器使用人應於航空器內備有印刷之緊急出口圖示及操作方法與其他緊急裝備使用需要之說明資料並置於乘客易於取用處。每一說明資料應僅適用於該型別及配置之航空器。航空器使用人應訂定出口座椅安排計畫，該計畫應包括定義各型別航空器之緊急出口、座位安排程序、機場資訊及出口座位乘客提示卡，以提供相關作業人員使用。航空器使用人應將第一項至第五項規定之作業於相關手冊內載明。

§121.571 Briefing passengers before takeoff

(a) Each certificate holder operating a passenger-carrying airplane shall insure that all passengers are orally briefed by the appropriate crewmember as follows:

(1) Before each takeoff, on each of the following:

(i) Smoking. Each passenger shall be briefed on when, where, and under what conditions smoking is prohibited including, but not limited to, any applicable requirements of part 252 of this title. This briefing shall include a statement that the Federal Aviation Regulations require passenger compliance with the lighted passenger information signs, posted placards, areas designated for safety purposes as no smoking areas, and crewmember instructions with regard to these items. The briefing shall also include a statement that Federal law prohibits tampering with, disabling, or destroying any smoke detector in an airplane lavatory; smoking in lavatories; and, when applicable, smoking in passenger compartments.

(ii) The location of emergency exits.

(iii) The use of safety belts, including instructions on how to fasten and unfasten the safety belts. Each passenger shall be briefed on when, where, and under what conditions the safety belt must be fastened about that passenger. This briefing shall include a statement that the Federal Aviation Regulations require passenger compliance with lighted passenger information signs and crewmember instructions concerning the use of safety belts.

(iv) The location and use of any required emergency flotation means.

(v) On operations that do not use a flight attendant, the following additional information:

(A) The placement of seat backs in an upright position before takeoff and landing.

(B) Location of survival equipment.

(C) If the flight involves operations above 12,000 MSL, the normal and emergency use of oxygen.

(D) Location and operation of fire extinguisher.

(2) After each takeoff, immediately before or immediately after turning the seat belt sign off, an announcement shall be made that passengers should keep their seat belts fastened, while seated, even when the seat belt sign is off.

(3) Except as provided in paragraph (a)(4) of this section, before each takeoff a required crewmember assigned to the flight shall conduct an individual briefing of each person who may need the assistance of another person to move expeditiously to an exit in the event of an emergency. In the briefing the required crewmember shall --

(i) Brief the person and his attendant, if any, on the routes to each appropriate exit and on the most appropriate time to begin moving to an exit in the event of an emergency; and

(ii) Inquire of the person and his attendant, if any, as to the most appropriate manner of assisting the person so as to prevent pain and further injury.

(4) The requirements of paragraph (a)(3) of this section do not apply to a person who has been given a briefing before a previous leg of a flight in the same aircraft when the crewmembers on duty have been advised as to the most appropriate manner of assisting the person so as to prevent pain and further injury.

(b) Each certificate holder shall carry on each passenger-carrying airplane, in convenient locations for use of each passenger, printed cards supplementing the oral briefing and containing --

(1) Diagrams of, and methods of operating, the emergency exits;

(2) Other instructions necessary for use of emergency equipment; and

(3) No later than June 12, 2005, for Domestic and Flag scheduled passenger-carrying flights, the sentence, "Final assembly of this airplane was completed in [INSERT NAME OF COUNTRY]."

(c) The certificate holder shall describe in its manual the procedure to be followed in the briefing required by paragraph (a) of this section.

【引申解析】

客艙廣播是聯繫旅客和機組的紐帶。實務上，有關航空公司的客艙廣播（cabin announcement）可依「正常狀況」（必要之廣播）及「特殊狀況」（視情況廣播）將飛機從旅客登機至下機的過程分為下列六個階段：(1)關艙門前（before door closed）；(2)關艙門後／起飛前（after door closed/ before take-off）；(3)飛行中（in-flight）；(4)下降時（approaching）；(5)落地後（after landing）；(6)緊急情況（emergency）。

Chapter 9

1929年華沙公約

第一節　《華沙公約》的背景

第二節　《華沙公約》條文解析

第一節　《華沙公約》的背景

一、歷史沿革

第一次世界大戰（1914-1918）結束後，雖各國從百業蕭條中逐漸復甦，但剛剛萌芽的國際航空運輸業卻仍相當脆弱。一方面，各種不同的客票、行李票、提單等有統一整合的必要，再者，對於航空運送人的責任還是要透過跨國的國際力量來加以管制，這正是1919年10月13日，各國代表在巴黎舉行會議，會中決議成立「國際飛航委員會」（International Commission for Air Navigation），並起草制定「國際飛航規範」（Air Navigation Code），後稱為《巴黎空中航行管理公約》（Paris Convention for the Regulation of Aerial Navigation）或簡稱《巴黎公約》的發展背景。

然而，《巴黎公約》著重的觀點在於公法，1923年法國政府向各國提出運送人責任之國際公約草案，1926年5月17日至21日，遂在法國政府倡議下，在巴黎召開了第一次航空私法國際會議，並籌組「國際航空法律專家委員會」（CITEJA），並共同期望議定國際統一的航空民事責任法典。這正是1929年10月12日在華沙所舉行的第二次航空私法國際會議的背景。《華沙公約》締約國認為，國際航空運輸的條件在所用文件和承運人的責任方面，有統一規定的必要，為此目的，各派全權代表，經正式授權，通過訂定《統一國際航空運輸某些規則的公約》（通稱1929年《華沙公約》）。《華沙公約》 自頒布以來，對國際航空運輸發展的影響風行草偃，迄今尤然。究其原因，《華沙公約》解決了航空運輸業四項主要問題，亦即航空運送責任原則、責任範圍、責任限制及責任爭議處置。其中有關國際航空運送的契約條款，乘客及託運人之權利與運送人之義務等事項，更是全球多數國家在航空事務上奉為圭臬的準據。該公約主要內容是統一制訂國際空運有關航空公司從業人員、代理商、貨運委託人、受託人以及其他有關人員之權力與賠償責任。

二、結構

構成華沙體制的九個法律文件（八個國際條約和一個國際民間協定）：

1.《華沙公約》：1929年10月12日在華沙簽署的《統一國際航空運輸某些規則的公約》，1933年2月13日起生效。

2.《海牙議定書》：1955年9月28日在海牙簽署的《修訂1929年10月12日在華沙簽訂的《統一國際航空運輸某些規則的公約》的議定書》。

3.《瓜達拉哈拉公約》：1961年9月18日在瓜達拉哈拉簽署的《統一非立約承運人所作國際航空運輸的某些規則以補充華沙公約的公約》。

4.1966年5月13日在蒙特利爾簽訂的《蒙特利爾承運人間協定》，又稱為《蒙特利爾協議》。這不是國際條約，而是由美國民航委員會與世界各主要航空公司之間訂立的民間協定，因其對國際航空業的重大影響而被歸入華沙體系。

5.《瓜地馬拉議定書》：1971年3日8日簽署於瓜地馬拉的《修訂經海牙議定書修訂的《統一國際航空運輸某些規則的公約》的議定書》。

6.蒙特利爾追加議定書：1975年9月25日在蒙特利爾簽署的第一號、第二號、第三號與第四號《關於修改《統一國際航空運輸某些規則的公約》的追加議定書》，該四份法律文件分別被稱爲1975年蒙特利爾第幾號議定書。除第四號已在1998年被批准外，其他三者迄今尚未生效。1999年5月在蒙特利爾召開的國際航空法大會上，中華人民共和國和其他五十一個國家在會議上簽署該項公約。

第二節 《華沙公約》條文解析

Convention for the Unification of Certain Rules Relating to International Carriage by Air, Signed at Warsaw on 12 October 1929 (Warsaw Convention)

《統一國際航空運輸某些規則的公約》，1929年10月12日於華沙簽署（《華沙公約》）

A. Chapter I - Scope - Definitions

第1章 範圍—定義

Article 1

1.This Convention applies to all international carriage of persons, luggage or goods performed by aircraft for reward. It applies equally to gratuitous carriage by aircraft performed by an air transport undertaking.

【中譯】

第1條

1.本公約適用於所有為取酬而以航空器運載人、行李或貨物的國際運輸，本公約同樣也適用於擔任無償運送的航空事業。

【解析】

(1)所謂「reward」，以牛津字典的涵意是「n. something good given or received in return for something done」，在此譯為「取酬」。《民法》第622條：「稱運送人者，謂以運送物品或旅客為營業而受運費之人。」另依據《民用航空法》第2條，「民用航空運輸業是以航空器直接載運客、貨、郵件，取得報酬之事業。」航空公司以航空器運載人、行李或貨物，當然是以「取酬」為目的，並得以賴以維生；(2)所謂「gratuitous」，以牛津字典的涵意是「adj. received or given without cost or payment」，是免費的、無償的之意。即便航空公司於某些特定航班或特定人士予以無償搭載〔如酬賓、公關或行銷活動的免費票（free of charge,

FOC）〕，但可推得其免費活動係以得到旅客再次消費或廣告招攬為其終極目的，因此就算未向旅客收費，仍適用於《華沙公約》的保護；(3)所謂「persons」亦即在民法上因給付運費而與航空公司具有債權債務關係的旅客，但不包含偷乘者及沒有持有機票之正在執勤的航空公司員工。

2. For the purposes of this Convention the expression "international carriage" means any carriage in which, according to the contract made by the parties, the place of departure and the place of destination, whether or not there be a break in the carriage or a transshipment, are situated either within the territories of two High Contracting Parties, or within the territory of a single High Contracting Party, if there is an agreed stopping place within a territory subject to the sovereignty, suzerainty, mandate or authority of another Power, even though that Power is not a party to this Convention. A carriage without such an agreed stopping place between territories subject to the sovereignty, suzerainty, mandate or authority of the same High Contracting Party is not deemed to be international for the purposes of this Convention.

【中譯】

2.本公約所稱之「國際運輸」係指：依據當事人雙方訂定的運送契約，不論運輸過程中是否有間斷或轉運，只要出發地和目的地是在《華沙公約》兩個締約國的領土內，或者是出發地和目的地均在一個締約國的領土內而在另一個國家（不論其是否為《華沙公約》的締約國）之主權、宗主權、委任統治權或管轄權下的領土內有一個約定經停地的運輸。如果在一個締約國的領土內從事兩地之間的運輸，而在另一個國家的領土內沒有約定的經停地點，則不能視為本公約意義上的國際運輸。

【解析】

(1)「High Contracting Parties」在此解為《華沙公約》的締約國。英國貴族院（House of Lords）在Philippson v. Imperial Airways一案中對於締約

國之解釋認為公約第36條至第40條所稱締約國亦包含簽署國在內，且IATA之適用運送條款乃參考《華沙公約》而定，應採同樣解釋。亦即尚未完成批准程序之簽約國亦可適用《華沙公約》之規定。但是美國卻有不同的觀點，在1968年Corocraft Ltd. v. Ran American World Airways. Inc.一案，承審法官認為：「華沙公約係一國際公約，因此僅對批准之國家有國際法之拘束力」（Boyl, 1982）；(2)「territory」係為締約國之領域，有關適用《華沙公約》時與締約國領域之問題，依公約第1條第二項所稱之宗主權（suzerainty）、委任統治地（mandate）、管轄地（authority）等，可由國際法上實踐作為決定之依據；(3)依照《華沙公約》對「國際運輸」的定義有二：第一，運送契約上的出發地與目的地分別屬於不同的兩個《華沙公約》締約國境內，至於航程中是否在其他國家有間斷或轉運（不管這個國家是不是《華沙公約》締約國），都不妨礙其為國際運輸。其次，如果運送契約上的出發地與目的地是隸屬於同一個《華沙公約》締約國，則該航程途中必須在他國有約定經停地（不管這個國家是不是《華沙公約》締約國），才能算是國際運輸。援舉數例如下：

【例一】洛杉磯→臺北→香港

分析：因美國是《華沙公約》締約國，香港是中華人民共和國的特別行政區，起迄兩地均為《華沙公約》締約國，雖然途中在臺北轉運（中華民國（臺灣）現已非《華沙公約》締約國），以《華沙公約》對「國際運輸」的定義而言，本航程為國際運輸。

【例二】臺北→紐約→臺北

分析：因起迄兩地均是臺北，雖途經美國是《華沙公約》締約國，但因中華民國（臺灣）現在已非《華沙公約》締約國，所以本航程不符合國際運輸的定義。

3. A carriage to be performed by several successive air carriers is deemed, for the purposes of this Convention, to be one undivided carriage, if it has been regarded by the parties as a single operation, whether it had been agreed upon under the form of a single contract or of a series of contracts, and it does not lose its international character merely because one contract or a series of contracts is to be performed entirely within a territory subject to the sovereignty, suzerainty, mandate or authority of the same High Contracting Party.

【中譯】

3.本公約中，如果幾個連續的航空承運人把所進行的運輸視為一項連續的作業，不論它是以一份契約或是一系列的契約形式來進行，則該運輸需當作是一項不可分割的運輸；並不會因為其中一份契約或一系列契約完全在同一國家的主權、宗主權、委任統治權或管轄權下的領土內履行而喪失其國際運輸的性質。

【解析】

(1)本條文中所謂「successive air carriers」（連續的航空承運人）是整個航程必須分成幾個航段，分別有幾家不同的航空公司來負責。《華沙公約》第30條針對本條文第三項之連續運送人更進一步地說明：「1.如果符合第1條第三項所規定的由數個連續承運人辦理的運輸，接受旅客、行李或貨物的每一個承運人都應該受本公約規定的約束，並在運輸契約中由其辦理的某一段運輸的範圍內，視為運輸契約的訂約一方；2.如果是連續承運性質的運輸，旅客或其代表只能對發生事故或延誤的那一段運輸的承運人提出訴訟，除非有明文規定第一承運人應該負整個旅遊行程的責任。3.至於行李或貨物，旅客或託運人有向第一承運人提出訴訟的權利，有權提取行李或貨物的旅客或受貨人也有向最後承運人提出訴訟的權利。此外，無論託運人或受貨人亦可以對發生毀滅、遺失、損壞或延誤的那一段運輸的承運人提出訴訟。這些承運人應該對旅客、託運人和受貨人負連帶及各自責任。」如果是貨物運送，而涉及數名運送人間負擔運送責任的問題，可再細分為真正聯營運送、非真正聯營運送、共同運送及部分運送四種類型，各有不同法律效果及複雜性，囿於篇幅，本書不深入探討；(2)「連續運送」的判別要件：(a)運送人必須是「相繼運送人」；(b)運輸性質必須是一個不可分割的運送；(c)運輸契約可為一個或多個；(d)其中部分航段雖在同一國境，仍不失其國際運輸的性質。

【引申】

若航空器遭遇異常事件必須安排他航轉機，包含：(1)他航繼續運送至原訂之經停地或目的地，使用原機票（endorse），旅客無異議登機繼續其行程，仍不妨礙原來對「undivided carriage」的定義；(2)他航繼續運送，但其航線與原訂之經停點或目的地略有不同，使用原機票，到達不同目的地後，用陸上交通工具將旅客運送至原訂之目的地，仍不妨礙原來對「undivided carriage」的定義；(3)他航繼續運送已原訂之目的地或其附近的新目的地，但不使用原來的機票，而另開自己的機票，亦即重新開票（reissue）。此時，已不符合「undivided carriage」，原先的運輸契約等同已告終止。另外，除非是經由事先約定，否則若旅客個人自行轉機，視同已終止原來的運輸契約。

Article 2

1.This Convention applies to carriage performed by the State or by legally constituted public bodies provided it falls within the conditions laid down in Article 1.

2.This Convention does not apply to carriage performed under the terms of any International Postal Convention.

【中譯】

第2條

1.該條約適用於由國家直接經營或公法人於第1條所定條件之國際運送。

2.本公約不適用於按照《國際郵政公約》的規定而辦理的運輸。

【解析】

(1)「legally constituted public bodies」為「公法人」，亦即依據公法設立而具有公法上權力能力的行政主體，有足夠的資格以自己名義享受公法上權利、負擔公法義務者。對《華沙公約》有2條第一項有關由國家或其他公法人從事屬第1條所定條件之國際運送聲明保留者，亦即對此提出保留之締約國，其由國家或他公法人所為之國際運送，不適用《華沙公約》的規定。不過，本條文在1999年《蒙特利爾公約》中有所改變，該公約第57條規定：「對本公約不得保留，但是當事國可以在任何時候向存檔人提交通知，聲明本公約不適用於：1.由當事國就其作為主權國家的職能和責任為非商業目的而直接辦理和營運的國際航空運輸；以及／或者；2.使用在該當事國登記的或者為該當事國所租賃的、其全部運送已為其軍事當局或者以該當局的名義所保留的航空器，為該當局辦理的人員、貨物和行李運輸。」；(2)因各國均將郵政列為專營業務，獨立於運輸事業之外，故獨立於運輸相關法規或民法而有單獨的郵政法，本條文中所謂「International Postal Convention」為萬國郵政聯盟所訂定的《萬國郵政公約》。1948年7月，萬國郵政聯盟正式成為聯合國關於國際郵政事務的專門機構，總部設在瑞士的伯爾尼。其宗旨是組織和改善國際郵政業務，例如計費、交換郵件、協調郵路等事情，便利國際合作和發展。中華民國於1914年加入該聯盟，但1949年中共取得中國政權後，由於中華民國（臺灣）仍以中國合法政府地位保留該席位，中共遂於1953年與該聯盟斷絕往來。1972年4月，萬國郵政聯盟承認中共為中國的唯一合法代表；(3)另外，《華沙公約》第34條亦強調本公約不適用於航空運輸企業為了開闢正式航線進行試航的國際航空運輸，也不適用於超出正常範圍航空運輸以外的特殊情況下所進行的運輸業務。

【引申】

對於本公約第2條第一款，附加在華沙公約追加議定書（關於第二條），提到「締約國在批准或加入時，得保留提出如下聲明的權利：本公約不適用於該國」的排除但書，目前美國及加拿大已聲明該項保留。然而，在第二次世界大戰期間，美軍經常包租民航機從事軍人、眷屬、勞軍團等活動，雖然美國認為不應該屬於《華沙公約》的管轄範圍，但經法院審理，仍認為應該適用於《華沙公約》，而不得主張其列為保留範圍。

Section I - Passenger Ticket

Article 3

1. For the carriage of passengers the carrier must deliver a passenger ticket which shall contain the following particulars:

(a) the place and date of issue;

(b) the place of departure and of destination;

(c) the agreed stopping places, provided that the carrier may reserve the right to alter the stopping places in case of necessity, and that if he exercises that right, the alteration shall not have the effect of depriving the carriage of its international character;

(d) the name and address of the carrier or carriers;

(e) a statement that the carriage is subject to the rules relating to liability established by this Convention.

【中譯】

第一節　客票

第3條

1.承運人運送旅客時必須出具客票，客票上應該包括以下各項：

(a)開票的地點和日期；

(b)出發地和目的地；

(c)約定的經停點，但承運人可保留在必要時變更約定經停點的權利，如果承運人行使這項權利，不應使運輸由於這種變更而喪失其國際性質；

(d)承運人的名稱和地址；

(e)說明本運送受《華沙公約》就法律責任而訂定的有關規則所規範。

【解析】

本條文第(c)項雖同意承運人可保留在必要時變更約定經停點的權利，但其前提必須建立在「in case of necessity（必要之時）」，諸如：因天候因素、技術因素或特殊事件等必要之時。且在本條文第(c)項強調，若在必要時變更約定經停點，承運人仍需注意滿足該運輸行程為《華沙公約》所定義的「國際運輸」性質。以長榮航空公司運送契約第9條為例：「運送人對乘客及行李當儘其所能予以適切迅速承運，時間表或他處所列時間，並非保證時間，亦不屬本契約之一部分，運送人於必要時得不經事先通知，改由其他運送人或飛機代運，並得變更或取消客票所列停留地，時間表之變更無須事前通知，運送人亦不負責換接班機。」而中國國際航空公司運送契約第9條亦有同樣的規定：「承運人將盡最大努力以合理的快速承運旅客及行李。在班期時刻表內或其他地方所列的時間是不予保證的，也於構成本合同的一部分。承運人無須事先通知可以改換備用承運人或飛機，在必要時可以改變或取消客票上所列的經停地點。班期時刻可不事先通知而改變。承運人對航班的銜接不負責任。」即可窺見一斑。

2. The absence, irregularity or loss of the passenger ticket does not affect the existence or the validity of the contract of carriage, which shall none the less be subject to the rules of this Convention. Nevertheless, if the carrier accepts a passenger without a passenger ticket having been delivered he shall not be entitled to avail himself of those provisions of this Convention which exclude or limit his liability.

【中譯】

2.即使沒機票、機票有瑕疵或遺失，都不影響運輸契約的存在及有效性，這項運輸契約仍受《華沙公約》所規範。但是若承運人接受乘客而不交給乘客機票，則該承運人無權引用本公約中免除或限制承運人法律責任的條文。

【解析】

1929年《華沙公約》雖未明定客票具運送契約表見證據力，惟其第3條第二項則規範客票對於運送人責任之影響，且其第11條亦規定：「航空託運提單是訂立契約、接受貨物和承運條件的表面證據。」另外，1955年《海牙議定書》雖未對運送憑證下定義，惟其第3條第二項卻明文：「客票為訂定運送契約即約定條款之表見證據。」《蒙特利爾公約》第3條第四款亦規定：「旅客應當獲得書面提示，說明在適用本公約的情形下，本公約調整並可能限制承運人對死亡或者傷害，行李毀滅，遺失或者損壞，以及延誤所承擔的責任」。此外，《中華人民共和國民用航空法》第111條規定：「客票是航空旅客運輸合同訂立和運輸合同條件的初步證據。」且其第110條第一項第三款同時規定：「旅客航程的最終目的地、出發地點或者約定的經停地點之一不在中華人民共和國境內，依照所適用的國際航空運輸公約的規定，應當在客票上聲明此項運輸適用該公約的，客票上應當載有該項聲明。」從而得知，機票是搭機乘客與航空公司之間的一種運送契約，亦即機票是航空公司與機票署名者之間運送條款的「表面證據」，亦為文義證券。按飛機票所附載之「運送契約」是構成附合契約（contract of adhesion）之內容，機票既是表面證據則它表示此物已足以充分並有效地視為客觀之證據價值，而能達到法院據以確認事實而進行裁決的程度。因此，旅客登機之前應有權持有機票，審閱其運輸契約的條件和權益。就國際航空運送實務觀之，由於航空運送有一定程度之風險，為鼓勵航空運送此一行業之發展，是以國際航空運送實務上普遍賦予航空運送人得主張單位責任限制之權利，舉凡《華沙公約》、《海牙議定書》等國際公約甚或《民用航空法》皆以為證。由於機票是附合契約，若承運人確有搭載乘客之行為，便應交付機票予乘客，若無交付機票之事實，而讓乘客登機，則為了保障大多數乘客權益起見，則該承運人將喪失《華沙公約》賦予之「免除或限制責任」的保護，恐面臨賠償無上限之窘境。

Section II - Luggage Ticket

Article 4

1. For the carriage of luggage, other than small personal objects of which the passenger takes charge himself, the carrier must deliver a luggage ticket.
2. The luggage ticket shall be made out in duplicate, one part for the passenger and the other part for the carrier.
3. The luggage ticket shall contain the following particulars:-
   (a) the place and date of issue;
   (b) the place of departure and of destination;
   (c) the name and address of the carrier or carriers;
   (d) the number of the passenger ticket;
   (e) a statement that delivery of the luggage will be made to the bearer of the luggage ticket;
   (f) the number and weight of the packages;
   (g) the amount of the value declared in accordance with Article 22(2);
   (h) a statement that the carriage is subject to the rules relating to liability established by this Convention.
4. The absence, irregularity or loss of the luggage ticket does not affect the existence or the validity of the contract of carriage, which shall none the less be subject to the rules of this Convention. Nevertheless, if the carrier accepts luggage without a luggage ticket having been delivered, or if the luggage ticket does not contain the particulars set out at (d), (f) and (h) above, the carrier shall not be entitled to avail himself of those provisions of the Convention which exclude or limit his liability.

【中譯】

第二節　行李票

第4條

1.運送行李時，除由旅客自行保管的小件個人用品外，承運人必須交付行李票。

2.行李票應備一式兩份，一份交旅客，另一份予承運人。

3.行李票上應包括以下各項：(a)出票地點和日期；(b)起程地和目的地；(c)承運人的名稱和地址；(d)客票的號碼；(e)交給行李票持有者的行李運送聲明；(f)行李件數和重量；(g)根據第22條第二項聲明的價值；(h)聲明運輸應受本公約所規定責任制度的約束。

4.如果沒有行李票、或行李票不合規定或行李票遺失，不影響運輸契約的存在和有效，這項運輸契約仍將同樣受本公約的規則的約束。但是如果承運人接受行李而不出具運輸契約，或運輸契約上沒有包括以上(d)、(f)和(h)各項，承運人就無權引用本公約關於免除或限制承運人責任的規定。

【解析】

「takes charge himself」為付責之意，以《牛津字典》的意義為「control, responsibility for a person or groups, etc」。「make out」為填寫之意，其意義為「to write in complete form」。根據IATA 1986年運輸（旅客與行李）共同條件第1條：「所謂行李係指旅客在旅行中為穿戴、使用、舒適或便利所需或相宜而攜帶的物品或其他個人財物。」在公約中將行李分為託運行李（登記行李）與手提行李（自理行李），針對託運行李，《華沙公約》於本條文針對行李票予以規範。

Section II - Luggage Ticket

Article 5

1. Every carrier of goods has the right to require the consignor to make out and hand over to him a document called an “air consignment note”; every consignor has the right to require the carrier to accept this document.
2. The absence, irregularity or loss of this document does not affect the existence or the validity of the contract of carriage which shall, subject to the provisions of Article 9, be none the less governed by the rules of this Convention.

【中譯】

第三節　託運提單

第5條

1.貨物承運人有權要求託運人填寫一項稱為「航空託運提單」的憑證；託運人有權要求承運人接受這份文件。

2.即使沒有此託運提單、託運提單有瑕疵或遺失，都不影響運輸合約的存在及有效性，除了第9條的條文另有規定外，這份運輸契約仍受《華沙公約》所規範。

【解析】

所謂「air consignment note」（航空託運提單；空運提單）。《民法》第624條：「託運人因運送人之請求，應填給託運單。」在國際航空公約的用法上似將《民法》上的「託運單」與「提單」合而為一（王守潛，1990）。本條文在此應解為乘客於辦理報到劃位時之託運行李時所填具的客運託運提單。《民用航空運輸業管理規則》第28條：「民用航空運輸業對其運輸中使用之下列文件或其電子檔，應自起飛之日起至少保存二年，以備民航局查核：一、乘客機票票根。二、乘客艙單。三、貨物提單、託運單、貨物艙單及有關運務文件。四、包機合約。」此外，針對航空貨運承攬業對託運提單的用法較為複雜，根據張錦源、康蕙芬（1997）的定義，空運提單依簽發人的不同，可分為「主提單」（master air waybill）與「分提單」（house air waybill）。主提單與分提單之區別：(1)發行者不同：航空公司簽發的空運提單為主提單；航空貨運承攬業者或併裝業者（consolidator）簽發者為分提單；(2)提單號碼編排不同：航空公司發行的主提單，提單號碼係由三位數阿拉伯數字起頭，為航空公司的代號或IATA統一編號，例如中華航空公司的代號為297，其後跟著不超過八位數字的流水號碼，為航空公司自編的貨號及帳號。由航空貨運公司發行的分提單則起首為該公司的英文代號，而非阿拉伯數字，其後面為該公司自編的流水號碼；(3)提單性質不同：由於航空貨運公司本身並非實際運送人，也未必係實際運送人的代理人，故其發行的分提單與海運的forwarder's B/L一樣，只具有貨主與貨運承攬業者間的運送契約性質，一旦發生索賠問題，貨主只能向貨運承攬業者主張權利，而不能直接對航空公司主張任何權利。另外，《航空貨運承攬業管理規則》第16條對提單的規範更是嚴格限制：「航空貨運承攬業應依託運人製作之託運單詳實填發分提單，其各聯內容應完全一致，不得有變造、偽造及重複使用同一號碼情事。每一主提單應將其涵蓋之分提單號碼逐一記載。」

Article 6

1. The air consignment note shall be made out by the consignor in three original parts and be handed over with the goods.
2. The first part shall be marked "for the carrier," and shall be signed by the consignor. The second part shall be marked "for the consignee"; it shall be signed by the consignor and by the carrier and shall accompany the goods. The third part shall be signed by the carrier and handed by him to the consignor after the goods have been accepted.
3. The carrier shall sign on acceptance of the goods.
4. The signature of the carrier may be stamped; that of the consignor may be printed or stamped.
5. If, at the request of the consignor, the carrier makes out the air consignment note, he shall be deemed, subject to proof to the contrary, to have done so on behalf of the consignor.

【中譯】

第6條

1.託運人應填寫航空託運提單正本一式三份，並且和貨物一起交移於承運人。

2.第一份註明「交承運人」，由託運人簽字；第二份註明「交受貨人」，由託運人和承運人簽字，並附在貨物上；第三份由承運人在接受貨物後簽字，交給託運人。

3.承運人應該在接受貨物時簽字。

4.承運人的簽名可以戳印替代，託運人的簽名可以印刷或戳印來代替。

5.如果承運人根據託運人的請求，填寫航空託運提單，在沒有反證時，應認為是代替託運人填寫。

【解析】

1. air consignment note航空託運提單。

2.hand over交移；to give (power, responsibility, or control of something) to someone else。

3.accompany陪伴、陪同；go with。

4.deem認為、視為；to consider。

5.to the contrary意思完全相反的；to the opposite effect。

Article 7

The carrier of goods has the right to require the consignor to make out separate consignment notes when there is more than one package.

【中譯】

第7條

如果貨物不只一件時，承運人有權要求託運人分別填寫航空託運提單。

Article 8

The air consignment note shall contain the following particulars:

(a) the place and date of its execution;

(b) the place of departure and of destination;

(c) the agreed stopping places, provided that the carrier may reserve the right to alter the stopping places in case of necessity, and that if he exercises that right the alteration shall not have the effect of depriving the carriage of its international character;

(d) the name and address of the consignor;

(e) the name and address of the first carrier;

(f) the name and address of the consignee, if the case so requires;

(g) the nature of the goods;

(h) the number of the packages, the method of packing and the particular marks or numbers upon them;

(i) the weight, the quantity and the volume or dimensions of the goods;

(j) the apparent condition of the goods and of the packing;

(k) the freight, if it has been agreed upon, the date and place of payment, and the person who is to pay it;

(l) if the goods are sent for payment on delivery, the price of the goods, and, if the case so requires, the amount of the expenses incurred;

(m) the amount of the value declared in accordance with Article 22 (2);

(n) the number of parts of the air consignment note;

(o) the documents handed to the carrier to accompany the air consignment note;

(p) the time fixed for the completion of the carriage and a brief note of the route to be followed, if these matters have been agreed upon;

(q) a statement that the carriage is subject to the rules relating to liability established by this Convention.

【中譯】

第8條

航空託運提單應該包括以下各項：

(a)航空託運提單上應填寫地點和日期；

(b)起運地和目的地；

(c)約定經停地點方面，提供了承運人於必要時保留變更停經地點的權利。當承運人行使該權利時，此項變更不應該剝奪該貨運的國際性質；

(d)託運人的名稱和地址；

(e)第一承運人的名稱和地址；

(f)必要時應寫明受貨人的名稱和地址；

(g)貨物的性質；

(h)包裝件數、包裝方式，和在上面的特殊標誌或號數；

(i)貨物的重量、數量、體積或尺寸；

(j)貨物和包裝的外表情況；

(k)如果運費已經議定，應寫明運費金額、付費日期和地點以及付費人；

(l)如果是貨到付款，應寫明貨物的價格，必要時還應寫明應付的費用；

(m)根據第22第二項聲明的價值；

(n)航空託運提單的份數；

(o)隨同航空託運提單交給承運人的憑證；

(p)如果經過協議，應填寫貨運完整的時間安排（貨運完成的確切時間），並概要說明經過的路線；

(q)聲明運輸應受本公約所規定責任制度的約束。

Article 9

If the carrier accepts goods without an air consignment note having been made out, or if the air consignment note does not contain all the particulars set out in Article 8(a) to (i) inclusive and (q), the carrier shall not be entitled to avail himself of the provisions of this Convention which exclude or limit his liability.

【中譯】

第9條

如果承運人接受貨物時並沒有具備託運單，或是託運單沒有包括第8條(a)至(i)段及(q)段所列的事項，則承運人無權引用本公約關於免除或限制承運人法律責任的條文。

【解析】

inclusive為「含有……」之意。adj. indicates a range within which a series of items is included。

Article 10

1.The consignor is responsible for the correctness of the particulars and statements relating to the goods which he inserts in the air consignment note.

2.The consignor will be liable for all damage suffered by the carrier or any other person by reason of the irregularity, incorrectness or incompleteness of the said particulars and statements.

【中譯】

第10條

1.對於在航空託運提單上所填關於貨物的各項說明和聲明的正確性，託運人應負責任。

2.對於因為這些說明和聲明不合規定、不正確、或不完備而使承運人或任何其他人遭受的一切損失，託運人應負責任。

Article 11

1.The air consignment note is prima facie evidence of the conclusion of the contract, of the receipt of the goods and of the conditions of carriage.

2.The statements in the air consignment note relating to the weight, dimensions and packing of the goods, as well as those relating to the number of packages, are prima facie evidence of the facts stated; those relating to the quantity, volume and condition of the goods do not constitute evidence against the carrier except so far as they both have been, and are stated in the air consignment note to have been, checked by him in the presence of the consignor, or relate to the apparent condition of the goods.

【中譯】

第11條

1.航空託運提單是訂立契約、接受貨物和承運條件的表面證據。

2.航空託運提單內關於貨物的重量、尺寸、包裝和件數屬於表面證據；除非承運人在託運人在場時查核有關的說明、貨物的外觀並且在該託運提單內說明此項查核，否則對貨物數量、體積和狀況的說明並不構成對承運人不利的證據。

Article 12

1.Subject to his liability to carry out all his obligations under the contract of carriage, the consignor has the right to dispose of the goods by withdrawing them at the aerodrome of departure or destination, or by stopping them in the course of the journey on any landing, or by calling for them to be delivered at the place of destination or in the course of the journey to a person other than the consignee named in the air consignment note, or by requiring them to be returned to the aerodrome of departure. He must not exercise this right of disposition in such a way as to prejudice the carrier or other consignors and he must repay any expenses occasioned by the exercise of this right.

2.If it is impossible to carry out the orders of the consignor the carrier must so inform him forthwith.

3.If the carrier obeys the orders of the consignor for the disposition of the goods without requiring the production of the part of the air consignment note delivered to the latter, he will be liable, without prejudice to his right of recovery from the consignor, for any damage which may be caused thereby to any person who is lawfully in possession of that part of the air consignment note.

4.The right conferred on the consignor ceases at the moment when that of the consignee begins in accordance with Article 13. Nevertheless, if the consignee declines to accept the consignment note or the goods, or if he cannot be communicated with, the consignor resumes his right of disposition.

【中譯】

第12條

1.託運人在履行運輸契約所規定的一切義務的條件下，有權在起運地航空站或目的地航空站將貨物提回，或在途中經停時中止運輸，或在目的地或運輸途中交給非航空託運提單上所指定的受貨人，或要求將貨物退回起運地航空站，但不得因為行使這種權利而使承運人或其他託運人遭受損害，並且應該償付由此產生的一切費用。

2.不能實行託運人的指示，承運人必須立即通知託運人。

3.如果承運人按照託運人的指示來處理貨物，而之後沒有要求託運人出示他所執的航空託運提單，因而使該航空託運提單的合法持有人遭受損失時，承運人應負責任，但並不妨礙承運人向託運人要求賠償的權利。

4.受貨人的權利根據第13條的規定開始時，託運人的權利即告終止，但是如果收貨人拒絕接受航空託運提單或貨物，或是如果無法和受貨人聯絡，託運人可恢復處理貨物的權利。

Article 13

1.Except in the circumstances set out in the preceding Article, the consignee is entitled, on arrival of the goods at the place of destination, to require the carrier to hand over to him the air consignment note and to deliver the goods to him, on payment of the charges due and on complying with the conditions of carriage set out in the air consignment note.

2.Unless it is otherwise agreed, it is the duty of the carrier to give notice to the consignee as soon as the goods arrive.

3.If the carrier admits the loss of the goods, or if the goods have not arrived at the expiration of seven days after the date on which they ought to have arrived, the consignee is entitled to put into force against the carrier the rights which flow from the contract of carriage.

【中譯】

第13條

1.除了在以上條文所列的情況外，受貨人的貨物到達目的地時，繳完須付的費用並在遵從託運單上所列的運輸條件後，有權要求承運人交付託運單及貨物給他。

2.除了契約另有約定之外，承運人有責任在貨物到達後儘快通知受貨人。

3.如果承運人承認貨物遺失，或貨物在應該到達的日期七天後尚未到達，受貨人有權對承運人行使運輸契約中的權利。

Article 14

The consignor and the consignee can respectively enforce all the rights given them by Articles 12 and 13, each in his own name, whether he is acting in his own interest or in the interest of another, provided that he carries out the obligations imposed by the contract.

【中譯】

第14條

託運人或收貨人在履行契約所規定義務的條件下，不論為自己或別人的利益，可以各自用自己的名義分別行使第12、13條所賦予的一切權利。

Article 15

1.Articles 12, 13 and 14 do not affect either the relations of the consignor or the consignee with each other or the mutual relations of third parties whose rights are derived either from the consignor or from the consignee.

2.The provisions of Articles 12, 13 and 14 can only be varied by express provision in the air consignment note.

【中譯】

第15條

1.第12、13、14各條不影響託運人對收貨人或受貨人對託運人的關係，也不影響從託運人或受貨人獲得權利的第三者之間的關係。

2.第12、13及14條的條文只可藉由託運提單內的明訂條文予以變更。

Article 16

1.The consignor must furnish such information and attach to the air consignment note such documents as are necessary to meet the formalities of customs, octroi or police before the goods can be delivered to the consignee. The consignor is liable to the carrier for any damage occasioned by the absence, insufficiency or irregularity of any such information or documents, unless the damage is due to the fault of the carrier or his agents.

2.The carrier is under no obligation to enquire into the correctness or sufficiency of such information or documents.

【中譯】

第16條

1.託運人應該提供各種必需的資料，以便在貨物交付收貨人以前完成海關、稅捐或警察手續，並且應該將必需的有關證件附在航空託運提單後面。除非由於承運人或其代理人的過失，這種資料或證件的缺乏、不足或不合規定所造成的任何損失，應該由託運人對承運人負責。

2.承運人沒有義務去調查這類資料或證件的正確或完備。

Chapter III - Liability of the Carrier

Article 17

The carrier is liable for damage sustained in the event of the death or wounding of a passenger or any other bodily injury suffered by a passenger, if the accident which caused the damage so sustained took place on board the aircraft or in the course of any of the operations of embarking or disembarking.

【中譯】

第三章　承運人的責任

第17條

凡旅客因死亡、受傷或受到其他任何人體傷害而蒙受損失時，如果造成這種損失的事故發生在航空器上，或者登機或下機過程中的任何一階段，承運人應負擔責任。

【解析】

(1)所謂「accident」（事故）一般而言係指未經設計無意而發生之事件（an accident is generally thought of as an occurrence without design），法國《拉魯瑟法文大辭典》及美國*Black Law Dictionary*（with Pronunciations）將「事故」定義為「偶然發生的對身體或物品損害的事件」。在本條文中，「accident」一詞應是關鍵用詞，它能決定訴訟成敗及責任的歸屬，但在《華沙公約》下，卻未對accident下定義。根據美國法院在1978年De Marines v. KLM Royal Dutvh Airlines一案中，亦認為accident係指那些未預期之事件，然而由於劫機及恐怖分子之攻擊行動猖狂，英美法院遂改變原先之立場。此外，1997年Tsevas v. Delta Air Lines, Inc.一案中，原告Stephania Tsevas在德國法蘭克福機場搭乘Delta航空公司班機飛往蓋亞那途中，遭到鄰座男士因酒醉對而對原告採取性攻擊行為，原告主張在該男士準備動手之初，原告曾向空服員要求調換座位，但遭到拒絕，隨後即遭到該名男士的性攻擊，伊利諾州地區法院認為該案酒醉乘客的攻擊行為符合《華沙公約》第17條意外事件之定義，而航空公司的處置更是顯有不當。Delta航空公司不得援引責任限額條款。此外，因旅客之本質或身體健康因素，在搭載運送時（含機場地面服務、登機、下機、飛行旅程中及急難時疏散）時常因航空器航行中較難避免的四項特性（氧氣較地面稀薄、艙內氣壓較地面為低、會輕度搖動或振動、病患周圍有其他乘客）而引發旅客自身健康狀況及機身在正常移動過程中所致之傷害，過去均認為非《華沙公約》所謂之「事故」。例如：1977年Warshaw v. Transworld Airline Inc.案中，原告因艙壓致內耳受傷。法院認為「事故」須為不幸的事件，並超出正常且外來事件所致者，本案原告之損害雖係外來所致，但是係屬正常艙壓，故不符事故之意義。1985年在Abramson v. Japan Airlines案中，原告於飛機起飛不久後，因自身疝氣復發要求躺下按摩胃部，空服員未准其要求，遂造成舊疾復發，法院認為旅客本身之疾病所致之傷害與空運無關，非為事故。由各國判例可窺見：凡屬航空器上正常狀況下經常發生的事情，並非事故。航空器上發生的事故必須是一種異常的、意外的、少見的事情。凡純屬旅客健康狀況引起的，或者與飛行無關的事情或事件，都不是我們在本公約所稱之事故；(2)雖然《華沙公約》對於運送人推定過失責任的規定在第17條明文規定了運送人應負擔責任的範圍。但是，《華沙公約》第20條亦規定，運送人如證明已採取一切必要措施則可減免責任。換句話說，第17條指的是作為造成乘客傷亡原因的事故存在了該事故與乘客傷亡事實的因果關係，原告有舉證之責任。更進一步來說，「推定過失責任制」並不能完全免除受害人的舉證責任，因為受害人還必須證明其受損害的範圍、數額等。以美國法院在1978年的「莫里斯訴波音公司」案中，更要求原告確認事故是造成傷害的近因，這是裁定航空公司責任的一個要件。推定過失責任在適用於航空運送事故時，須具備下列條件：(a)締約的雙方當事人地位不平等，亦即被推定有過失之一方常有較優勢的社會經濟地位或者立法者希望賦予一方當事人較重的責任義務；(b)事故的發生通常係由被推定有過失之一方的行為所引起的；(c)被害人不容易知道損害事故發生的詳細原因；(d)

被推定有過失之一方得舉證免除。推定過失責任主義在司法實務運作上比過失主義更令人詬病，不論被害人或是被推定有過失之一方對於賠償金額都沒有協調的空間，因此在航空客貨理賠案件中，當原告想要獲得更多的賠償或是航空公司想要減輕責任時，原告會在法院盡其所能主張各項事實以打破責任限額，而被告運送人往往將其他關係人牽扯進入，例如航空公司主張飛機製造商或地勤維修單位未善盡其責要求併列為共同被告以分擔賠償額，如此徒增訟累（陳承先，2000）；(3)所謂「bodily injury」（人身傷害）其範圍為何？對於人身傷亡所蒙受的損失之外，是否包含精神上的損失？這些都是引用本條文之適用性常遭遇的課題。因《華沙公約》於1929年10月12日訂於波蘭首府華沙，公約的正本是法文，本書或各國常使用的是英文譯本，因此就法文原意來解析。該條文所稱之損害，法文原文為「dommage survenu」，英譯為「damage sustained」，亦即「所蒙受的損失」。然而，在法文中未有明確解釋「lesion corporelle」究竟是身體上的損害抑或包含精神損害，惟航空法學界普遍認為該損害係指「legally cognizable harm」（法律上所認定的損害）（Faith Pescatore v. PAN AM World Airways, 1995）。實務上對於損失的判定，需參照各國法系所接受的法律原則以為引用。

Article 18

1.The carrier is liable for damage sustained in the event of the destruction or loss of, or of damage to, any registered luggage or any goods, if the occurrence which caused the damage so sustained took place during the carriage by air.

2.The carriage by air within the meaning of the preceding paragraph comprises the period during which the luggage or goods are in charge of the carrier, whether in an aerodrome or on board an aircraft, or, in the case of a landing outside an aerodrome, in any place whatsoever.

3.The period of the carriage by air does not extend to any carriage by land, by sea or by river performed outside an aerodrome. If, however, such a carriage takes place in the performance of a contract for carriage by air, for the purpose of loading, delivery or transshipment, any damage is presumed, subject to proof to the contrary, to have been the result of an event which took place during the carriage by air.

【中譯】

第18條

1.任何已登記的行李或貨物如果發生毀滅、遺失或損壞遭受到損害，如果造成損害的事件是在航空運輸期間發生，承運人應負責任。

2.上款所指航空運輸的意義，包含了承運人保管行李或貨物的期間，不論是在航空站內、在航空器上或在航空站外降落的任何地點。

3.航空運輸的期間不包括在航空站以外的任何陸運、海運或河運。但是如果這種運輸是為了履行航空運輸契約，是為了裝貨、交貨或轉運，除非有相反的證據，任何損失都應被視為在航空運輸期間發生事件的結果。

Article 19

The carrier is liable for damage occasioned by delay in the carriage by air of passengers, luggage or goods.

【中譯】

第19條

對於航空運送中之遲延所引起的對旅客、行李或貨物損失，承運人應負責任。

Article 20

1.The carrier is not liable if he proves that he and his agents have taken all necessary measures to avoid the damage or that it was impossible for him or them to take such measurcs.

2.In the carriage of goods and luggage the carrier is not liable if he proves that the damage was occasioned by negligent pilot age or negligence in the handling of the aircraft or in navigation and that, in all other respects, he and his agents have taken all necessary measures to avoid the damage.

【中譯】

第20條

1.如果承運人能證明他與他的代理人已經盡全力去防止貨品的損壞，或根本無法採取這樣的防備措施時，他們就不必負法律責任。

2.在運輸貨物和行李時，如果承運人證明損失的發生是由於駕駛上、航空器的操作上或領航上的過失，而在其他一切方面承運人和他的代理人已經採取一切必要措施以避免損失時，就可不負責任。

【解析】

雖然《華沙公約》第19條明文規範運送人對於乘客、行李或貨物的運送遲到所造成的損害賠償責任之規定。針對本條文中「遲延」的含義，學界曾提出過三種定義：(1)限於飛機在空中飛行中的遲延；(2)認應係指第18條第二項的「航空運送期間」；(3)主張應係指整個航空運送未能按約定時間將旅客、行李或貨物運抵目的地之情形而言。一般法院都按第三種定義來處理，同時在必要時兼用第二種的部分論點，以排除在機場外的陸、海、水運引起的遲延因素（楊舜惠、尹章華，2001）。然而，本公約第19條所謂「遲延」的意義，並非指航班的具體出發或抵達目的地時間上的「誤點」，而是指旅客或託運人選擇空運這種快速運送方式所合理期望的期限又要想對遲延引起的損失提出索賠，通常要證明它是一種不合理的遲延。此外，運送人也並非對所有的遲到都應負責，例如：(1)運送人已採取一切措施來避免（《華沙公約》第20條）；(2)由於旅客的過失所引起（《華沙公約》第21條）；(3)貨物的固有瑕疵所引起的（《海牙議定書》）。如何才能構成遲延？在無明文契約條款時，運送人只有在合理的時間內完成運送的義務，並應考慮事件的全部情況後始能判斷。

Article 21
If the carrier proves that the damage was caused by or contributed to by the negligence of the injured person the Court may, in accordance with the provisions of its own law, exonerate the carrier wholly or partly from his liability.

【中譯】

第21條

如果承運人證明損失的發生是由於受害人的過失所引起或造成，法院可以按照《華沙公約》之法律規定，免除或減輕承運人的責任。

【解析】

本條文是「過失相抵」的條文。以現代各國民法普遍建立於過失歸責一元論之學理基礎，亦即主張行為人須在主觀上有可歸責之過失存在，使對其行為造成之損害負擔損害賠償責任而言，就我國的《民法》第184條第一項前段規定為例：「因故意或過失，不法侵害他人之權利者，負損害賠償責任。」因此，一般侵權行為之賠償責任主體乃有可歸責原因（故意或過失）之侵權行為人，因其不法侵害他人權利需負損害賠償責任，故任何人只要因故意或過失，不法侵害他人之權利，即須為自己之行為負責，而其所負責屬於債的一種。亦即損害賠償之債，其成立要件有三：一為損害之發生；二為歸責原因之具備；三為歸責原因之事實與損害間有因果關係。亦即《民法》有關侵權行為損害賠償規定，計算損害賠償時，應該就所受損失，所失利益，損益相抵，過失相抵四大部分逐一分析。就《華沙公約》第21條的精神即屬「過失相抵」。當侵權行為發生而涉及損害賠償時，應確定損害範圍須先確定肇事者之何方有較多之過失，若雙方均有過失，均造成損害，應先行抵銷，此稱之為過失相抵。

Article 22

1.In the carriage of passengers the liability of the carrier for each passenger is limited to the sum of 125,000 francs. Where, in accordance with the law of the Court seised of the case, damages may be awarded in the form of periodical payments, the equivalent capital value of the said payments shall not exceed 125,000 francs. Nevertheless, by special contract, the carrier and the passenger may agree to a higher limit of liability.

2.In the carriage of registered luggage and of goods, the liability of the carrier is limited to a sum of 250 francs per kilogram, unless the consignor has made, at the time when the package was handed over to the carrier, a special declaration of the value at delivery and has paid a supplementary sum if the case so requires. In that case the carrier will be liable to pay a sum not exceeding the declared sum, unless he proves that that sum is greater than the actual value to the consignor at delivery.

3.As regards objects of which the passenger takes charge himself the liability of the carrier is limited to 5,000 francs per passenger.

4.The sums mentioned above shall be deemed to refer to the French franc consisting of 65 milligrams gold of millesimal fineness 900. These sums may be converted into any national currency in round figures.

【中譯】

第22條

1.運送乘客時，承運人對每一旅客的責任以125,000普安卡雷法郎為限。如果根據受理法院當地的法律，得以定期金方式支付，付款的總值不得超過這個限額，但是旅客可以根據其與承運人的特別協議，訂立一個較高的責任限額。

2.對於已登記的行李或貨物，承運人的責任是以每公斤250普安卡雷法郎為限。除非託運人在交運時，曾特別聲明行李或貨物運到後的價值，並照章加付運費者，不在此限。在這種情況下，承運人所負的責任應不超過所報明的價值，除非經承運人證明，託運人所聲明的金額高於行李或貨物運到後的實際價值。

3.關於乘客自己保管的隨身行李，承運人的責任限額係以每人5,000普安卡雷法郎為限。

4.前揭普安卡雷法郎係指含有千分之九百成色的65.5毫克黃金之法郎，此金額得折合任何國家取其整數之貨幣。

【解析】

(1)《華沙公約》第22條規定，對每位旅客的賠償限額為125,000普安卡雷法郎，亦可稱為「法國法郎」或「金法郎」。此外，每件手提行李為5,000普安卡雷法郎，每公斤行李、貨物為250普安卡雷法郎；(2)《華沙公約》第22條第二項所稱「託運人在交運時，曾特別聲明行李或貨物運到後的價值，並照章加付運費者」亦即在航空運務所稱之「報值行李」（Declare Excess Valuation或Excess Valuation Charge）。在航空運輸對報值行李的認定中，與傳統保險的意義不同，航空公司對於行李報值費用的收取亦非隸屬保險費用的名目，其意義僅只是旅客認為其攜帶之託運行李價值超過航空公司依據現行法規規定所訂之最高賠償金額，主觀上為了降低其行李之旅行風險（如遺失、損毀等）而向航空公司申請報值，航空公司則於承載責任範圍內提供限定金額內之服務項目（楊政樺，2001）。

Article 23

Any provision tending to relieve the carrier of liability or to fix a lower limit than that which is laid down in this Convention shall be null and void, but the nullity of any such provision does not involve the nullity of the whole contract, which shall remain subject to the provisions of this Convention

【中譯】

第23條

任何企圖免除承運人的責任，或定出一個低於本公約所規定責任限額的任何條款，都不生效力，但契約仍受本公約規定的約束，並不因此而失效。

【解析】

承運人為了減輕其對乘客或託運人損害所負之賠償責任，在訂定運送契約時，或有將免除或減輕其運送責任的「免責條款」（exemption clauses）列入的狀況。然而，若承運人利用資訊不對等的情境，迫使乘客、託運人訂立各種免責條款，致使《華沙公約》保護乘客、託運人之規定形同具文。因此，《華沙公約》第23條規定，不得另在契約中「定出一個任何低於本公約規定限額的條款」，其意涵是：「舉凡為免除運送人最低之強制責任或使運送人所負之責任較《華沙公約》規定為輕之任何規定，一概無效。」但此種規定之無效並不致令整個契約亦屬無效，且該公約應受本公約規定之約束。此外，公約第32條前段亦規定：「當事人於損害未發生前於契約中加註任何條款及訂定之所有特別協議，以圖違反本公約之規定者，應屬無效。」因此，限制責任在一定程度上也保障了用戶的索賠權利。亦即就算航空公司在客運機票、行李票、航空託運提單的「契約條款」（conditions of contrast）或班機時刻表、公司內部的運務手冊、運送條件手冊（conditions of carriage）訂定任何低於本公約所規定責任限額的條款，均屬無效。

Article 24

1.In the cases covered by Articles 18 and 19 any action for damages, however founded, can only be brought subject to the conditions and limits set out in this Convention.

2.In the cases covered by Article 17 the provisions of the preceding paragraph also apply, without prejudice to the questions as to who are the persons who have the right to bring suit and what are their respective rights.

【中譯】

第24條

1.因第18、19兩條之事由起訴者，不論其請求權為何，一切有關責任的訴訟只能按照本公約所列條件和限額提出。

2.因第17條之事由起訴者，亦適用前項規定。至於何人有起訴之權？以及其個別權利為何？均非所問。

Article 25

1.The carrier shall not be entitled to avail himself of the provisions of this Convention which exclude or limit his liability, if the damage is caused by his wilful misconduct or by such default on his part as, in accordance with the law of the Court seised of the case, is considered to be equivalent to wilful misconduct.

2.Similarly the carrier shall not be entitled to avail himself of the said provisions, if the damage is caused as aforesaid by any agent of the carrier acting within the scope of his employment.

【中譯】

第25條

1.如果損失的發生是由於承運人的有意不良行為，或由於承運人的過失，而根據受理法院的法律，這種過失被認為等於有意不良行為，承運人就無權引用本公約關於免除或限制承運人責任的規定。

2.前項情形，因承運人之代理人於執行其職務範圍內所造成的，承運人也無權引用這種規定。

【解析】

本條文之「wilful misconduct」係由法文「dol」所譯，中譯為「有意不良行為」。法文「dol」其含義係指故意造成損害的不合法、不道德、故意不履行契約義務或職責的行為。以我國的法令規章為例，依照《刑法》第13條：「行為人對於構成犯罪之事實，明知並有意使其發生者，為故意。行為人對於構成犯罪之事實，預見其發生而其發生並不違背其本意者，以故意論。」《民法》第184條規定，「因故意或過失，不法侵害他人權利者，應負損害賠償責任。」依照學者通說與實務見解來看，應指未負「善良管理人之注意義務」。此外，《民法》第227條規定，債務人於債務履行時，因給付有瑕疵致債權人有損害者，稱為「加害給付」，債務人對於因故意過失致債權人受損時，應負「不完全給付」之債務不履行責任。因此，承運人若因故意或過失怠於執行職務，致特定人之自由或權利遭受損害，承運人就無權引用《華沙公約》有關免除或限制承運人責任的規定。

Article 26

1.Receipt by the person entitled to delivery of luggage or goods without complaint is prima facie evidence that the same have been delivered in good condition and in accordance with the document of carriage.

2.In the case of damage, the person entitled to delivery must complain to the carrier forthwith after the discovery of the damage, and, at the latest, within three days from the date of receipt in the case of luggage and seven days from the date of receipt in the case of goods. In the case of delay the complaint must be made at the latest within fourteen days from the date on which the luggage or goods have been placed at his disposal.

3.Every complaint must be made in writing upon the document of carriage or by separate notice in writing despatched within the times aforesaid.

4.Failing complaint within the times aforesaid, no action shall lie against the carrier, save in the case of fraud on his part.

【中譯】

第26條

1.除非有相反的證據，如果受貨人在收受行李或貨物時沒有異議，就被認為行李或貨物已經完好地交付，並和運輸憑證相符。

2.如有損毀，受貨人應該在發現損壞後，立即向承運人提出異議，如果是行李，最遲應該在行李收到後三天內提出；如為貨物，最遲應該在貨物收到後七天提出。如果有延誤，最遲應該在行李或貨物交由受貨人支配之日起十四天（二星期）內提出異議。

3.任何異議應該在規定期限內寫在運輸憑證上或另以書面提出。
4.除非承運人方面有欺詐之情形者外，如果請求人在規定期限內沒有提出異議，就不能向承運人起訴。

Article 27

In the case of the death of the person liable, an action for damages lies in accordance with the terms of this Convention against those legally representing his estate.

【中譯】

第27條

如果債務人死亡，在《華沙公約》規定範圍內，有關損失賠償的訴訟可以向債務人之法定財產繼承人提出。

Article 28

1.An action for damages must be brought, at the option of the plaintiff, in the territory of one of the High Contracting Parties, either before the Court having jurisdiction where the carrier is ordinarily resident, or has his principal place of business, or has an establishment by which the contract has been made or before the Court having jurisdiction at the place of destination.
2.Questions of procedure shall be governed by the law of the Court seised of the case.

【中譯】

第28條

1.有關損害責任賠償請求的訴訟，依原告選擇，應於《華沙公約》締約國的領土內，向承運人居住所或其總營業處所在地或簽訂契約的機構所在地法院提出，或向目的地法院提出。
2.訴訟程序應依據受理法院當地的法律來辦理。

Article 29

1.The right to damages shall be extinguished if an action is not brought within two years, reckoned from the date of arrival at the destination, or from the date on which the aircraft ought to have arrived, or from the date on which the carriage stopped.

2.The method of calculating the period of limitation shall be determined by the law of the Court seized of the case.

【中譯】

第29條

1.損害賠償請求權，應該從航空器到達目的地之日，或是應到達之日或從運輸停止之日算起的兩年內提出，否則就因不行使而消滅。

2.消滅時效期間的計算，根據受理法院當地的法律決定。

Article 30

1.In the case of carriage to be performed by various successive carriers and falling within the definition set out in the third paragraph of Article 1, each carrier who accepts passengers, luggage or goods is subjected to the rules set out in this Convention, and is deemed to be one of the contracting parties to the contract of carriage in so far as the contract deals with that part of the carriage which is performed under his supervision.

2.In the case of carriage of this nature, the passenger or his representative can take action only against the carrier who performed the carriage during which the accident or the delay occurred, save in the case where, by express agreement, the first carrier has assumed liability for the whole journey.

3.As regards luggage or goods, the passenger or consignor will have a right of action against the first carrier, and the passenger or consignee who is entitled to delivery will have a right of action against the last carrier, and further, each may take action against the carrier who performed the carriage during which the destruction, loss, damage or delay took place. These carriers will be jointly and severally liable to the passenger or to the consignor or consignee.

【中譯】

第30條

1.合於公約第1條第三項所規定的由數個連續承運人辦理的運輸，各承運人運送運送乘客、行李或貨物都應該受本公約規定的約束。以其承運的某一段運輸的範圍內，視同整個運送契約的當事人之一。

2.如果是連續承運性質的運輸，乘客或其代表只能對發生事故或延誤的那一段運輸的承運人提出訴訟，除非有明文規定第一承運人應該負整個旅遊行程的責任。

3.關於行李或貨物，出發乘客或託運人有向第一承運人提出訴訟的權利；到達乘客或受貨人，也有向最後承運人提出訴訟的權利。此外，無論託運人或受貨人亦可以對發生毀滅、遺失、損壞或延誤的那一段運輸的承運人提出訴訟。這些承運人應該對旅客、託運人和受貨人負連帶及個別的責任。

Chapter IV - Provisions Relating to Combined Carriage

Article 31

1.In the case of combined carriage performed partly by air and partly by any other mode of carriage, the provisions of this Convention apply only to the carriage by air, provided that the carriage by air falls within the terms of Article 1.

2.Nothing in this Convention shall prevent the parties in the case of combined carriage from inserting in the document of air carriage conditions relating to other modes of carriage, provided that the provisions of this Convention are observed as regards the carriage by air.

【中譯】

第四章　聯合運輸條款

第31條

1.一部分用航空運輸，一部分用其他運輸方式聯合辦理的水陸空聯合運輸，本公約的規定只適用於符合第一條條件的航空運輸部分。

2.在聯合運輸中，在航空運輸部分遵守本公約的規定條件下，本公約並不妨礙各方在航空運輸憑證上列入有關其他運輸方式的條件。

Chapter V - General and Final Provisions

Article 32

Any clause contained in the contract and all special agreements entered into before the damage occurred by which the parties purport to infringe the rules laid down by this Convention, whether by deciding the law to be applied, or by altering the rules as to jurisdiction, shall be null and void. Nevertheless for the carriage of goods arbitration clauses are allowed, subject to this Convention, if the arbitration is to take place within one of the jurisdictions referred to in the first paragraph of Article 28.

【中譯】

第五章　一般和最後條款

第32條

損害發生前所訂的運輸契約或任何的特別協議，如果契約各方聲稱違背本公約的規則，無論是選擇所適用的法律或變更管轄權的規定，均屬無效。但在本公約的範圍內，貨物運輸可以有仲裁條款，如於第28條第一項所定的管轄法院為仲裁者，得加入仲裁條款，仍須依公約之規定。

Article 33

Nothing contained in this Convention shall prevent the carrier either from refusing to enter into any contract of carriage, or from making regulations which do not conflict with the provisions of this Convention.

【中譯】

第33條

本公約並不妨礙承運人拒絕簽訂任何運輸契約或自行制訂不牴觸公約的規章。

Article 34
This Convention does not apply to international carriage by air performed by way of experimental trial by air navigation undertakings with the view to the establishment of a regular line of air navigation, nor does it apply to carriage performed in extraordinary circumstances outside the normal scope of an air carrier's business.

【中譯】

第34條

本公約不適用於航空運輸企業為了開闢正式航線進行試航的國際航空運輸，也不適用於超出正常範圍航空運輸以外的特殊情況下所進行的運輸業務。

Article 35
The expression "days" when used in this Convention means current days not working days.

【中譯】

第35條

本公約所定義的「日」是指連續日（日曆日），而不是指工作日。

Article 36
The Convention is drawn up in French in a single copy which shall remain deposited in the archives of the Ministry for Foreign Affairs of Poland and of which one duly certified copy shall be sent by the Polish Government to the Government of each of the High Contracting Parties.

【中譯】

第36條

《華沙公約》正本以法文書寫一份，存放在波蘭外交部檔案庫，並由波蘭政府將正式認證的副本送交各締約國政府。

Article 37

1.This Convention shall be ratified. The instruments of ratification shall be deposited in the archives of the Ministry for Foreign Affairs of Poland, which will notify the deposit to the Government of each of the High Contracting Parties.

2.As soon as this Convention shall have been ratified by five of the High Contracting Parties it shall come into force as between them on the ninetieth day after the deposit of the fifth ratification. Thereafter it shall come into force between the High Contracting Parties who shall have ratified and the High Contracting Party who deposits his instrument of ratification on the ninetieth day after the deposit.

3.It shall be the duty of the Government of the Republic of Poland to notify to the Government of each of the High Contracting Parties the date on which this Convention comes into force as well as the date of the deposit of each ratification.

【中譯】

第37條

1.本公約應經批准，並將批准書存放在波蘭外交部檔案庫，並由波蘭外交部通知各締約國政府。

2.本公約一經五個締約國批准，在第五個國家交存後第九十天起，就在批准國之間生效。以後於每一批准國交存批准書後的第九十天起在交存國和已批准的各國間生效。

3.波蘭共和國政府應將本公約開始生效日期和每一批准書交存日期通知締約國政府。

Article 38

1.This Convention shall, after it has come into force, remain open for accession by any State.

2.The accession shall be effected by a notification addressed to the Government of the Republic of Poland, which will inform the Government of each of the High Contracting Parties thereof.
3.The accession shall take effect as from the ninetieth day after the notification made to the Government of the Republic of Poland.

【中譯】

第38條

1.本公約生效後，任何國家均得以隨時加入。
2.加入本公約時，應將通知書送交波蘭共和國政府，由波蘭共和國政府通知各締約國政府。
3.加入本公約，在通知書送達波蘭共和國政府後第九十天起生效。

Article 39

1.Any one of the High Contracting Parties may denounce this Convention by a notification addressed to the Government of the Republic of Poland, which will at once inform the Government of each of the High Contracting Parties.
2.Denunciation shall take effect six months after the notification of denunciation, and shall operate only as regards the Party who shall have proceeded to denunciation.

【中譯】

第39條

1.任何締約國可以書面通知波蘭共和國政府，聲明退出本公約，波蘭共和國政府應立即通知各締約國政府。
2.退出本公約，在通知退出後滿六個月時生效，並只對聲明退出的國家生效。

Article 40

1. Any High Contracting Party may, at the time of signature or of deposit of ratification or of accession declare that the acceptance which he gives to this Convention does not apply to all or any of his colonies, protectorates, territories under mandate, or any other territory subject to his sovereignty or his authority, or any territory under his suzerainty.
2. Accordingly any High Contracting Party may subsequently accede separately in the name of all or any of his colonies, protectorates, territories under mandate or any other territory subject to his sovereignty or to his authority or any territory under his suzerainty which has been thus excluded by his original declaration.
3. Any High Contracting Party may denounce this Convention, in accordance with its provisions, separately or for all or any of his colonies, protectorates, territories under mandate or any other territory subject to his sovereignty or to his authority, or any other territory under his suzerainty.

【中譯】

第40條

1.締約國在簽字時，或交存批准書時或通知加入時，可以聲明所接受的本公約不適用於其所屬全部或部分殖民地、保護地、委任統治地或其他在其主權或權力管轄下的任何領土或其他在其宗主權管轄下的任何領土。

2.締約國以後可以用原來聲明除外的所屬全部或部分殖民地、保護地、委任統治地或其他在其主權或權力管轄下的任何領土或其他在其宗主權管轄下的任何領土的名義，分別加入。

3.締約國亦可根據本公約的規定，分別為其所屬全部或部分殖民地、保護地、委任統治地或其他在其主權或權力管轄下的任何領土或其他在其宗主權管轄下的任何領土聲明退出本公約。

Article 41
Any High Contracting Party shall be entitled not earlier than two years after the coming into force of this Convention to call for the assembling of a new international Conference in order to consider any improvements which may be made in this Convention. To this end he will communicate with the Government of the French Republic which will take the necessary measures to make preparations for such Conference.

【中譯】

第41條

各締約國可以在本公約生效兩年後，要求召開一次新的國際會議，以研討本公約之可能改進事項。為此目的，該國應通知法蘭西共和國政府，由法蘭西共和國政府採取必要措施以籌備該會議。

This Convention done at Warsaw on the 12th October, 1929, shall remain open for signature until the 31st January, 1930.

【中譯】

本公約於1929年10月12日在波蘭首府華沙簽訂。簽署截止期限為1930年1月31日。

參考文獻

王守潛（1990）。《國際航空運送與責任賠償的問題》，頁40。水牛圖書出版公司。

張錦源、康蕙芬（1997）。《國際貿易實務新論》，頁336、368-371。三民書局。

陳承先（2000）。〈國際航空運送人之責任〉。國立臺灣海洋大學海洋法律研究所碩士論文，頁28-30。

楊政樺（2001）。《航空地勤服務管理》，頁332。揚智文化。

楊舜惠、尹章華（2001）。〈兩岸民用航空旅客運送適用消費者保護法之比較研究〉。國立臺灣海洋大學海洋法律研究所碩士論文，頁66-67。

Faith Pescatore v. PAN AM World Airways, Inc. (1995).

R. P. Boyle (1982). *The Warsaw Convention-Past, Present and Future, Eassays in Air Law*.

Chapter 10

1955年海牙議定書

第一節　《海牙議定書》的背景

第二節　《海牙議定書》條文解析

第一節　《海牙議定書》的背景

一、歷史沿革

第二次世界大戰之後，自由產業經濟和世界自由資本工業在美、歐、亞三大洲普遍而迅速發展，定期航班路線數目、客運量和貨運量逐年增長，加入《華沙公約》的國家亦越來越多。即便1929年簽訂的《華沙公約》對於促進航空運送之發展固居功厥偉，但在時間推移下，似乎也在條文或部分內容上出現不合時宜，尤以運送最高賠償額過低的問題產生爭論。因此，為防止執法上的困境，保障締約各國合法權益，並兼顧各方立場，自1938年起，修訂《華沙公約》之工作即已展開，期間因逢第二次世界大戰而中斷，直至1946年復由「臨時國際民航組織」（The Provisional International Civil Aviation Organization，簡稱PICAO）繼續努力，旋於次年正式成立國際民航組織，其所屬之法律委員會（Legal Committee）於同年9月首次集會並決議《華沙公約》之修正應為該委員會之工作，經過數次討論認為在1929年的公約基礎上做修正會比重新制訂另一個新公約更能獲得廣泛支持，《海牙議定書》遂於焉而生。

若要探究《海牙議定書》的時空背景，主要是以多邊條約規範國際航空私法的《華沙公約》自1929年10月12日簽訂，1933年2月13日生效以來，雖參與締約的國家眾多，但隨著時間推移，各國的國民平均生活水準逐漸提高，逐漸認為《華沙公約》賦予航空運送人在「國際運送」事故於旅客傷亡的賠償責任限額規範為125,000普安卡雷法郎的數額過低。同時，當時絕大部分發展中國家尚處於殖民地狀態，戰後這些國家雖然體現政治獨立和領土完整的事實，但經濟貿易未見活絡，人民依然過著貧窮的日子。這些國家普遍認為前揭賠償責任限額的標準太高，只能仰望而不願參加。另一方面，美國從1934年批准加入《華沙公約》後，經實踐後發覺限額太低了，而使得修正公約的呼聲不斷。而在美國於1949年的「珍．蘿絲案」（Ross v. Pan American Airways, 299 N.Y. 88, 85 N.E.2d 880, 13 A.L.R.2d 319, 1949）之後引爆開來。1943年美國紅極一時的歌星珍．蘿絲（Jane Ross）因參加勞軍團到歐洲各地演出，抵達葡萄牙里斯本機場時，所乘泛美航空飛機失事，造成珍．蘿絲本人受重傷雙腳折斷。她向法院要求賠償100萬美元，但美國與葡萄牙均為華沙締約國，所乘運具是商業航空公司的航空器，依照美國承擔的條約義務，只能判給她8,300美元的賠償費，就實際情況來看，這8,300美元甚至不夠支付其醫療與復健費用，引發輿論譁然。《華沙公約》生效以後，修正的要求逐漸出現，主要之訴求為提高規定過低之責任限額，以及對於過於繁瑣的運送憑證記載事項、未發給運送憑證或發給記載不健全之運送憑證時運送人所負之無限責任之詬病（Mankiewicz, 1976）。在「珍．蘿絲案」後，更引爆至最高潮。何念儒（2000）統整當時《華沙公約》應修正之理由有：

1.隨著航空工業科技之快速發展，已由螺旋槳進入超音速噴射機時代，航空事故之損害賠償無論在金額與種類均應增加，運送人責任除財產與肉體傷害外，應擴大至精神賠償與休閒活動期待之損害。
2.現行《華沙公約》針對運送人設有責任限制系統，受害者無法由航空公司獲得滿意之賠償，轉而向無責任限制保障之航空器製造人與航空管制人員請求，此差別待遇有違公平與個別正義。
3.《華沙公約》制訂之初，鑑於航空事業之危險性，認為不應由航空運送人負起航空事故之完全責任，而設有責任限制，惟隨著航空運送科技與安全性之提升，責任限制存在之理由已不復存在。
4.複雜的《華沙公約》使付相同費用而於同一事故中受有損害之旅客，因司法問題在請求賠償之權利上有所差異，這樣的差別待遇已顯現正義實現性的匱乏。
5.今日航空運送之損害最後幾由保險金補償，而保險費之最終給付者實為旅客或託運人。

除此之外，自1926年起在巴黎舉行第一次航空私法國際會而成立的

「國際航空法律專家委員會」（CITEJA）也於1938年開始負責修約工作，並第二次世界大戰後由國際民用航空組織（ICAO）的法律委員會接手。委員會於1953年在巴西的里約熱內盧（Rio de Janeiro）舉行第九次會議。會中認為作為責任限制例外的《華沙公約》第25條表述得模糊不清，為不滿責任限額的國家法院提供了一個避開責任限制的「逃逸條款」。甚至，許多國家代表認為第25條的後門開得太大，主張在適當提高責任限額的同時，將這扇「後門」關緊，乃在會中捨棄之前《華沙公約》的修正草案，改而尋求全面性修約之可行性，經會議中激烈交鋒，最後決定將數個修正案以附加議定書（additional protocol）之方式，為有限度之修正，亦即後世所稱的「里約熱內盧草案」（Rio de Janeiro draft）。草案提交ICAO理事會討論，定案後於1955年9月6日召開外交會議，並於同年9月28日簽訂了《海牙議定書》，全稱為《修訂1929年10月12日在華沙簽訂的《統一國際航空運輸某些規則的公約》的議定書》，簡稱《修訂華沙公約》（The Amended Warsaw Convention）或《海牙議定書》（The Hague Protocol）。依該會議決議，議定書生效所須之第三十個國家批准後九十日，亦即1963年8月1日，該議定書始正式生效。

二、《華沙公約》修正內容

有關1955年《海牙議定書》對1929年《華沙公約》的主要修正約有下列三點（楊舜惠、尹章華，2001），分述如下：

1. 將運送人對每位旅客的責任限額提高一倍，即從125,000普安卡雷法郎提高到250,000普安卡雷法郎（當時約折合16,600美元）。
2. 修正1929年《華沙公約》第25條規定，在公約第25條中第一、二兩項刪除，而以下列條文代之：「凡經證明，該損害是由承運人，其受僱人或代理人有意造成損害者，或者知道很可能發生損害而不顧後果地做的行為或不行為引起的，則第22條的責任限額不予適用；

但是，凡屬受僱人或代理人有該類行為或不行為時，還需證明：是在行使職權範圍內的行為。」亦即將原「有意不良行為」（willful misconduct）之概念做了明確的界定，明訂有意的不良行為，承運人必須負完全的責任。

3.簡化運送憑證處理作業。1929年《華沙公約》於第3條規定了飛機客票，第4條規範行李票，第8、9條規範了航空運貨單應該涵蓋的內容。這對初期統一票證規格、方便運送起了積極作用。鑑於這方面的規則在很大程度上已由國際航空運輸協會制定的「共同條件」予以囊括，而華沙有關條款規定過於繁瑣，有些用詞含糊不清，因此《海牙議定書》針對疑義部分重新修正。

三、《海牙議定書》與《華沙公約》的差異

除上述觀點之外，《海牙議定書》與《華沙公約》的差異如下：

(一)公約的適用範圍

《華沙公約》與《海牙議定書》在公約的適用範圍與精神是一致的。惟《海牙議定書》對《華沙公約》中若干有爭議的措辭加以修正，它們都規定公約不僅適用於商業性的國際航空貨物運輸，還適用於包括旅客、行李在內的其他取酬的和免費的國際航空運輸，但郵件和郵包的運輸因為另有《國際郵政公約》管轄，所以不適用。《海牙議定書》對《華沙公約》中所謂的「國際運送」之定義並無更改。此外，因《華沙公約》未就「締約國」一詞詳加界定，《海牙議定書》為免爭議，於第17條敘明：「締約國一詞係指國家。在所有情況下，締約國一詞係指一個對於其公約的批准或加入已經生效而對公約的退出尚未生效的國家。此外，領土一詞，不但是主權國家行使主權的統轄土地，而且也是由該國在對外關係所代表之所有實行有效控制的其他領土。」

(二)承運人之責任

《華沙公約》採取不完全的過失責任制，即在損害賠償問題發生時採取推定過失原則，一旦出現貨物損失，首先假定承運人有過失，但如果承運人能夠舉證說明自己並無過失，則不必負責。但當承運人的過失是發生在駕駛中、航空器操作中或者在領航時，則承運人雖有過失，也可以依法要求免責。《海牙議定書》保持了同樣的基本原則，但若造成損害的過失是由承運人、承運人的受僱人或者是代理人在明知其行為會發生侵害他人法律權益的後果，卻對此聽之任之，從而造成旅客的損害，《海牙議定書》規定承運人應承擔旅客所受之損害賠償責任。

(三)索賠和訴訟期效

《華沙公約》對貨物的損壞及遺失規定的索賠期，損害為七天，遺失為十四天。《海牙議定書》將損害的索賠期延至十四天，遺失延長至二十一天。

就《海牙議定書》的影響層面分析，對旅客而言，賠償金額從125,000普安卡雷法郎提高到250,000普安卡雷法郎。對航空公司而言，貨運賠償金額不變，使託運人不得不以報值行李申報價值，加付運費，運送人貨運收入增加，並刪除運送人之部分免責條款，也簡化了運送憑證的處理作業。

然而，對於華沙體系諸多文件之締約國之不一致，造成其適用上發生困難的窘境（如《海牙議定書》與《華沙公約》之併存適用上之問題）該如何辦理？學界認為，對於只有批准《華沙公約》之國家，因為未批准《海牙議定書》，因此不受該議定書之拘束；而同時批准《華沙公約》及《海牙議定書》之國家之相互關係，則僅以根據《海牙議定書》修正後之條約規範之；而僅加入《海牙議定書》之國家不必然成為《華沙公約》之締約國，而視為加入經《海牙議定書》修正之《華沙公約》，而應遵守該議定書修正之《華沙公約》。至於未批准、加入《海牙議定書》之

《華沙公約》締約國，則不需受到其約束；至於非《華沙公約》締約國而批准、加入《海牙議定書》的國家，當然沒有遵守《華沙公約》的義務。

補充一提的是美國從1949年的「珍·蘿絲案」開始，一直對《華沙公約》的低限額不滿，而它提出的將限額增加兩倍之提案又在1955年海牙會議上被廣大的第三世界國家以「農夫貼補國王」為由予以駁回。儘管當時與會的美國代表勉強的在議定書上簽署，但該議定書仍需經過美國參議院以三分之二的多數同意才能獲得批准。於此同時，又歷經1955年10月6日美國聯合航空409航班從紐約飛往舊金山，於經停丹佛市後起飛不久就墜毀在洛磯山的航空器失事事件及1960年1月21日哥倫比亞航空公司671航班從美國邁阿密飛往哥倫比亞首都波哥大的洛克希德L-1049E，在牙買加蒙特哥灣國際機場降落時失事墜毀起火。這兩案引發美國人民對過低責任限額見解分歧的老問題，美國國內激起一陣反對《華沙公約》與《海牙議定書》的運動。使得《海牙議定書》能否被美國參議院批准的問題在此劃上句點。繼而，美國於1966年以退出《華沙公約》體系為要脅，迫使各國航空公司以「特別運送契約」的方式，就所有起、迄或停經美國之國際運送所發生之民航事故提高賠償額至美金75,000美元。美國民用航空委員會（Civil Aeronautics Board, CAB）遂於1966年5月13日和各國航空公司完成這項民間協議，正式名稱是《美國民用航空委員會以E2368號令發布的18990號協議》，簡稱《蒙特利爾協議》。

中華民國於1946年2月20日加入《華沙公約》，惟於1950年2月20日通知廢棄該公約，復於1953年12月2日再度加入。1971年11月19日退出國際民航組織，即同時廢棄公約，惟對該公約所規定之一般原則，仍宣稱遵守。中華人民共和國在1958年7月20日加入《華沙公約》後，在聲明中主張該公約「當然適用於包括臺灣在內的全中國之領域」（shall of course apply to the entire Chinese territory including Taiwan），並於1975年11月18日宣布承認1955年《海牙議定書》議定書於中國生效。然而，1949年兩岸因國共內戰，臺海局勢跌宕起伏，雙方關係經歷兵戎相見、緊張、對峙、緩和對抗、互相開放民間探親、旅遊與投資等階段，即便人員往來及經貿熱絡，卻因長期隔閡，兩岸政治氛圍屢因政黨輪替呈現複雜的相互關係，使得公約適用性備受討論。

第二節　《海牙議定書》條文解析

Protocol to Amend the Convention for the Unification of certain Rules Relating to International Carriage by Air, opened for signature September 28, 1955, 478 U.N.T.S 371 ICAO Doc. 7686/LC/140, reprinted in A.F. Lowenfeld, Aviation Law 955.

修訂1929年10月12日在華沙簽訂的《統一國際航空運輸某些規則的公約》的議定書（亦即《海牙議定書》）

THE GOVERNMENTS UNDERSIGNED
CONSIDERING that it is desirable to amend the Convention for the Unification of Certain Rules Relating to International Carriage by Air signed at Warsaw on 12 October 1929, HAVE AGREED as follows:

參加簽署的各國政府考慮到1929年10月12日在華沙簽訂的《統一國際航空運輸某些規則的公約》需要修改，特協議如下：

CHAPTER I
AMENDMENTS TO THE CONVENATION
Article I
In Article 1 of the Convention –
(a) paragraph 2 shall be deleted and replaced by the following: -

"2. For the purposes of this Convention, the expression international carriage means any carriage in which, according to the agreement between the parties, the place of departure and the place of destination, whether or not there be a break in the carriage or a transhipment, are situated either within the territories of two High Contracting Parties or within the territory of a single High Contracting Party if there is an agreed stopping place within the territory of another State, even if that State is not a High Contracting Party. Carriage between two points within the territory of a single High Contracting Party without an agreed stopping place within the territory of another State is not international carriage for the purposes of this Convention."

(b) paragraph 3 shall be deleted and replaced by the following: -

"3. Carriage to be performed by several successive air carriers is deemed, for the purposes of this Convention, to be one undivided carriage if it has been regarded by the parties as a single operation, whether it had been agreed upon under the form of a single contract or of a series of contracts, and it does not lose its international character merely because one contract or a series of contracts is to be performed entirely within the territory of the same State."

【中譯】

第一章　對公約的修改

第1條

在（華沙）公約第1條內——

(a)刪去第二項，改為以下條文取代：「2.本公約所稱之國際運輸係指依契約當事人的約定，無論運輸中有無間斷或有無轉運，其出發地點與目的地點係在兩個締約國的領土內，或在一個締約國領土內而在另一個締約國或甚至非締約國的領土內有一約定的經停地點的任何運輸。在一個締約國領土內兩地間的運輸而在另一個國家的領土內沒有約定的經停地點，非為本公約意義上的國際運輸。」

(b)刪去第三項，改為以下條文取代：「3.由幾個連續的航空承運人所辦理的運輸如果經由契約當事人認為是一個單一的運輸業務，則無論它是以一個契約抑或一系列契約形式約定的，在本公約的意義上，應視為一個不可分割的運輸，並不因其中一個契約或一系列的契約應完全在同一國家的領土內履行而喪失其國際性質。」

Article II
In Article 2 of the Convention -
paragraph 2 shall be deleted and replaced by the following: -
"2. This Convention shall not apply to carriage of mail and postal packages."

【中譯】

第2條

在（華沙）公約第2條內——刪去第二項，改為以下條文取代：「2.本公約不適用於郵件和郵包的運輸。」

Article III
In Article 3 of the Convention -
(a) paragraph 1 shall be deleted and replaced by the following: -
"1. In respect of the carriage of passengers a ticket shall be delivered containing:
a) an indication of the places of departure and destination;
b) if the places of departure and destination are within the territory of a single High Contracting Party, one or more agreed stopping places being within the territory of another State, an indication of at least one such stopping place;
c) a notice to the effect that, if the passenger's journey involves an ultimate destination or stop in a country other than the country of departure, the Warsaw Convention may be applicable and that the Convention governs and in most cases limits the liability of carriers for death or personal injury and in respect of loss of or damage to baggage."

(b) paragraph 2 shall be deleted and replaced by the following: -

"2. The passenger ticket shall constitute prima facie evidence of the conclusion and conditions of the contract of carriage. The absence, irregularity or loss of the passenger tickct does not affect the existence or the validity of the contract of carriage which shall, none the less, be subject to the rules of this Convention. Nevertheless, if, with the consent of the carrier, the passenger embarks without a passenger ticket having been delivered, or if the ticket does not include the notice required by paragraph 1 c) of this Article, the carrier shall not be entitled to avail himself of the provisions of Article 22."

【中譯】

第3條

在（華沙）公約第3條內——

(a)刪去第一項，改為以下條文取代：「1.承運人運送旅客時必須出具客票，客票上應該包括以下各項：(a)出發地和目的地的註明；(b)倘若出發地和目的地均在同一締約國領土內，而在另一個國家領土內有一個或數個約定的經停地點時，至少註明一個此種經停地點；(c)聲明如乘客航程最終目的地或經停地不在出發地所屬國家內，《華沙公約》可以適用該項運輸，且該公約規定在一般情況下限制承運人對乘客傷亡以及行李遺失或損壞所負之責。」

(b)刪去第二項，改為以下條文取代：「2.在無相反的證明時，客票應作為運送契約的締結及載運條件的表面證明。客票的瑕疵，不合規定或遺失，並不影響運送契約的存在或效力，運送契約仍受本公約規定的約束。但是若承運人接受乘客而不交給乘客機票，或如客票上並無本條文第一項第三款規定的聲明，則承運人無權引用第22條的規定。」（作者按：即該承運人無權引用本公約中免除或限制承運人法律責任的條文）。

Article IV

In Article 4 of the Convention -

(a) paragraphs 1, 2 and 3 shall be deleted and replaced by the following: -

"1. In respect of the carriage of registered baggage, a baggage check shall be delivered, which, unless combined with or incorporated in a passenger ticket which complies with the provisions of Article 3, paragraph 1, shall contain:

a) an indication of the places of departure and destination;

b) if the places of departure and destination are within the territory of a single High Contracting Party, one or more agreed stopping places being within the territory of another State, an indication of at least one such stopping place;

c) a notice to the effect that, if the carriage involves an ultimate destination or stop in a country other than the country of departure, the Warsaw Convention may be applicable and that the Convention governs and in most cases limits the liability of carriers in respect of loss of or damage to baggage."

(b) paragraph 4 shall be deleted and replaced by the following: -

"2. The baggage check shall constitute prima facie evidence of the registration of the baggage and of the conditions of the contract of carriage. The absence, irregularity or loss of the baggage check does not affect the existence or the validity of the contract of carriage which shall, none the less, be subject to the rules of this Convention. Nevertheless, if the carrier takes charge of the baggage without a baggage check having been delivered or if the baggage check (unless combined with or incorporated in the passenger ticket which complies with the provisions of Article 3, paragraph 1 c)) does not include the notice required by paragraph 1 c) of this Article, he shall not be entitled to avail himself of the provisions of Article 22, paragraph 2."

【中譯】

第4條

在（華沙）公約第4條內——

(a)刪去第一、二、三項，改為以下條文代之：「1.載運登記的行李，應交付行李票，除非行李票已結合或包括在符合於第3條第一項所規定的客票之內。行李票上應載明：(a)起運地和目的地；(b)起運地和目的地均在同一締約國境內，而在另一個國家國境內有一個或數個約定的經停地時，起碼要註明至少一個此種經停地；(c)聲明如果運輸的最終目的地或經停地不在起運地所屬國家時，《華沙公約》可以適用於該運輸，且該公約規定在一般情況下限制承運人對行李遺失或損壞所負的責任。」

(b)刪去第四項，改為以下條文代之：「2.行李票應作為行李登記及運送契約條件的表面證據。行李票的瑕疵，不合規定或遺失，並不影響運送契約的存在或效力，運送契約仍受本公約的約束。但如承運人負責照管行李而未交給行李票（除非結合或包括在符於第3條第一項第三款規定的客票內）無本條文第一項第三款的聲明，則承運人無權引用第22條第二項的規定。」

Article V

In Article 6 of the Convention –

paragraph 3 shall be deleted and replaced by the following: - “3. The carrier shall sign prior to the loading of the cargo on board the aircraft.”

【中譯】

第5條

在（華沙）公約第6條內——刪去第三項，改為以下條文代之：「3.承運人應在貨物裝入航空器以前簽署。」

Article VI

Article 8 of the Convention shall be deleted and replaced by the following: -"The air waybill shall contain:

a) an indication of the places of departure and destination;

b) if the places of departure and destination are within the territory of a single High Contracting Party, one or more agreed stopping places being within the territory of another State, an indication of at least one such stopping place;

c) a notice to the consignor to the effect that, if the carriage involves an ultimate destination or stop in a country other than the country of departure, the Warsaw Convention may be applicable and that the Convention governs and in most cases limits the liability of carriers in respect of loss of or damage to cargo."

【中譯】

第6條

刪去（華沙）公約第8條，改為以下條文代之：「航空託運提單上應載明：(a)起運地和目的地；(b)如起運地和目的地均在同一締約國國境內，而在另一個國家有一個或數個約定的經停地時，至少載明其中一個此類經停地點；(c)一項對託運人聲明：如運輸的最終目的地或經停地不在起運地所屬國家內時，《華沙公約》可以適用於該項運輸，且該公約規定在一般情況下限制承運人對貨物遺失或損壞所負之責。」

Article VII

Article 9 of the Convention shall be deleted and replaced by the following: - "If, with the consent of the carrier, cargo is loaded on board the aircraft without an air waybill having been made out, or if the air waybill does not include the notice required by Article 8, paragraph c), the carrier shall not be entitled to avail himself of the provisions of Article 22, paragraph 2."

【中譯】

第7條

刪去（華沙）公約第9條，改為以下條文代之：「倘若承運人同意貨物未經填具航空託運提單而裝入航空器，或者航空託運提單上並未載明第8條第三項的聲明，則承運人無權引用第22條第二款的規定。」

Article VIII
In Article 10 of the Convention -
paragraph 2 shall be deleted and replaced by the following: -
"2. The consignor shall indemnify the carrier against all damage suffered by him, or by any other person to whom the carrier is liable, by reason of the irregularity, incorrectness or incompleteness of the particulars and statements furnished by the consignor."

【中譯】

第8條

刪去（華沙）公約第10條第二項，改為以下條文代之：「2.對於因託運人所提供的說明及聲明不合規定、不正確或不完全而導致承運人或承運人應對之負責的其他人遭受損害者，應由託運人負擔賠償責任。」

Article IX
To Article 15 of the Convention –
the following paragraph shall be added: -"3. Nothing in this Convention prevents the issue of a negotiable air waybill."

【中譯】

第9條

在（華沙）公約第15條內增加下項：「3.本公約不限制填發可以流通的航空託運提單。」

Article X

Paragraph 2 of Article 20 of the Convention shall be deleted.

【中譯】

第10條

刪去（華沙）公約第20條第二項。

Article XI

Article 22 of the Convention shall be deleted and replaced by the following: -

"Article 22

1. In the carriage of persons the liability of the carrier for each passenger is limited to the sum of two hundred and fifty thousand francs. Where, in accordance with the law of the court seised of the case, damages may be awarded in the form of periodical payments, the equivalent capital value of the said payments shall not exceed two hundred and fifty thousand francs. Nevertheless, by special contract, the carrier and the passenger may agree to a higher limit of liability.
2. a) In the carriage of registered baggage and of cargo, the liability of the carrier is limited to a sum of two hundred and fifty francs per kilogramme, unless the passenger or consignor has made, at the time when the package was handed over to the carrier, a special declaration of interest in delivery at destination and has paid a supplementary sum if the case so requires. In that case the carrier will be liable to pay a sum not exceeding the declared sum, unless he proves that that sum is greater than the passenger's or consignor's actual interest in delivery at destination.

   b) In the case of loss, damage or delay of part of registered baggage or cargo, or of any object contained therein, the weight to be taken into consideration in determining the amount to which the carrier's liability is limited shall be only the total weight of the package or packages concerned. Nevertheless, when the loss, damage or delay of a part of the registered baggage or cargo, or of an object contained therein, affects the value of other packages covered by the same baggage check or the same air waybill, the total weight of such package or packages shall also be taken into consideration in determining the limit of liability.

3. As regards objects of which the passenger takes charge himself the liability of the carrier is limited to five thousand francs per passenger.
4. The limits prescribed in this article shall not prevent the court from awarding, in accordance with its own law, in addition, the whole or part of the court costs and of the other expenses of the litigation incurred by the plaintiff. The foregoing provision shall not apply if the amount of the damages awarded, excluding court costs and other expenses of the litigation, does not exceed the sum which the carrier has offered in writing to the plaintiff within a period of six months from the date of the occurrence causing the damage, or before the commencement of the action, if that is later.
5. The sums mentioned in francs in this Article shall be deemed to refer to a currency unit consisting of sixty-five and a half milligrammes of gold of millesimal fineness nine hundred. These sums may be converted into national currencies in round figures. Conversion of the sums into national currencies other than gold shall, in case of judicial proceedings, be made according to the gold value of such currencies at the date of the judgment."

【中譯】

第11條

刪去（華沙）公約第22條，改為以下條文代之：

「第22條

1.載運乘客時，承運人對每一乘客所負的責任以250,000普安卡雷法郎為限。凡依受理法院法律可用分期付款方式賠償損失時，則付款的本金總值不得超過250,000普安卡雷法郎。但乘客得與承運人以特別協議約定一個較高的責任限額。

2.(a)對於登記行李及貨物載運時，承運人的責任以每公斤250普安卡雷法郎為限，除非乘客或託運人在交運託運物時，曾特別聲明在目的地交付時的利益並繳付必要的附加費。在該種情況下，除非承運人能證明乘客或託運人所聲明的金額是高於乘客或託運人在目的地交付時的實際利益，承運人應負的責任是給付不超過其聲明金額的數額。

(b)倘若登記行李或貨物的一部分或行李、貨物中的任何物品發生遺失、損壞或延誤，用以決定承運人限制責任的數額所應計算的重量，只限於有關包件或數個包件的總重量。但如，凡登記行李或貨物的一部分或行李、貨物中的物品發生遺失、損壞或延誤以致影響同一份行李票或用一份航空託運提所列另一包件或別數包件的價值時，則在確定責任限額時，應將另一包件或另數包件的總重量計算在內。

(c)對於旅客自行攜帶上機看管的物品，承運人的責任對每一旅客以5,000普安卡雷法郎為限。

(d)本條規定的限額並不妨礙法院按其本國法律另行判給原告所用去的全部或部分法院費用及對起訴人所產生的其他訴訟費用。但是，凡所判賠償金額減去訴訟費用及其他費用後，不超過承運人於造成損失事故發生後六個月內，或遲於六個月而在起訴以前，以書面向起訴人提出允予承擔的金額，則不適用前述規定。

(e)本條文所述普安卡雷法郎係指含有千分之九百成色的65.5毫克黃金的貨幣單位。此項法郎金額可折合為任何國家貨幣，取其整數。凡遇有司法訴訟時，再將此項金額折算成非金本位制的本國貨幣時，應以判決當日該項貨幣的黃金價值為準。」

Article XII

In Article 23 of the Convention, the existing provision shall be renumbered as paragraph 1 and another paragraph shall be added as follows: -

"2. Paragraph 1 of this Article shall not apply to provisions governing loss or damage resulting from the inherent defect, quality or vice of the cargo carried."

【中譯】

第12條

將（華沙）公約第23條原文改為該條第一項，並且增補以下內容為另一項：「2.對於規定由所運貨物的屬性或本身固有缺陷、品質、瑕疵所引起的遺失或損毀的條款，本條文第一項不予適用。」

Article XIII

In Article 25 of the Convention -

paragraphs 1 and 2 shall be deleted and replaced by the following: -

"The limits of liability specified in Article 22 shall not apply if it is proved that the damage resulted from an act or omission of the carrier, his servants or agents, done with intent to cause damage or recklessly and with knowledge that damage would probably result; provided that, in the case of such act or omission of a servant or agent, it is also proved that he was acting within the scope of his employment."

【中譯】

第13條

將（華沙）公約第25條內刪去第一、二項，改為以下條文取代：「如經證明造成損失係由於承運人、受僱人或代理人有意造成損失，或者明知可能造成損失而不顧後果所從事之行為或不行為，則不適用第22條規定的責任限額；但是，凡屬受僱人或代理人有上述該類行為或不行為時，還必須證明他是在行使其受僱職務範圍內的行為。」

Article XIV

After Article 25 of the Convention, the following article shall be inserted: -

"Article 25 A

1. If an action is brought against a servant or agent of the carrier arising out of damage to which this Convention relates, such servant or agent, if he proves that he acted within the scope of his employment, shall be entitled to avail himself of the limits of liability which that carrier himself is entitled to invoke under Article 22.
2. The aggregate of the amounts recoverable from the carrier, his servants and agents, in that case, shall not exceed the said limits.
3. The provisions of paragraphs 1 and 2 of this article shall not apply if it is proved that the damage resulted from an act or omission of the servant or agent done with intent to cause damage or recklessly and with knowledge that damage would probably result."

【中譯】

第14條

在（華沙）公約第25條之後，插入底下條文：

「第25條A

1.如因本公約所指的損失而對承運人的受僱人或代理人提起訴訟，而該受僱人或代理人能證明其是在行使其職權範圍內的行為，他就有權引用承運人根據第22條規定有權引用的責任限額。
2.在此種情況下，承運人及其受僱人和代理人的賠償累計總額不得超過上述限度。
3.如經證明造成損失係由受僱人或代理人有意造成損害，或明知可能造成損失而不顧後果地從事行為或不行為，則不適用本條文第一、二兩項的規定。」

Article XV

In Article 26 of the Convention – paragraph 2 shall be deleted and replaced by the following: -

"2. In the case of damage, the person entitled to delivery must complain to the carrier forthwith after the discovery of the damage, and, at the latest, within seven days from the date of receipt in the case of baggage and fourteen days from the date of receipt in the case of cargo. In the case of delay the complaint must be made at the latest within twenty-one days from the date on which the baggage or cargo have been placed at his disposal."

【中譯】

第15條

在（華沙）公約第26條內刪去第二項，改為以下條文取代：「2.遇有損壞，受貨人應於發現損壞後，立即向承運人提出異議，凡屬行李最遲應在收到行李後七天內提出，如係貨物，最遲應在收到貨物後十四天內提出。凡屬延誤，最遲應在行李或貨物交付受貨人自由支配之日起二十一天內提出異議。」

Article XVI

Article 34 of the Convention shall be deleted and replaced by the following: -

"The provisions of Articles 3 to 9 inclusive relating to documents of carriage shall not apply in the case of carriage performed in extraordinary circumstances outside the normal scope of an air carrier's business."

【中譯】

第16條

刪去（華沙）公約第34條，改為以下條文代之：「第3條至第9條所包括之關於運輸憑證的規定，不適用於超出正常航空運輸業務的特殊情況下進行的運輸。」

Article XVII

After Article 40 of the Convention, the following Article shall be inserted: -

"Article 40 A

1. In Article 37, paragraph 2 and Article 40, paragraph 1, the expression High Contracting Party shall mean State. In all other cases, the expression High Contracting Party shall mean a State whose ratification of or adherence to the Convention has become effective and whose denunciation thereof has not become effective.
2. For the purposes of the Convention the word territory means not only the metropolitan territory of a State but also all other territories for the foreign relations of which that State is responsible."

【中譯】

第17條

在（華沙）公約第40條之後，增補以下條文：

「第40條A

1.第37條第二項和第40條第一項內所稱之「締約國」一詞係指「國家」。在所有情況下，「締約國」一詞係指一個對於其公約的批准或加入已經生效而對公約的退出尚未生效的國家。

2.在本公約的意義上，「領土」一詞，不但指一個國家的本土，而且也指由該國在對外關係所代表的所有其他領土。」

CHAPTER II

SCOPE OF APPLICATION OF THE CONVENTION AS AMENDED

Article XVIII

The Convention as amended by this Protocol shall apply to international carriage as defined in Article 1 of the Convention, provided that the places of departure and destination referred to in that Article are situated either in the territories of two parties to this Protocol or within the territory of a single party to this Protocol with an agreed stopping place within the territory of another State.

【中譯】

第二章　公約經修改後的適用範圍

第18條

經本議定書修訂後的公約，適用於公約第1條所界定的國際運輸，但以出發地和目的地須在本議定書的兩個締約國的領土內，或在本議定書的一個締約國領土內，而另一國家領土內有一約定的經停地者為限。

CHARTERIII
FINAL CLAUSES
Article XIX
As between the Parties to this Protocol, the Convention and the Protocol shall be read and interpreted together as one single instrument and shall be known as the Warsaw Convention as amended at The Hague, 1955.

【中譯】

第三章　最後條款

第19條

在本議定書各締約國之間，公約與議定書應被視為並解釋為一個單一的文件，並定名為「經1955年於海牙修訂的華沙公約」。

Article XX
Until the date on which this Protocol comes into force in accordance with the provisions of Article XXII, paragraph 1, it shall remain open for signature on behalf of any State which up to that date has ratified or adhered to the Convention or which has participated in the Conference at which this Protocol was adopted.

【中譯】

第20條

在本議定書依據第22條第一項規定生效之日以前，繼續對到該日為止已批准或加入公約的國家或者任何出席參加制定本議定書會議的國家，均可在本議定書上簽署。

Article XXI

1. This Protocol shall be subject to ratification by the signatory States.
2. Ratification of this Protocol by any State which is not a Party to the Convention shall have the effect of adherence to the Convention as amended by this Protocol.
3. The instruments of ratification shall be deposited with the Government of the People's Republic of Poland.

【中譯】

第21條

1.本議定書須經各簽署國批准。

2.凡非公約締約國對本議定書的批准，具有加入經本議定書修訂的公約之效力。

3.批准書應交存波蘭人民共和國政府。

Article XXII

1. As soon as thirty signatory States have deposited their instruments of ratification of this Protocol, it shall come into force between them on the ninetieth day after the deposit of the thirtieth instrument of ratification. It shall come into force for each State ratifying thereafter on the ninetieth day after the deposit of its instrument of ratification.
2. As soon as this Protocol comes into force it shall be registered with the United Nations by the Government of the People's Republic of Poland.

【中譯】

第22條

1.本議定書一經三十個締約國交存他們的批准文書，亦即在第三十份批准文書交存的第九十天開始在各國產生效力。此後的批准國，在交存批准文書的九十天後才開始生效。

2.本議定書一經生效，應由波蘭人民共和國政府向聯合國登記。

Article XXIII

1. This Protocol shall, after it has come into force, be open for adherence by any non-signatory State.
2. Adherence to this Protocol by any State which is not a Party to the Convention shall have the effect of adherence to the Convention as amended by this Protocol.
3. Adherence shall be effected by the deposit of an instrument of adherence with the Government of the People's Republic of Poland and shall take effect on the ninetieth day after the deposit.

【中譯】

第23條

1.本議定書生效後，對任何未簽定國家開放，任其加入。

2.凡非公約締約國對本議定書的加入，具有加入經本議定書修訂的公約之效力。

3.加入本議定書，須將加入書交存波蘭人民共和國政府，於交存後第九十天生效。

Article XXIV

1. Any Party to this Protocol may denounce the Protocol by notification addressed to the Government of the People's Republic of Poland.
2. Denunciation shall take effect six months after the date of receipt by the Government of the People's Republic of Poland of the notification of denunciation.
3. As between the Parties to this Protocol, denunciation by any of them of he Convention in accordance with Article 39 thereof shall not be construed in any way as a denunciation of the Convention as amended by this Protocol.

【中譯】

第24條

1.本議定書的任何締約國得以通知書送交波蘭人民共和國政府而退出本議定書。

2.退出本議定書在波蘭人民共和國政府收到退出通知書之日後六個月生效。

3.在本議定書的締約各國之間，其中任何一國如依公約第39條退出公約，均得以任何方式解釋為退出經本議定書修訂的公約。

Article XXV

1. This Protocol shall apply to all territories for the foreign relations of which a State Party to this Protocol is responsible, with the exception of territories in respect of which a declaration has been made in accordance with paragraph 2 of this Article.
2. Any State may, at the time of deposit of its instrument of ratification or adherence, declare that its acceptance of this Protocol does not apply to any one or more of the territories for the foreign relations of which such State is responsible.
3. Any State may subsequently, by notification to the Government of the People's Republic of Poland, extend the application of this Protocol to any or all of the territories regarding which it has made a declaration in accordance with paragraph 2 of this Article. The notification shall take effect on the ninetieth day after its receipt by that Government.
4. Any State Party to this Protocol may denounce it, in accordance with the provisions of Article XXIV, paragraph 1, separately for any or all of the territories for the foreign relations of which such State is responsible.

【中譯】

第25條

1.本議定書適用於其對外關係由本議定書締約國所代表的所有區域，除非經由依本條文第二項聲明者除外。

2.任何國家在交存批准書或加入書時，得聲明其對本議定書的接受並不適用於其在對外關係上所代表的一個或數個領土。

3.其後任何國家得通知波蘭人民共和國政府，將本議定書的適用擴展到該國按本條第二項所聲明的任何或所有領土，此項通知於波蘭政府收到之日以後九十天生效。

4.本議定書的任何締約國得按照第24條第一項的規定，分別為其對外關係上所代表的任何或所有領土，通知退出本議定書。

Article XXVI

No reservation may be made to this Protocol except that a State may at any time declare by a notification addressed to the Government of the People's Republic of Poland that the Convention as amended by this Protocol shall not apply to the carriage of persons, cargo and baggage for its military authorities on aircraft, registered in that State, the whole capacity of which has been reserved by or on behalf of such authorities.

【中譯】

第26條

對本議定書不得作任何保留，但是一個國家可以隨時通知波蘭人民共和國政府，聲明在該國登記的航空器為該國軍事當局載運人員、貨物及行李，且該機的全部載運量經該當局或為該當局所包用時，不適用經本議定書修改的公約。

Article XXVII

The Government of People's Republic of Poland shall give immediate notice to the Governments of all States signatories to the Convention or this Protocol, all States Parties to the Convention or this Protocol, and all States Members of the International Civil Aviation Organization or of the United Nations and to the International Civil Aviation Organization:

a) of any signature of this Protocol and the date thereof;
b) of the deposit of any instrument of ratification or adherence in respect of this Protocol and the date thereof;
c) of the date on which this Protocol comes into force in accordance with Article XXII, paragraph 1;
d) of the receipt of any notification of denunciation and the date thereof;
e) of the receipt of any declaration or notification made under Article XXV and the date thereof; and
f) of the receipt of any notification made under Article XXVI and the date thereof.

IN WITNESS WHEREOF the undersigned Plenipotentiaries, having been duly authorized, have signed this Protocol.

DONE at The Hague on the twenty-eighth day of the month of September of the year One Thousand Nine Hundred and Fifty-five, in three authentic texts in the English, French and Spanish languages. In the case of any inconsistency, the text in the French language, in which language the Convention was drawn up, shall prevail.

This Protocol shall be deposited with the Government of the People's Republic of Poland with which, in accordance with Article XX, it shall remain open for signature, and that Government shall send certified copies thereof to the Governments of all States signatories to the Convention or this Protocol, all States Parties to the Convention or this Protocol, and all States Members of the International Civil Aviation Organization or of the United Nations, and to the International Civil Aviation Organization.

【中譯】

第27條

波蘭人民共和國政府應將以下事項立即通知公約或本議定書的所有簽署國政府，公約或本議定書的所有締約國政府，國際民航組織或聯合國的所有成員國政府以及國際民航組織：

(a)任何對本議定書的簽署及其簽署日期；

(b)任何對本議定書的批准書或加入書的交存及其日期；

(c)本議定書按照第22條第一項生效的日期；

(d)收到的任何退出通知書及其日期；

(e)按照第25條所作每一聲明或通知及其日期；

(f)按照第26條所作每一聲明或通知及其日期。

下列簽署的全權代表經正式授權在本議定書上簽署，以資證明。本議定書於1955年9月28日在海牙訂立，以法文、英文及西班牙文繕成三種正本。如有分歧，應以公約原起草文本，即法文本為準。本議定書應交存波蘭人民共和國政府保管，並按照第20條規定，聽任簽署。波蘭人民共和國政府應將本議定書經證明無誤的副本分送公約或本議定書的所有簽署國政府，公約或本議定書的所有締約國政府，國際民航組織或聯合國的所有成員國政府，以及國際民航組織。

參考文獻

何念儒（2000）。〈國際航空運送人責任之統一：一九九九年蒙特利爾公約〉。輔仁大學法律學研究所，頁11-13。

楊舜惠、尹章華（2001）。〈兩岸民用航空旅客運送適用消費者保護法之比較研究〉。國立臺灣海洋大學海洋法律研究所碩士論文，頁16。

Rene H. Mankiewicz (1976). Hague Protocol to Amend the Warsaw Convention. *Journal of Air Law and Commerce , Vol. 42*, p.79.

Ross v. Pan Am. CCH avi Vol. 2. p.l4, 556 (1948), 14, 911(1949).

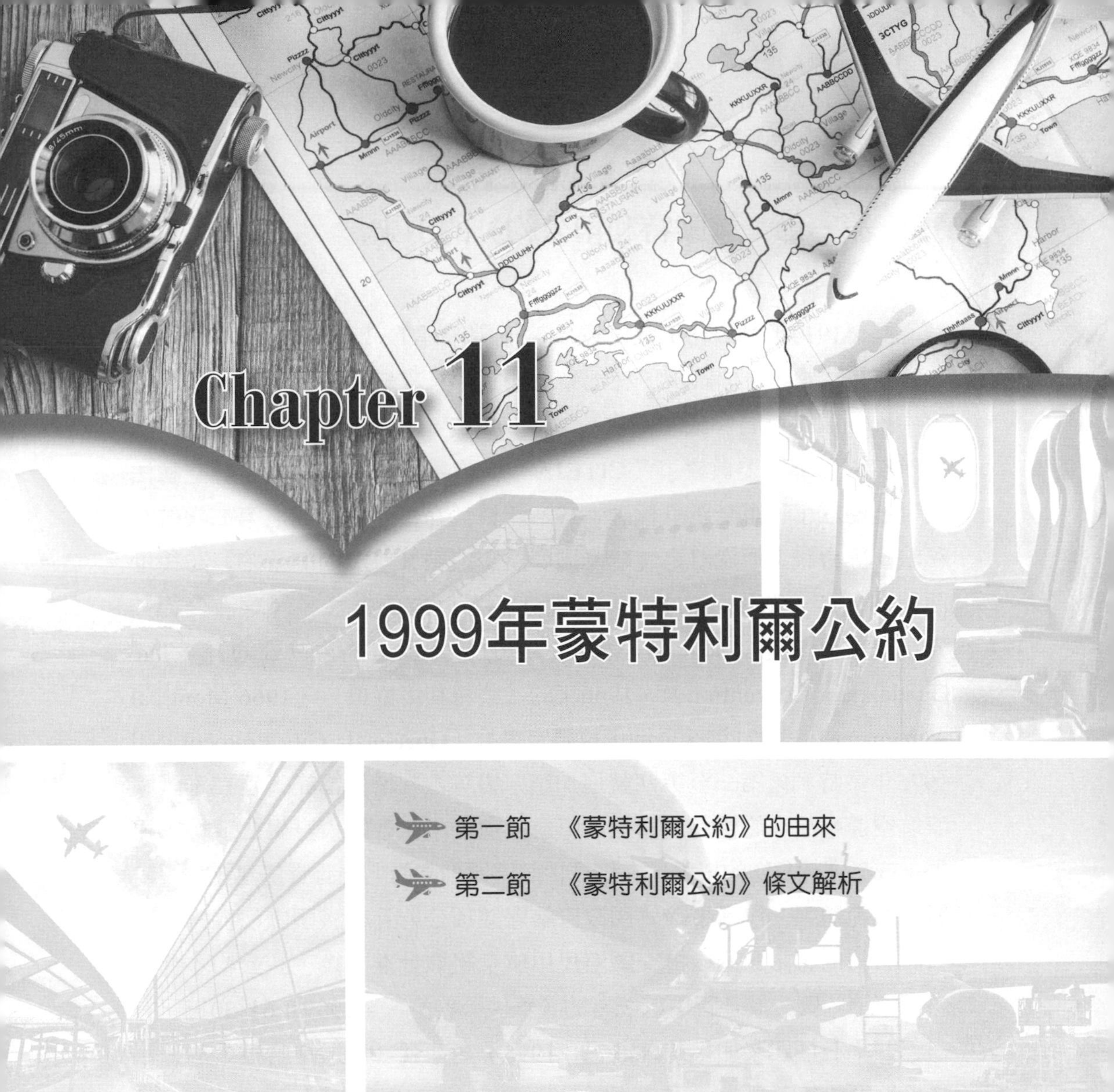

Chapter 11

1999年蒙特利爾公約

第一節 《蒙特利爾公約》的由來

第二節 《蒙特利爾公約》條文解析

第一節　《蒙特利爾公約》的由來

歷經1914年到1918年金戈鐵馬、征戰綿連的第一次世界大戰之後，1925年在法國政府倡議下，在巴黎召開了第一次航空私法國際會議，在會中提出成立專屬會議的需求，遂於1926年5月17日至21日籌組了「國際航空法律專家委員會」（CITEJA）。該委員會對早期國際航空私法的發展樹立了一座全新里程碑：1929年終於在華沙所召開之第二次航空私法國際會議上通過訂定《統一國際航空運輸某些規則的公約》（後世簡稱1929年《華沙公約》）。後來，隨著時間的推移，《華沙公約》先後歷經1955年《海牙議定書》、1961年《瓜達拉哈拉公約》（The Guadalajara Convention）、1966年的《蒙特利爾協議》（1966 Montreal Agreement）、1971年《瓜地馬拉議定書》（Guatemala City Protocol）和1975年蒙特利爾第一至第四號追加議定書等八次增修補充，旨在維護國際航空運輸旅客的權益，對在國際航空運輸中旅客的人身傷亡或行李損失，或者運輸貨物的損失，在恢復性賠償原則基礎上應有責任建立公平賠償的規範體系，俟當事締約國政府簽署該項公約且在該國立法機構完成對該公約的審議通過後提交國際民用航空組織批准之後，該公約才會對該當事締約國生效且將用以既有的《華沙公約》。至1999年6月30日已有一百四十七個國家加入（林淑娟，1995）。茲就《瓜達拉哈拉公約》、《瓜地馬拉議定書》、蒙特利爾第一至第四號追加議定書說明如下：

一、《瓜達拉哈拉公約》

國際民航組織於1961年9月18日在墨西哥簽訂的《瓜達拉哈拉公約》全稱是《統一非立約承運人所作國際航空運輸的某些規則以補充華沙公約的公約》（Supplementary to the Warsaw Convention for the Unification of Certain Rules Relating to International Carriage by Air Performed by a person other than the contracting Carriage），這份公約不像1955年《海牙議定書》只是修訂《華沙公約》部分條文，而是以補足《華沙公約》為其主要性質。因《華沙公約》與《海牙議定書》都沒有針對「運送人」從事詳細的界定，在《瓜達拉哈拉公約》內，除了區分了實際運送人（actual carrier）與締約運送人（contracting carrier）的法律責任，並追溯規定《華沙公約》和《海牙議定書》同樣亦適用於此運送人之區分。

二、《瓜地馬拉議定書》及《蒙特利爾協議》

1971年的《瓜地馬拉議定書》（Guatemala Protocol）本質上是修訂1929年《華沙公約》與1955年《海牙議定書》中有關旅客與行李運送規則。這個文件的正式名稱是《修訂經一九五五年九月二十八日在海牙簽訂之議定書修正之一九二九年十月十二日在華沙簽訂之統一國際航空運輸某些規則公約之議定書》（Protocol to Amend the Convention for the Unification of Certain Rules Relating to International Carriage by Air Signed at Warsaw on 12 October 1929 as Amended by the Protocol Done at The Hague on 28 September 1955）。其修訂原因係長期以來，國民生活水準較高的美國一直不滿《華沙公約》之有限責任，美國雖簽署了《海牙議定書》，但在幾次空難事件後，國內民眾因不滿意賠償額度與其期望有大幅的落差而擾攘多時，遂竭力敦促美國退出《華沙公約》及反對批准《海牙議定書》（Roderick D. van Dam, 1992）。在民情輿論的壓力下，美國於1965年11月15日以旅客責任限額過低為由，拒絕批准《海牙議定書》，並在國際會議中屢次以退出《華沙公約》為要脅，要求依其主張修訂公約。雖然後來的發展，有了本書第二章第三節「1966年的蒙特利爾協議」介紹過的1966年5月13日《蒙特利爾協議》的產生。

面對美國的強勢獨行，迫使各國飛美之航空公司在自身利益盤算下不得不以「特約」的方式，把進出、經停美國的國際航班對每位旅客傷亡責任限額提高到75,000美元（含訴訟費用）或58,000美元（不含訴訟費用）。但是，畢竟《蒙特利爾協議》不是位階較高的國際公約，只因美國挾其強權之勢，讓諸多飛美航線的航空公司不得不與之締約。無論如何，即便該協議在本質上只是特別契約或協議的角色，但一般卻認為在位階上應納入華沙體系之範疇。只是，就嚴謹的航空法學發展脈絡而論，其適法性及正當性還是引起國際社會的微詞及議論。

既然「責任限額」的爭議歧見甚深，國際民航組織於焉在1966年特別設置一個專家小組進行法案研議、審議及整理，並由該組織所屬的法律委員會開會研討，直到1970年才由紐西蘭代表提出具體建議（New Zealand Package）後有了較完整的共識，此共識後來擬具的草案就是1971年《瓜地馬拉議定書》的雛型。此議定書將責任限額提高到150萬普安卡雷法郎（時值約10萬美元）。然而，美國代表仍有意見，複歷經多次協商，遂於議定書中增訂「締約國得在其境內制訂一項輔助之賠償制度，但該制度不應對航空運送人增加額外的費用，亦不應對乘客有所差別待遇」。議定書並同意某些生活水平較高的國家（如美國）建立賠償金補償制度，且擴張管轄法院，使運送人於受侵權人住所（domicile）或永久居所（permanent residence）地設有營業所者，該地亦可為管轄法庭。另外，《瓜地馬拉議定書》第4條第一項規定，運送人對於乘客於航空器上或上下航空器時，發生死亡或傷害，無論其原因為何，均應負責賠償，亦即採取「領受主義」（絕對責任主義）。但有兩項例外，其一為若乘客的人身傷亡完全是由於乘客個人自身的健康狀況所造成，與民用航空器的危險實現之間並不存在因果關係，運送人不需承擔責任。其二是在旅客、行李運輸中，經運送人證明，損失是由索賠人的過錯造成或者促成的，應當根據造成或者促成此種損失的過錯程度，相應免除或者減輕運送人的賠償責任。

歷經多次會議的熱烈，動見觀瞻的《瓜地馬拉議定書》終於在1971年3月18日被通過。但是，除了美國之外，當時也僅有十一個國家交存對該議定書的批准、締約書，而且耐人尋味的是擁有全球國際定期航線運量約40%的美國卻幾度在國內送交參議院批准時遭到否決導致該議定書至今仍未生效。

三、蒙特利爾第一至第四號追加議定書

1975年蒙特利爾第一至第四號追加議定書之正名分別為以下所列：

(一)第一號追加議定書

ADDITIONAL PROTOCOL No. 1 to Amend the Convention for the Unification of Certain Rules Relating to International Carriage by Air Signed at Warsaw on 12 October 1929 (ICAO Doc.9145).

(二)第二號追加議定書

ADDITIONAL PROTOCOL No. 2 to Amend the Convention for the Unification of Certain Rules Relating to International Carriage by Air Signed at Warsaw on 12 October 1929 as Amended by the Protocol Done at The Hague on 28 September 1955 (ICAO Doc.9146).

(三)第三號追加議定書

ADDITIONAL PROTOCOL No. 3 to Amend the Convention for the Unification of Certain Rules Relating to International Carriage by Air Signed at Warsaw on 12 October 1929 as Amended by the Protocol Done at The Hague on 28 September 1955 and at Guatemala City on 8 March 1971 (ICAO Doc.9147).

(四)第四號追加議定書

MONTREAL PROTOCOL No. 4 to Amend the Convention for the Unification of Certain Rules Relating to International Carriage by Air Signed at Warsaw on 12 October 1929 as Amended by the Protocol Done at The Hague on 28 September 1955 (ICAO Doc.9148).

為何1975年會有這四個蒙特利爾追加議定書？不外乎包含《華沙公約》等諸多國際公約關於責任限額的「折算」標準歧見紛出，無法達成共識。以《華沙公約》為例，第22條第四項規定：「前揭普安卡雷法郎係指含有千分之九百成色的六五點五毫克黃金之法郎，此金額得折合任何國家取其整數之貨幣。」前揭所謂「普安卡雷法郎」，是為了降低法定貨幣價值升貶的不確定性，考慮黃金在國際間的自由流動，其購買力相對穩定，遂以特定重量之法定含金量的黃金作為價值計算的衡量單位，並使各國法院判給的賠償額在某種意義上具備一致性，以杜絕投機份子從中權衡匯率差異而挑選法院的弊端。

四、附加議定書

黃金作為交易媒介已經在人類文明中存在三千多年，「金本位制度」在1717年成為英國貨幣制度與中央銀行儲備的基礎，至十九世紀末期，歐洲國家及美國亦於1900年廣泛實行。第二次世界大戰結束後，十九個主要西方國家創立「布雷頓森林」（Bretton Woods）制度，將每盎司黃金價值固定在35美元水準，但該制度最終在1971年全面崩潰。1968年期間，由於國際貨幣市場呈現不穩及美元因美國陷入越南戰爭的窘境而備受壓力，帶動全球黃金投機熱潮。在此情況下，各國的中央銀行暫停黃金總庫的運作，而倫敦金市亦停市兩週。倫敦金市停業期間，瑞士信貸銀行、瑞士銀行及瑞士聯合銀行在蘇黎世成立金庫，進行黃金買賣。南非開始透過蘇黎世金庫定期沽售黃金。黃金雙價制（two-tier system）開始推行，將私人及官方黃金買賣區分於兩個不同的市場進行。從1971年開始，歐美各國紛紛允許本國貨幣與黃金比價自由浮動，美國政府亦宣布停止履行其按「官價」（每盎司35美元）自由兌換黃金的國際承諾。當時的黃金雙價制使得市價（free-market rate）竟與官價（official rate）相差約十倍左右，使得國際民航公約的賠償限額究竟應該根據哪種價格為計算？為免爭議，國際民用航空組織於1975年9月25日在蒙特利爾召開外交大會，在其中的國際航空法學會議（International Conference on Aviation Law）簽訂了四個議定書，當時的與會者共計有六十六個國家代表及八個國際組織之觀察員參加。會議中通過了四個附加議定書，各附加議定書之主要內容分述如下：

(一)第一號附加議定書

係修訂1929年《華沙公約》，主要為修訂《華沙公約》中第22條，即以特別提款權（special drawing rights, SDRs）代替普安卡雷法郎（金法郎）作為貨幣單位。其中有關旅客傷亡部分之限額改為8,300 SDRs或125,000貨幣單位（monetary units）。

(二)第二號附加議定書

係修正1955年《海牙議定書》，主要係修改1955年《海牙議定書》第11條（此條文係修正1929年《華沙公約》第22條有關責任限額規定），即以特別提款權代替普安卡雷法郎，其中有關乘客傷亡部分之限額改為16,600 SDRs或250,000貨幣單位。

(三)第三號附加議定書

係修正1971年《瓜地馬拉議定書》，主要係修正第8條（此條文亦係修正1929年《華沙公約》第22條有關責任限額規定），即以特別提款權代替普安卡雷法郎，其中有關乘客傷亡部分之限額改為100,000 SDRs或1,500,000貨幣單位；航空公司對旅客遲延之賠償為4,150 SDRs或62,500貨幣單位；旅客個人隨身物品賠償改為1,000 SDRs或15,000貨幣單位。此外，第三號附加議定書考慮到它所要附加的《瓜地馬拉議定書》尚未生效，而其生效程序規則上有若干缺點，因此在附加議定書的程序規則進行調整。亦即：凡批准或加入第三號附加議定書的國家，具有批准或加入《瓜地馬拉議定書》的效力。第三號附加議定書第8條規定：「凡是經過三十個締約國交存他們對本議定書的批准書，於第三十份批准書交存後第九十日，本議定書就在它們之間生效。」因此，本號附加議定書就具有廢止《瓜地馬拉議定書》第20條有關三十個批准國中必須有五國的定期國際航空載運量佔國際民航組織1970年統計之航空運送總量的40%，才能開始生效的不合理規定。

(四)第四號附加議定書

雖然蒙特利爾第一、二、三號附加議定書迄今仍未生效，但第四號附加議定書已在1998年6月14日生效。第四號附加議定書主要是重訂有關貨運條款及與貨運有關的其他條款。它對於《華沙公約》及《海牙議定書》中有關貨物運送的相關文件及責任範圍亦給予更新。在空運便利性的考量下，肯定電子化航空託運提單的文件效力，並聲明欠缺航空託運提單的相關形式並不會影響其法定效力。其次，對於責任限額改採嚴格責任制，貨幣計算單位也以特別提款權表示，對於《華沙公約》第18條增列運送人的免責事由，如貨物的固有瑕疵、戰爭或武裝衝突等。第20條對於運送人得主張以採取一切必要措施以減免責任的抗辯權部分，僅適用於貨物的運送延遲，對於貨物的毀損則不適用。

五、1999年《蒙特利爾公約》

(一)歷史沿革

在1975年蒙特利爾外交大會簽訂四個議定書的同時，與會代表通過一項決議，有鑑於如前面各章節所述國際民航公約在航空運送責任之規則並不統一，造成執行上的偌大困擾。因此，共識是把《華沙公約》體系的九項文件彙整成單一的合併文件，並由國際民航組織負責執行。然而，由於1971年《瓜地馬拉議定書》和1975年蒙特利爾四個議定書長期不能生效（註：僅第四號議定書至1998年才生效），導致這些合併文件「決而不行」，並未起到應有的作用。國際民航組織大會於1995年5月召集了一百二十一個會員國代表，在加拿大蒙特利爾舉行理事會，決定起草一部合併現有文件為一體，以照顧和平衡經濟發展水準懸殊的各國利益，並適應科學技術現代化的新公約。同年9月至10月召開的第三十一屆會議決定要求理事會繼續加快華沙體系現代化的進程。該理事會在1995年11月15日舉行第一百四十六次會議，決定將法律委員會工作總計畫中之第二項修改為「華沙體系之現代化暨國際航空法文件之批准問題研究」。該次會議中成立一個由八名專家所組成的「秘書處研究小組」（Secretariat Study Group，簡稱SSG），以協助法律局（Legal Bureau，簡稱LB）在ICAO架構內建立一套加速華沙體系現代化之機制。理事會於1996年3月14日要求法律局在研究小組之協助下向理事會提交第一份蒙特利爾公約草案，亦決定指定一名報告人對草案進行檢討及修改，並向法律委員會報告審改情況。根據理事會的要求，法律局起草了第一份新公約草案並送交秘書處研究小組第二次會議（1996年10月10至12日召開）。研究小組成員擬就一份新文本。1997年6月4日，國際民航組織理事會第一百五十一屆第五次會議，審議了法律委員會第三十屆會議的報告，決定將新的公約草案提交各締約國徵求意見。翌年，研究小組的定稿於1999年5月10日至28日召開國際民航組織全體締約國參加的外交大會，審議並通過新公約。這個1999年5月28日簽訂於蒙特利爾之《統一國際航空運輸某些規則的公約》（CONVENTION FOR THE UNIFICATION OF CERTAIN RULES FOR INTERNATIONAL CARRIAGE BY AIR; ICAO Doc.9740），以和1929年《華沙公約》名稱完全相同的形式正式問世，並於當日開放簽署。在公約開放簽署的當天，即有包括中華人民共和國、美國、英國在內的五十二個國家在公約上簽署（註：中華人民共和國對該公約的正式生效日為自2005年7月31日起）。另外，中共特別將1999年《蒙特利爾公約》稱為《新華沙條約》或《新華沙公約》。

(二)內容

《蒙特利爾公約》共有7章57條。根據其規定，國際航空運送人應當對旅客的人身傷亡、行李和貨物損失，以及由於延誤造成旅客、行李或貨物的損失承擔責任並予以賠償。公約內容略以：第一章總則（1-2）、第二章旅客、行李和貨物運輸的有關憑證和當事人的義務（3-16）、第三章運送人的責任和損害賠償範圍（17-37）、第四章聯合運輸（38）、第五章非締約運送人履行的航空運輸（39-48）、第六章其他規定（49-52）、第七章最後條款（53-57）。它雖與1929年《華沙公約》的名稱相同，且都是原《華沙公約》及其相關文件編纂而成，但經過縝密考慮，使之以嶄新的公約呈現。其簡要介紹如下：

首先，隨著消費意識抬頭，《蒙特利爾公約》不再以航空公司為本位思考的主體，而是在航空公司與消費者利益平衡下，著重於公正補償的原則下從事對消費者權益的保護。公約明確規定損害賠償不包括懲罰性或儆戒性賠償，也不包括其他非補償性的賠償。換言之，公約既不偏袒航空公司也不對消費者失之偏頗。

其次，運送憑證的作業處理繁瑣一直為人所詬病，運送憑證係在運送契約履行過程中之重要證據，並進一步確定雙方之權利義務，並用以判斷是否構成「國際運送」之適用《華沙公約》體系的準據。但是，《華沙公約》卻把遵守運送憑證內容與否，當成是否有權引用責任限制的前提，引出許多爭議。《蒙特利爾公約》為順應航空公司及乘客的便利考量，進一步簡化運送憑證的要求。隨著「無紙化」的科技應用趨勢，運輸業者利用網路進行票務銷售、運務作業及貨運處理或從事顧客關係管理已是常態，公約第3條第二項遂在客運應用上明定：「任何保存第一項內容的其他方法都可以用來取代出具該項中所稱之運輸憑證。採用此種其他方法的運送人應當提出向旅客出具一份以此種方法保存內容書面的陳述。」及針對貨運應用之第4條第二項：「任何保存將被執行之運輸的紀錄之任何其他的方法都可以用來取替出具航空託運提單。採用此種其他方法的運送人應當因應託運人之要求，向託運人出具貨物收據，俾便識別貨物並能獲得此種其他方法所保存紀錄中的內容。」均已納入允許使用任何保存運送憑證內容之「其他方法」，包括客運電子機票、電子提單等任何憑以辨識及確認的數位憑證。此外，《蒙特利爾公約》亦將行李票之規定取消，僅要求運送人就每一件託運行李向旅客出具行李識別籤條。

第三，自從《華沙公約》為航空公司規範責任設定限額以來一直遭遇諸多批評。1999年《蒙特利爾公約》擺脫以往責任絕對限額的窠臼，採取實際損害賠償原則。在客運方面，公約對於運送人責任係採取兩階段不同之責任原則，在100,000 SDRs的責任限額範圍內，採取嚴格的過失責任限定制度。在超過100,000 SDRs的損害賠償部分，則仍採取原《華沙公約》的推定責任制度，但運送人如能證明自己並無過失即可免責。在貨運方面，基本上採取了1975年蒙特利爾第四號議定書的原則，在貨物運輸中造成毀滅、遺失、損壞或者延誤的，運送人的責任以每公斤17SDRs為限，除非託運人在向運送人交運託運物時，特別聲明在目的地點交付時的利益，並在必要時支付附加費。在此種情況下，除了運送人證明託運人聲明的金額高於在目的地點交付時託運人的實際利益之外，運送人在聲明金額範圍內承擔責任。此外，對行李處理異常及延誤等議題仍然保持「有意之不良行為」（willful misconduct）作為例外的規定。

第四，增加「第五種管轄權」機制：《華沙公約》第28條規定四種有管轄權的法院，即：(1)運送人的住所地法院；(2)運送人的主營業地法院；(3)訂立運輸契約的運送人機構所在地法院；(4)目的地法院。1971年《瓜地馬拉議定書》界定「管轄權法院」，亦即「運送人於受侵權人住所或永久居所地設有營業所者，該地亦可為管轄法庭」，《蒙特利爾公約》第33條則亦據此原則辦理。根據這些規定，在空難事故所引發的訴訟中，有管轄權的法院可能為運送人住所地；運送人的主要營業地；訂立運送契約的運送人營業地；航程目的地以及特殊情況下的索賠人住所地與慣常居所地等。這些地點如果不一致，可由當事人選擇特定法院進行訴訟，這就排除了航空公司全球被訴的窘境。在責任限額方面，1999年《蒙特利爾公約》採取平衡航空公司與消費者利益的做法，在發達國家和發展中國家之間作出妥協，即將責任限額限制於100,000 SDRs。

從航空私法的發展看來，雖1999年《蒙特利爾公約》試圖解決以往諸多規範中的缺漏，亦期望使公約適用性能放諸四海皆準之企圖，但畢竟過往華沙體系中具有爭議之概念受到各國生活水準及價值觀差異存有歧見，短期內難獲共識。截至2001年6月30日已有六十七個國家及一地區性經濟一體化組織（歐洲共同體）簽署該公約，且有十一個國家批准、接受、核准或加入而成為締約國，然而，因各國在自利考量、價值衝突存在著思辨落差，仍待共商彼此的最大公約數。

第二節　《蒙特利爾公約》條文解析

CONVENTION FOR THE UNIFICATION OF CERTAIN RULES FOR INTERNATIONAL CARRIAGE BY AIR

《統一國際航空運輸某些規則的公約》（又稱1999年《蒙特利爾公約》或《新華沙公約》）

THE STATES PARTIES TO THIS CONVENTION

RECOGNIZING the significant contribution of the Convention for the Unification of Certain Rules Relating to International Carriage by Air signed in Warsaw on 12 October 1929, hereinafter referred to as the "Warsaw Convention", and other related instruments to the harmonization of private international air law;

RECOGNIZING the need to modernize and consolidate the Warsaw Convention and related instruments;

RECOGNIZING the importance of ensuring protection of the interests of consumers in international carriage by air and the need for equitable compensation based on the principle of restitution;

REAFFIRMING the desirability of an orderly development of international air transport operations and the smooth flow of passengers, baggage and cargo in accordance with the principles and objectives of the Convention on International Civil Aviation, done at Chicago on 7 December 1944;

CONVINCED that collective State action for further harmonization and codification of certain rules governing international carriage by air through a new Convention is the most adequate means of achieving an equitable balance of interests;
HAVE AGREED AS FOLLOWS：

【中譯】

本公約的締約當事國，認識到1929年10月12日於波蘭華沙簽訂的《統一國際航空運輸某些規則的公約》（以下稱為《華沙公約》），和其他有關文件在統一國際航空私法方面作出的重要貢獻。認識到使《華沙公約》及相關文件現代化和一體化的必要性。認識到確保國際航空運輸消費者利益的重要性，以及在恢復性賠償原則的基礎上提供公平賠償的必要性。重申依據1944年12月7日訂於芝加哥的《國際民用航空公約》的原則與宗旨對國際航空運輸營運的有序發展以及旅客、行李和貨物順暢流通之願望。確信國家間採取集體行動，通過制定一項新公約來增進對國際航空運輸某些規則的一致化和法典化是獲得公平的利益平衡的最適途徑；達成協議如下：

Chapter I General Provisions
Article 1 - scope of Application

1. This Convention applies to all international carriage of persons, baggage or cargo performed by aircraft for reward. It applies equally to gratuitous carriage by aircraft performed by an air transport undertaking.
2. For the purposes of this Convention, the expression international carriage means any carriage in which, according to the agreement between the parties, the place of departure and the place of destination, whether or not there be a break in the carriage or a transshipment, are situated either within the territories of two States Parties, or within the territory of a single State Party, if there is an agreed stopping place within the territory

of another State, even if that State is not a State Party. Carriage between two points within the territory of a single State Party without an agreed stopping place within the territory of another State is not international carriage for the purposes of this Convention.

3. Carriage to be performed by several successive carriers is deemed, for the purposes of this Convention, to be one undivided carriage, if it has been regarded by the parties as a single operation, whether it had been agreed upon under the form of a single contract or of a series of contracts, and it does not lose its international character merely because one contract or a series of contracts is to be performed entirely within the territory of the same State.

4. This Convention applies also to carriage as set out in Chapter V, subject to the terms contained therein.

【中譯】

第一章　總則

第1條　適用範圍

1.本公約適用於所有為取酬而以航空器運載人、行李或貨物的國際運輸，本公約同樣也適用於擔任無償運送的航空事業。

2.本公約所稱之「國際運輸」係指：依據當事人雙方訂定的運送契約，不論運輸過程中是否有間斷或轉運，只要出發地和目的地是在本公約兩個締約國的領土內，或者是出發地和目的地均在一個締約國的領土內而在另一個國家（不論其是否為《華沙公約》的締約國）之主權、宗主權、委任統治權或管轄權下的領土內有一個約定經停地的運輸。如果在一個締約國的領土內從事兩地之間的運輸，而在另一個國家的領土內沒有約定的經停地點，則不能視為本公約意義上的國際運輸。

3.本公約中，如果幾個連續的航空運送人把所進行的運輸視為一項連續的作業，不論它是以一份契約或是一系列的契約形式來進行，則該運輸需當作是一項不可分割的運輸；並不會因為其中一份契約或一系列契約完全在同一個國家的主權、宗主權、委任統治權或管轄權下的領土內履行而喪失其國際運輸的性質。

4.本公約同樣適用於第五章規定的運輸，除非該章另有規定。

Article 2 - Carriage Performed by State and Carriage of Postal Items

1. This Convention applies to carriage performed by the State or by legally constituted public bodies provided it falls within the conditions laid down in Article 1.
2. In the carriage of postal items, the carrier shall be liable only to the relevant postal administration in accordance with the rules applicable to the relationship between the carriers and the postal administrations.
3. Except as provided in paragraph 2 of this Article, the provisions of this Convention shall not apply to the carriage of postal items.

【中譯】

第2條　國家履行的運輸和郵件運輸

1.該條約適用於由國家或公法人於第1條所定條件之國際運送。

2.在郵件運輸中，運送人僅根據適用於運送人和郵政當局之間關係的規則，對有有關的郵政當局承擔責任。

3.除本條第二項規則之外，本公約的規定不適用於郵政運輸。

Chapter II Documentation and Duties of the Parties Relating to the Carriage of Passengers, Baggage and Cargo

Article 3 - Passengers and Baggage

1. In respect of the carriage of passengers, an individual or collective document of carriage shall be delivered containing: (a) an indication of the places of departure and destination; (b) if the places of departure and destination are within the territory of a single State Party, one or more agreed stopping places being within the territory of another State, an indication of at least one such stopping place.

2. Any other means which preserves the information indicated in paragraph 1 may be substituted for the delivery of the document referred to in that paragraph. If any such other means is used, the carrier shall offer to deliver to the passenger a written statement of the information so preserved.
3. The carrier shall deliver to the passenger a baggage identification tag for each piece of checked baggage.
4. The passenger shall be given written notice to the effect that, where this Convention is applicable it governs and may limit the liability of carriers in respect of death or injury and for destruction or loss of, or damage to, baggage, and for delay.
5. Non-compliance with the provisions of the foregoing paragraphs shall not affect the existence or the validity of the contract of carriage, which shall, nonetheless, be subject to the rules of this Convention including those relating to limitation of liability.

【中譯】

第二章　旅客、行李和貨物的有關憑證和當事人的義務

第3條　旅客和行李

1.對旅客的運載來說，應當出具個人的或團體的運輸憑證，該項憑證應載明：(a)對出發地點和目的地的標示；(b)若出發地點和目的地點是在同一個締約國境內，而在另一國的國境內有一個或者數個約定的經停地點的，至少對其中一個此種經停地點的標示。
2.任何保存第一項內容的其他方法都可以用來取代出具該項中所稱之運輸憑證。採用此種其他方法的運送人應當提出向旅客出具一份以此種方法保存內容書面的陳述。
3.運送人應當就每件託運行李向旅客出具行李識別標籤。
4.旅客應當獲得書面提示，說明在適用本公約的情形下，本公約調整並可能限制運送人對死亡或者傷害，行李毀滅，遺失或者損壞，以及延誤所承擔的責任。
5.未遵守前揭四項條文，不影響運輸契約的存在或者有效性，該運輸

契約仍應當受本公約條文之約束，包括有關責任限制規則的約束。

Article 4 - Cargo

1. In respect of the carriage of cargo, an air waybill shall be delivered.
2. Any other means which preserves a record of the carriage to be performed may be substituted for the delivery of an air waybill. If such other means are used, the carrier shall, if so requested by the consignor, deliver to the consignor a cargo receipt permitting identification of the consignment and access to the information contained in the record preserved by such other means.

【中譯】

第4條　貨物

1.就貨物運輸而言，應當出具航空托運提單。

2.任何保存將被執行之運輸的紀錄之任何其他的方法都可以用來取替出具航空託運提單。採用此種其他方法的運送人應當因應託運人之要求，向託運人出具貨物收據，俾便識別貨物並能獲得此種其他方法所保存紀錄中的內容。

Article 5 - Contents of Airwaybill or Cargo Receipt

The air waybill or the cargo receipt shall include: (a) an indication of the places of departure and destination; (b) if the places of departure and destination are within the territory of a single State Party, one or more agreed stopping places being within the territory of another State, an indication of at least one such stopping place; and (c) an indication of the weight of the consignment.

【中譯】

第5條　航空託運提單或者貨物收據的內容

航空託運提單或貨物收據應包括下列內容：(a)對出發地及和目的地的標示；(b)出發地和目的地是在一個締約國境內，而在另一國的領土內有一個或者數個約定的經停地，至少對其中一個此種經停地的標示；以及(c)對貨物重量的標示。

Article 6 - Document Relating to the Nature of the Cargo

The consignor may be required, if necessary to meet the formalities of customs, police and similar public authorities, to deliver a document indicating the nature of the cargo. This provision creates for the carrier no duty, obligation or liability resulting therefrom.

【中譯】

第6條　關於貨物性質的憑證

託運人在經過海關、警察和類似公務機關時之必要手續時，可以被要求出具標明貨物性質的憑證。此項規定對運送人不造成任何職責、義務或由此所產生的責任。

Article 7 - Description of Air Waybill

1. The air waybill shall be made out by the consignor in three original parts.
2. The first part shall be marked “for the carrier”; it shall be signed by the consignor. The second part shall be marked “for the consignee”; it shall be signed by the consignor and by the carrier. The third part shall be signed by the carrier who shall hand it to the consignor after the cargo has been accepted.
3. The signature of the carrier and that of the consignor may be printed or stamped.
4. If, at the request of the consignor, the carrier makes out the air waybill, the carrier shall be deemed, subject to proof to the contrary, to have done so on behalf of the consignor.

【中譯】

第7條　航空託運提單的說明

1.託運人應當填寫航空託運提單乙式三份。

2.第一份應當註明「交託運人」，由託運人簽署。第二份應當註明「交收貨人」，由託運人和運送人簽署。第三份由運送人簽署，運送人在接受貨物後應將其交給託運人。

3.運送人和託運人的簽署可使用印刷或使用戳記。

4.如果運送人應託運人之請求而填寫航空貨運單，在沒有相反證據的情況下，應當視為代託運人填寫。

Article 8 - Documentation for Multiple Packages

When there is more than one package: (a) the carrier of cargo has the right to require the consignor to make out separate air waybills; (b) the consignor has the right to require the carrier to deliver separate cargo receipts when the other means referred to in paragraph 2 of Article 4 are used.

【中譯】

第8條　多包件貨物的憑證

在貨物不只一個包裹時：(a)貨物運送人有權要求託運人分別填寫航空託運提單；(b)採用第4條第二項所稱「其他方法」的託運人，有權要求運送人分別出具貨物收據。

Article 9 - Non-compliance with Documentary Requirements

Non-compliance with the provisions of Articles 4 to 8 shall not affect the existence or the validity of the contract of carriage, which shall, nonetheless, be subject to the rules of this Convention including those relating to limitation of liability.

【中譯】

第9條　未遵守憑證的規定

未遵守第4條至第8條的規定，不影響運輸契約的存在或者有效，該運輸契約仍應當受本公約條文的約束，包括有關責任限制規則的約束。

Article 10 - Responsibility for Particulars of Documentation

1. The consignor is responsible for the correctness of the particulars and statements relating to the cargo inserted by it or on its behalf in the air waybill or furnished by it or on its behalf to the carrier for insertion in the cargo receipt or for insertion in the record preserved by the other means referred to in paragraph 2 of Article 4. The foregoing shall also apply where the person acting on behalf of the consignor is also the agent of the carrier.
2. The consignor shall indemnify the carrier against all damage suffered by it, or by any other person to whom the carrier is liable, by reason of the irregularity, incorrectness or incompleteness of the particulars and statements furnished by the consignor or on its behalf.
3. Subject to the provisions of paragraphs 1 and 2 of this Article, the carrier shall indemnify the consignor against all damage suffered by it, or by any other person to whom the consignor is liable, by reason of the irregularity, incorrectness or incompleteness of the particulars and statements inserted by the carrier or on its behalf in the cargo receipt or in the record preserved by the other means referred to in paragraph 2 of Article 4.

【中譯】

第10條　對憑證說明的責任

1.對託運人或以其名義在航空託運提單上記載關於貨物之各項說明及陳述的正確性，抑或對託運人或以其名義提供給運送人記載貨物之收據或記載第4條第二項所稱之其他方法所保存記錄之有關貨物的各項說明及陳述的正確性，託運人應負其責任。以託運人名義行事者同時亦是運送人的代理人，同樣適用於上述規定。

2.對於因託運人或以其名義所提供之各項說明及陳述不符規定、不正確或者不完整，而讓運送人或託運人對之負責的任何其他人所造成的一切損失，託運人應對運送人負擔賠償責任。

3.除本條第一項和第二項規定之外，對因運送人或者以其名義在貨物收據或者在第4條第二項所稱之其他方法所保存的記錄上所記載的各項說明及陳述不符規定、不正確或者不完整，而讓託運人或者託運人對之負責任的任何其他人造成之一切損失，運送人應對託運人負擔賠償責任。

Article 11 - Evidentiary Value of Documentation

1. The air waybill or the cargo receipt is prima facie evidence of the conclusion of the contract, of the acceptance of the cargo and of the conditions of carriage mentioned therein.
2. Any statements in the air waybill or the cargo receipt relating to the weight, dimensions and packing of the cargo, as well as those relating to the number of packages, are prima facie evidence of the facts stated; those relating to the quantity, volume and condition of the cargo do not constitute evidence against the carrier except so far as they both have been, and are stated in the air waybill or the cargo receipt to have been, checked by it in the presence of the consignor, or relate to the apparent condition of the cargo.

【中譯】

第11條　憑證的證據價值

1.航空託運提單或貨物收據是訂定契約、接受貨物和所列運輸條件的表面證據。

2.航空託運提單上或貨物收據上有關貨物重量、尺寸和包裝以及包裹件數的任何陳述是所述事實的表面證據；除非經過運送人在託運人在現場核對並在航空託運提單上或收據上有加註其狀況或有關貨物外表狀況的敘述之外，航空託運提單上或貨物收據上有關貨物的數量、體積和狀況的陳述不能構成不利於運送人之證據。

Article 12 - Right of Disposition of Cargo

1. Subject to its liability to carry out all its obligations under the contract of carriage, the consignor has the right to dispose of the cargo by withdrawing it at the airport of departure or destination, or by stopping it in the course of the journey on any landing, or by calling for it to be delivered at the place of destination or in the course of the journey to a person other than the consignee originally designated, or by requiring it to be returned to the airport of departure. The consignor must not exercise this right of disposition in such a way as to prejudice the carrier or other consignors and must reimburse any expenses occasioned by the exercise of this right.
2. If it is impossible to carry out the instructions of the consignor, the carrier must so inform the consignor forthwith.
3. If the carrier carries out the instructions of the consignor for the disposition of the cargo without requiring the production of the part of the air waybill or the cargo receipt delivered to the latter, the carrier will be liable, without prejudice to its right of recovery from the consignor, for any damage which may be caused thereby to any person who is lawfully in possession of that part of the air waybill or the cargo receipt.
4. The right conferred on the consignor ceases at the moment when that of the consignee begins in accordance with Article 13. Nevertheless, if the consignee declines to accept the cargo, or cannot be communicated with, the consignor resumes its right of disposition.

【中譯】

第12條　處置貨物的權利

1.託運人在履行運輸契約所規定之所有義務的前提下，有權對貨物進行處置，亦即可以在出發地機場或者目的地將貨物取回，或在途中經停時終止運輸，或要求在目的地或途中將貨物交給非原指定的受貨人，或要求將貨物運返至原出發地機場。託運人不得因行使此種處置權而使運送人或者其他託運人遭受損失，並必須償付因行使此種權利而產生之費用。

2.如果託運人的指示不可能執行，運送人必須立即通知託運人。

3.運送人依據託運人的指示處置貨物時，無需出示託運人所收執的那份航空託運提單或貨物收據，若該份航空託運提單或貨物收據的合法持有人遭受損失，運送人應當承擔責任，但是不妨礙運送人對託運人的追償權。

4.受貨人的權利依照第13條規定開始時，託運人的權利即告終止。但是，若受貨人拒絕接受貨物，或無法與受收貨人聯繫時，則託運人恢復其處置權。

Article 13 - Delivery of the Cargo

1. Except when the consignor has exercised its right under Article 12, the consignee is entitled, on arrival of the cargo at the place of destination, to require the carrier to deliver the cargo to it, on payment of the charges due and on complying with the conditions of carriage.
2. Unless it is otherwise agreed, it is the duty of the carrier to give notice to the consignee as soon as the cargo arrives.
3. If the carrier admits the loss of the cargo, or if the cargo has not arrived at the expiration of seven days after the date on which it ought to have arrived, the consignee is entitled to enforce against the carrier the rights which flow from the contract of carriage.

【中譯】

第13條　貨物的交付

1.除託運人已根據本公約第12條行使其權利外，受貨人於貨物抵達目的地，並在繳付應付款項和履行運輸條件後，有權要求運送人對其交付貨物。

2.除另有協議之外，運送人應在貨物抵達目的地後立即通知受貨人。

3.如果運送人承認貨物已經遺失，或貨物在應到達之日起七日後仍未到達者，受貨人有權向運送人行使運輸契約所賦予之權利。

Article 14 - Enforcement of the Rights of Consignor and Consignee

The consignor and the consignee can respectively enforce all the rights given to them by Articles 12 and 13, each in its own name, whether it is acting in its own interest or in the interest of another, provided that it carries out the obligations imposed by the contract of carriage.

【中譯】

第14條　託運人和受貨人權利的行使

託運人和受貨人在履行運輸契約規定的義務條件下，無論是本人或者他人的利益，可以分別以本人的名義行使第12條和第13條賦予的所有權利。

Article 15 - Relations of Consignor and Consignee or Mutual Relations of Third Parties

1. Articles 12, 13 and 14 do not affect either the relations of the consignor and the consignee with each other or the mutual relations of third parties whose rights are derived either from the consignor or from the consignee.
2. The provisions of Articles 12, 13 and 14 can only be varied by express provision in the air waybill or the cargo receipt.

【中譯】

第15條　託運人和受貨人的關係或者第三者之間的相互關係

1.第12條、第13條和第14條不影響託運人及受貨人之間的相互關係，也不影響可從託運人或受貨人獲得權利之第三者之間的相互關係。

2.第12條、第13條和第14條的規定，僅能藉由航空託運提單或貨物收據上的條文規定予以變更。

Article 16 - Formalities of Customs, Police or Other Public Authorities

1. The consignor must furnish such information and such documents as are necessary to meet the formalities of customs, police and any other public

authorities before the cargo can be delivered to the consignee. The consignor is liable to the carrier for any damage occasioned by the absence, insufficiency or irregularity of any such information or documents, unless the damage is due to the fault of the carrier, its servants or agents.

2. The carrier is under no obligation to enquire into the correctness or sufficiency of such information or documents.

【中譯】

第16條　海關、警察或者其他公務機構的手續

1.託運人必須提供必要的資訊及文書，俾便貨物在交付受貨人之前可完成海關、警察或者任何其他公務機構的手續。因沒有此種資訊、文書，或者此種資訊、文書不充足或者不符合規定所引起的損失，除非是運送人或其受僱人或其代理人的過失所致之外，託運人應對運送人承擔責任。

2.運送人無需對此類資訊或文書之正確性或充足性進行查驗的義務。

Chapter III

Liability of the Carrier and Extent of Compensation for Damage

Article 17 - Death and Injury of Passengers - Damage to Baggage

1. The carrier is liable for damage sustained in case of death or bodily injury of a passenger upon condition only that the accident which caused the death or injury took place on board the aircraft or in the course of any of the operations of embarking or disembarking.

2. The carrier is liable for damage sustained in case of destruction or loss of, or of damage to, checked baggage upon condition only that the event which caused the destruction, loss or damage took place on board the aircraft or during any period within which the checked baggage was in the charge of the carrier. However, the carrier is not liable if and to the extent that the damage resulted from the inherent defect, quality or vice of the

baggage. In the case of unchecked baggage, including personal items, the carrier is liable if the damage resulted from its fault or that of its servants or agents.

3. If the carrier admits the loss of the checked baggage, or if the checked baggage has not arrived at the expiration of twenty-one days after the date on which it ought to have arrived, the passenger is entitled to enforce against the carrier the rights which flow from the contract of carriage.
4. Unless otherwise specified, in this Convention the term “baggage” means both checked baggage and unchecked baggage.

【中譯】

第三章

運送人的責任和損害賠償範圍

第17條　旅客死亡和傷害——行李損失

1.對於因旅客死亡或身體傷害所產生的損失，只要造成死亡或者傷害的是事故地點是在航空器上或是在上、下航空器期間的任何操作過程中發生的，運送人就應當承擔責任。

2.對於因託運行李毀滅、遺失或者損壞而產生的損失，只要造成毀滅、遺失或者損壞的事件是在航空器上或者在託運行李處於運送人所處置的任何期間內所發生的，運送人就應當承擔責任。但是，若行李損失是因行李固有缺陷、品質或者瑕疵造成的，在此範圍內運送人不承擔責任。有關非託運行李，包括個人物件，運送人對因其過錯或者其受僱人或者代理人的過錯造成的損失負擔賠償責任。

3.運送人承認託運行李已經遺失，或者託運行李在應當到達之日起二十一日後仍未到達的，旅客有權向運送人行使運輸契約所賦予的權利。

4.除另有規定外，本公約中「行李」一詞係指託運行李和非託運行李。

Article 18 - Damage to Cargo

1. The carrier is liable for damage sustained in the event of the destruction or loss of, or damage to, cargo upon condition only that the event which caused the damage so sustained took place during the carriage by air.
2. However, the carrier is not liable if and to the extent it proves that the destruction, or loss of, or damage to, the cargo resulted from one or more of the following: (a) inherent defect, quality or vice of that cargo; (b) defective packing of that cargo performed by a person other than the carrier or its servants or agents; (c) an act of war or an armed conflict; (d) an act of public authority carried out in connection with the entry, exit or transit of the cargo.
3. The carriage by air within the meaning of paragraph 1 of this Article comprises the period during which the cargo is in the charge of the carrier.
4. The period of the carriage by air does not extend to any carriage by land, by sea or by inland waterway performed outside an airport. If, however, such carriage takes place in the performance of a contract for carriage by air, for the purpose of loading, delivery or transshipment, any damage is presumed, subject to proof to the contrary, to have been the result of an event which took place during the carriage by air. If a carrier, without the consent of the consignor, substitutes carriage by another mode of transport for the whole or part of a carriage intended by the agreement between the parties to be carriage by air, such carriage by another mode of transport is deemed to be within the period of carriage by air.

【中譯】

第18條　貨物損失

1.對於因貨物毀滅、遺失或者損壞而產生的損失，只要造成損失的事件是航空運輸期間發生的，運送人就應當承擔責任。

2.但是，如果運送人能證明貨物的毀滅、遺失或者損壞是由於下述任何一個或幾個原因所造成的，則運送人不需承擔責任：(a)貨物的固有缺陷、品質或瑕疵；(b)由運送人或者其受僱人、代理人以外的人包裝貨物，而貨物包裝不良；(c)戰爭或武裝衝突；(d)公務機關實施之與貨物入境、出境或者過境有關的行為。

3.本條文第一項所稱的航空運輸期間，係指貨物處於運送人處置之下的期間。

4.前述所稱之航空運輸期間，並不包括機場之外任何陸路、海上或內水運輸的過程。但是，若此種運輸是在履行航空運輸契約時為了裝載、交付或者轉運而辦理的，在沒有相反證明的狀況下，所發生的任何損失推定為在航空運輸期間發生的事件造成的損失。此外，舉凡運送人未經託運人同意，而以其他運輸方式代替當事人各方在契約中約定採用航空運輸方式的全部或者部分運輸的，此項以其他方式履行的運輸仍視為本公約所稱之航空運輸期間。

Article 19 - Delay

The carrier is liable for damage occasioned by delay in the carriage by air of passengers, baggage or cargo. Nevertheless, the carrier shall not be liable for damage occasioned by delay if it proves that it and its servants and agents took all measures that could reasonably be required to avoid the damage or that it was impossible for it or them to take such measures.

【中譯】

第19條　延誤

旅客、行李或貨物在航空運輸中因延誤而產生的損失，運送人應當負擔責任。但是，運送人證明本人及其受僱人和代理人為了避免損失的發生，已經採取一切必要措施或者不可能採取此種措施的，運送人無需對因延誤而產生的損失負擔責任。

Article 20 - Exoneration

If the carrier proves that the damage was caused or contributed to by the negligence or other wrongful act or omission of the person claiming compensation, or the person from whom he or she derives his or her rights, the carrier shall be wholly or partly exonerated from its liability to the claimant to the extent that such negligence or wrongful act or omission caused or contributed to the damage. When by reason of death or injury of a passenger compensation is claimed by a person other than the passenger, the carrier shall likewise be wholly or partly exonerated from its liability to the extent that it proves that the damage was caused or contributed to by the negligence or other wrongful act or omission of that passenger. This Article applies to all the liability provisions in this Convention, including paragraph 1 of Article 21.

【中譯】

第20條　免責

經運送人證明，損失是由索賠人或索賠人從其取得權利之人的過失或其他不當作為、不作為造成或促成者，應根據造成或促成此種損失的過失或者其他不當作為、不作為的程度，以全部或部分免除運送人對索賠人的責任。乘客以外的其他人就乘客死亡或傷害提出賠償請求者，經運送人證明，損失是乘客本人的過失或其他不當作為、不作為造成或促成者，同樣應根據造成或促成此種損失的過失或其他不當作為、不作為的程度，以全部或部分免除運送人的責任。本條文適用於本公約中的所有責任條款，包括第21條第一項。

Article 21 - Compensation in Case of Death or Injury of Passengers

1. For damages arising under paragraph 1 of Article 17 not exceeding 100,000 Special Drawing Rights for each passenger, the carrier shall not be able to exclude or limit its liability.
2. The carrier shall not be liable for damages arising under paragraph 1 of Article 17 to the extent that they exceed for each passenger 100,000 Special Drawing Rights if the carrier proves that: (a) such damage was not

due to the negligence or other wrongful act or omission of the carrier or its servants or agents; or (b) such damage was solely due to the negligence or other wrongful act or omission of a third party.

【中譯】

第21條　旅客死亡或者傷害的賠償

1.對於依據第17條第一項所產生之每名旅客不超過100,000 SDRs的損害賠償，運送人不得免除或限制其責任。

2.有關第17條第一項所產生之損害賠償，每名旅客超過100,000 SDRs的部分，若運送人能證明有下列情形者，無需承擔責任：(a)所產生之損失並非由運送人或其受僱人、代理人的過失或其他不當作為、不作為所造成的；或者(b)損失完全是由第三者的過失或其他不當作為、不作為所造成的。

Article 22 - Limits of Liability in Relation to Delay, Baggage and Cargo

1. In the case of damage caused by delay as specified in Article 19 in the carriage of persons, the liability of the carrier for each passenger is limited to 4,150 Special Drawing Rights.
2. In the carriage of baggage, the liability of the carrier in the case of destruction, loss, damage or delay is limited to 1,000 Special Drawing Rights for each passenger unless the passenger has made, at the time when the checked baggage was handed over to the carrier, a special declaration of interest in delivery at destination and has paid a supplementary sum if the case so requires. In that case the carrier will be liable to pay a sum not exceeding the declared sum, unless it proves that the sum is greater than the passenger's actual interest in delivery at destination.
3. In the carriage of cargo, the liability of the carrier in the case of destruction, loss, damage or delay is limited to a sum of 17 Special Drawing Rights per kilograms, unless the consignor has made, at the time when the package was handed over to the carrier, a special declaration

of interest in delivery at destination and has paid a supplementary sum if the case so requires. In that case the carrier will be liable to pay a sum not exceeding the declared sum, unless it proves that the sum is greater than the consignor's actual interest in delivery at destination.

4. In the case of destruction, loss, damage or delay of part of the cargo, or of any object contained therein, the weight to be taken into consideration in determining the amount to which the carrier's liability is limited shall be only the total weight of the package or packages concerned. Nevertheless, when the destruction, loss, damage or delay of a part of the cargo, or of an object contained therein, affects the value of other packages covered by the same air waybill, or the same receipt or, if they were not issued, by the same record preserved by the other means referred to in paragraph 2 of Article 4, the total weight of such package or packages shall also be taken into consideration in determining the limit of liability.
5. The foregoing provisions of paragraphs 1 and 2 of this Article shall not apply if it is proved that the damage resulted from an act or omission of the carrier, its servants or agents, done with intent to cause damage or recklessly and with knowledge that damage would probably result; provided that, in the case of such act or omission of a servant or agent, it is also proved that such servant or agent was acting within the scope of its employment.
6. The limits prescribed in Article 21 and in this Article shall not prevent the court from awarding, in accordance with its own law, in addition, the whole or part of the court costs and of the other expenses of the litigation incurred by the plaintiff, including interest. The foregoing provision shall not apply if the amount of the damages awarded, excluding court costs and other expenses of the litigation, does not exceed the sum which the carrier has offered in writing to the plaintiff within a period of six months from the date of the occurrence causing the damage, or before the commencement of the action, if that is later.

【中譯】

第22條　延誤、行李和貨物的責任限額

1.在旅客運輸中，若因第19條所指之延誤造成損失者，運送人對每名乘客的責任以4,150 SDRs為限。

2.在行李運輸中造成毀滅、遺失、損壞或者延誤的，運送人的責任以每名乘客1,000 SDRs為限，除非旅客在向運送人交運託運行李時，有特別聲明在目的地交付時的利益，並在必要時支付附加費。在此情況下，除非運送人能證明乘客所聲明的金額高於在目的地交付時旅客的實際利益者之外，運送人必須在聲明金額範圍內承擔責任。

3.在貨物運輸中造成毀滅、遺失、損壞或延誤者，運送人的責任以每公斤17 SDRs為限，除非託運人在向運送人交運包裹時，有特別聲明在目的地交付時的利益，並在必要時支付附加費。在此情況下，除非運送人能證明託運人所聲明的金額高於在目的地交付時託運人的實際利益之外，運送人必須在聲明金額範圍內承擔責任。

4.若貨物的一部分或貨物中有任何損毀、遺失、損壞、或延誤的狀況時，用以界定運送人賠償責任限額的重量應為該包裹或為該包裹的重量。但是，若因貨物中的一部分或貨物中某一物品的損毀、遺失、損壞或延誤，影響同一份航空託運提單、貨物收據或在未出具此兩種認證時根據第4條第二項所稱之其他方法保存記錄之所列之其他包裹的價值時，於確定運送人的賠償責任限額之際，該包裹或者包裹的總重量也應考慮在內。

5.經證明，損失是由於運送人或其受僱人或其代理人之故意或明知可能造成損失而輕率地作為或者不作為所造成者，不適用本條文第一項或第二項之規範。對於受僱人、代理人之此種作爲或不作爲，併應證明該受僱人或代理人是在受僱或代理範圍內行事。

6.第21條和本條文所規定之限額並不妨礙法院依據其法律另外加判全部或一部分法院費用及原告所產生包含利息之其他訴訟費用。所判給之賠償金額，不包含法院費用及其他訴訟費用，不超過運送人在造成損失的事件發生後六個月內或已超過六個月而在起訴以前已書面向原告提出的金額，不適於前述規定。

Article 23 - Conversion of Monetary Units

1. The sums mentioned in terms of Special Drawing Right in this Convention shall be deemed to refer to the Special Drawing Right as defined by the International Monetary Fund. Conversion of the sums into national currencies shall, in case of judicial proceedings, be made according to the value of such currencies in terms of the Special Drawing Right at the date of the judgement. The value of a national currency, in terms of the Special Drawing Right, of a State Party which is a Member of the International Monetary Fund, shall be calculated in accordance with the method of valuation applied by the International Monetary Fund, in effect at the date of the judgement, for its operations and transactions. The value of a national currency, in terms of the Special Drawing Right, of a State Party which is not a Member of the International Monetary Fund, shall be calculated in a manner determined by that State.
2. Nevertheless, those States which are not Members of the International Monetary Fund and whose law does not permit the application of the provisions of paragraph 1 of this Article may, at the time of ratification or accession or at any time thereafter, declare that the limit of liability of the carrier prescribed in Article 21 is fixed at the sum of 1,500,000 monetary units per passenger in judicial proceedings in their territories; 62,500 monetary units per passenger with respect to paragraph 1 of Article 22; 15,000 monetary units per passenger with respect to paragraph 2 of Article 22; and 250 monetary units per kilogramme with respect to paragraph 3 of Article 22. This monetary unit corresponds to sixty-five and a half milligrammes of gold of millesimal fineness nine hundred. These sums may be converted into the national currency concerned in round figures. The conversion of these sums into national currency shall be made according to the law of the State concerned.

3. The calculation mentioned in the last sentence of paragraph 1 of this Article and the conversion method mentioned in paragraph 2 of this Article shall be made in such manner as to express in the national currency of the State Party as far as possible the same real value for the amounts in Articles 21 and 22 as would result from the application of the first three sentences of paragraph 1 of this Article. States Parties shall communicate to the depositary the manner of calculation pursuant to paragraph 1 of this Aricle, or the result of the conversion in paragraph 2 of this Article as the case may be, when depositing an instrument of ratification, acceptance, approval of or accession to this Convention and whenever there is a change in either.

【中譯】

第23條　貨幣單位的換算

1.本公約中以特別提款權所表示的各項金額，係指國際貨幣基金組織確定的特別提款權。在進行司法程序時，各項金額與各國家貨幣的換算，應當按照判決當日用特別提款權表示的該項貨幣的價值計算。當事國是國際貨幣基金組織的成員，用特別提款權表示的其國家貨幣的價值，應當按照判決當日有效的國際貨幣基金組織在其業務和交易中採用的計算方法進行計算。當事國的價值，應當按照該國所核定的辦法計算。

2.但是，非國際貨幣基金組織成員並且其法律不允許適用本條文第一項規定的國家，可以在批准、加入或者其後的任何時候聲明，在其境內進行司法程序時，就第21條而言，運送人對每名旅客的責任以1,500,000貨幣單位為限；就第22條第一項而言，運送人對每位旅客的責任以62,500貨幣單位為限；就第22條第二項而言，運送人對每位旅客的責任以15,000貨幣單位為限；就第22條第三項而言，運送人對每位旅客的責任以每公斤250貨幣單位為限。此種貨幣單位相當於含有千分之九百純度的65.5毫克的黃金。各項金額可換算為相關國家的法律進行。

3.本條第一項最後一句所稱之計算，以及本條文第二項所稱之換算方法，應當使以締約國貨幣計算的第21條和第22條的數額之價值與根據本條文第一項前三句計算的真實價值盡可能相同。締約國在交存對本公約的批准書、接受書、核准書或者加入書時，應當將根據本條文第一項進行的計算方法或者根據本條文第二項所得的換算結果通知保存人，該計算方法或者換算結果發生變化時亦同。

Article 24 - Review of Limits

1. Without prejudice to the provisions of Article 25 of this Convention and subject to paragraph 2 below, the limits of liability prescribed in Articles 21, 22 and 23 shall be reviewed by the Depositary at five-year intervals, the first such review to take place at the end of the fifth year following the date of entry into force of this Convention, or if the Convention does not enter into force within five years of the date it is first open for signature, within the first year of its entry into force, by reference to an inflation factor which corresponds to the accumulated rate of inflation since the previous revision or in the first instance since the date of entry into force of the Convention. The measure of the rate of inflation to be used in determining the inflation factor shall be the weighted average of the annual rates of increase or decrease in the Consumer Price Indices of the States whose currencies comprise the Special Drawing Right mentioned in paragraph 1 of Article 23.
2. If the review referred to in the preceding paragraph concludes that the inflation factor has exceeded 10 per cent, the Depositary shall notify States Parties of a revision of the limits of liability. Any such revision shall become effective six months after its notification to the States Parties. If within three months after its notification to the States Parties a majority of the States Parties register their disapproval, the revision shall not become effective and the Depositary shall refer the matter to a meeting of the States Parties. The Depositary shall immediately notify all States Parties of the coming into force of any revision.

3. Notwithstanding paragraph 1 of this Article, the procedure referred to in paragraph 2 of this Article shall be applied at any time provided that one-third of the States Parties express a desire to that effect and upon condition that the inflation factor referred to in paragraph 1 has exceeded 30 per cent since the previous revision or since the date of entry into force of this Convention if there has been no previous revision. Subsequent reviews using the procedure described in paragraph 1 of this Article will take place at five-year intervals starting at the end of the fifth year following the date of the reviews under the present paragraph.

【中譯】

第24條　限額的複審

1.在不妨礙本公約第25條規定的條件下，並依據本條文第二項的規定，保存人應當對第21條、第22條和第23條規定的責任限額每隔五年進行一次複審，第一次複審應在本公約生效之日起第五年的年終進行，本公約在其開放簽署之日起五年內未生效者，第一次複審應當在本公約生效的第一年內進行，複審時應當參考與上一次修訂以來或者就第一次而言本公約生效之日以來累積的通貨膨脹率相應的通貨膨脹因素。用以確定通貨膨服因素的通貨膨脹率，應當是構成第23條第一項所指特別提款權的貨幣的發行國消費品價格指數年漲跌比率的加權平均數。

2.如果前項所稱之複審結果表示當通貨膨脹因素已經超過百分之十時，保存人應將責任限額的修訂通知締約國。該項修訂應當在通知締約國六個月後生效。在將該項修訂通知締約國後的三個月內，多數締約國登記其反對意見時，修訂不得生效，保存人應當將此事提交締約國會議。保存人應當將修訂的生效立即通知所有締約國。

3.即便有本條文第一項的規定，當三分之一的締約國表示希望進行本條文第二項所指的程序，並且第一項所指通貨膨脹因素自上一次修訂之日起，或在未曾修訂過的情形下自本公約生效之日起，已經超過百分之三十的，應在任何時候進行該程序。其後依照本條文第一項規定程序的複審每隔五年進行一次，自按照本項進行的複審之日起第五年的年終開始。

Article 25 - Stipulation on Limits

A carrier may stipulate that the contract of carriage shall be subject to higher limits of liability than those provided for in this Convention or to no limits of liability whatsoever.

【中譯】

第25條　關於限額的訂定

運送人可以訂定運輸契約之適用高於本公約所規定之責任限額，或無責任限額。

Article 26 - Invalidity of Contractual Provisions

Any provision tending to relieve the carrier of liability or to fix a lower limit than that which is laid down in this Convention shall be null and void, but the nullity of any such provision does not involve the nullity of the whole contract, which shall remain subject to the provisions of this Convention.

【中譯】

第26條　契約條款的無效

任何傾向免除本公約規定之運送人責任或降低本公約規定之責任限額條款，均屬無效。但是，此種條款的無效，並不影響整個契約的效力，該契約仍受本公約規定之約束。

Article 27 - Freedom to Contract

Nothing contained in this Convention shall prevent the carrier from refusing to enter into any contract of carriage, from waiving any defences available under the Convention, or from laying down conditions which do not conflict with the provisions of this Convention.

【中譯】

第27條　契約上的自由

本公約不妨礙運送人拒絕訂定任何運輸契約、放棄根據本公約能夠獲得的任何抗辯理由或制定同本公約規定不相抵觸的條件。

Article 28 - Advance Payments

In the case of aircraft accidents resulting in death or injury of passengers, the carrier shall, if required by its national law, make advance payments without delay to a natural person or persons who are entitled to claim compensation in order to meet the immediate economic needs of such persons. Such advance payments shall not constitute a recognition of liability and may be offset against any amounts subsequently paid as damages by the carrier.

【中譯】

第28條　先行付款

因航空器事故造成乘客死亡或傷害者，運送人應在其國內法有相對應之要求的狀況下，向有權索賠的自然人不遲延地先行付款，以應其迫切經濟需要。此種先行付款不構成對責任的承認，並可從運送人隨後作爲損害賠償金支付的任何數額中抵銷。

Article 29 - Basis of Claims

In the carriage of passengers, baggage and cargo, any action for damages, however founded, whether under this Convention or in contract or in tort or otherwise, can only be brought subject to the conditions and such limits of liability as are set out in this Convention without prejudice to the question as to who are the persons who have the right to bring suit and what are their respective rights. In any such action, punitive, exemplary or any other non-compensatory damages shall not be recoverable.

【中譯】

第29條　索賠的根據

在乘客、行李和貨物運輸中，有關損害賠償的訴訟，無論其根據如何，是根據本公約、根據契約、根據侵權，抑或根據其他任何理由，只能依照本公約規定的條件和責任限額提起，但是不妨礙確定何者有權提起訴訟以其各自的權利。在任何這類的訴訟中，均不得判給懲罰性、懲戒性或者任何其他非補償性的損害賠償。

Article 30 - Servants, Agents - Aggregation of Claims

1. If an action is brought against a servant or agent of the carrier arising out of damage to which the Convention relates, such servant or agent, if they prove that they acted within the scope of their employment, shall be entitled to avail themselves of the conditions and limits of liability which the carrier itself is entitled to invoke under this Convention.
2. The aggregate of the amounts recoverable from the carrier, its servants and agents, in that case, shall not exceed the said limits.
3. Save in respect of the carriage of cargo, the provisions of paragraphs 1 and 2 of this Article shall not apply if it is proved that the damage resulted from an act or omission of the servant or agent done with intent to cause damage or recklessly and with knowledge that damage would probably result.

【中譯】

第30條　受僱人、代理人——索賠的總額

1.如果就本公約中所稱之損失向運送人的受僱人、代理人提起訴訟時，該受僱人、代理人證明其是在受僱、代理範圍內執勤者，有權援用本公約所述之運送人有權援用的條件和責任限額。

2.在此種情況下，運送人及其受僱人和代理人的賠償總額不得超過上述責任限額。

3.若經過證明，損失是由於受僱人、代理人的故意或明知可能造成損失而輕率地作爲或不作為所造成的，不適用本條文第一項和第二項的規定，但貨物運輸除外。

Article 31 - Timely Notice of Complaints

1. Receipt by the person entitled to delivery of checked baggage or cargo without complaint is prima facie evidence that the same has been delivered in good condition and in accordance with the document of carriage or with the record preserved by the other means referred to in paragraph 2 of Article 3 and paragraph 2 of Article 4.
2. In the case of damage, the person entitled to delivery must complain to the carrier forthwith after the discovery of the damage, and, at the latest, within seven days from the date of receipt in the case of checked baggage and fourteen days from the date of receipt in the case of cargo. In the case of delay, the complaint must be made at the latest within twenty-one days from the date on which the baggage or cargo have been placed at his or her disposal.
3. Every complaint must be made in writing and given or dispatched within the times aforesaid.
4. If no complaint is made within the times aforesaid, no action shall lie against the carrier, save in the case of fraud on its part.

【中譯】

第31條　有異議時的及時提出

1.有權領取託運行李或貨物者若於收受託運行李或貨物時未提出異議，可視為託運行李或貨物已在良好狀況並在與運輸憑證或第3條第二項和第4條第二項所稱之其他方法保存的記錄相符情況下交付的初步證據。

2.如果發生損失時，有權領取託運行李或貨物者必須在發現損失後立即向運送人提出異議。並且，託運行李發生損失者，最遲必須在收到託運行李之日起七日之內提出，貨物發生損失的，最遲必須在收到貨物之日起十四日內提出。發生延誤時，最遲必須在行李或貨物交付受貨人處置之日起二十一日內提出異議。

3.若有任何異議，均必須在前述條款所規定的期間內以書面方式提出或者發出。

4.除非運送人有欺詐行為之外，在前述條款規定的期間內未提出異議者，不得向運送人提起訴訟。

Article 32 - Death of Person Liable

In the case of the death of the person liable, an action for damages lies in accordance with the terms of this Convention against those legally representing his or her estate.

【中譯】

第32條　責任人亡故

如果責任人亡故，損害賠償訴訟可以根據本公約的規定，對其遺產的合法代表人提出請求權。

Article 33 - Jurisdiction

1. An action for damages must be brought, at the option of the plaintiff, in the territory of one of the States Parties, either before the court of the domicile of the carrier or of its principal place of business, or where it has a place of business through which the contract has been made or before the court at the place of destination.
2. In respect of damage resulting from the death or injury of a passenger, an action may be brought before one of the courts mentioned in paragraph 1 of this Article, or in the territory of a State Party in which at the time of the accident the passenger has his or her principal and permanent residence and to or from which the carrier operates services for the carriage of passengers by air, either on its own aircraft, or on another carrier's aircraft pursuant to a commercial agreement, and in which that

carrier conducts its business of carriage of passengers by air from premises leased or owned by the carrier itself or by another carrier with which it has a commercial agreement.

3. For the purposes of paragraph 2, (a) "commercial agreement" means an agreement, other than an agency agreement, made between carriers and relating to the provision of their joint services for carriage of passengers by air; (b) "principal and permanent residence" means the one fixed and permanent abode of the passenger at the time of the accident. The nationality of the passenger shall not be the determining factor in this regard.
4. Questions of procedure shall be governed by the law of the court seized of the case.

【中譯】

第33條　管轄權

1.損害賠償訴訟必須在本公約締約國境內，由原告選擇，向運送人居住地、主要營業地或訂立契約之營業場所所在地的法院，或向目的地點法院提起。

2.對於因乘客亡故或傷害而產生的損失，可以向本條文第一項所述法院之一提起訴訟，或在發生事故時旅客的主要且永久居住地之締約國境內提起，並且運送人使用自己的航空器或根據商務協定使用另一運送人之航空器經營至該國境內或從該國境內出發之航空客運業務，並在該國境內該運送人藉由其本人或與其有商務協定之另一運送人租賃或自有的處所從事航空客運業務。

3.就第二項的目的而言，(a)「商務協定」係指運送人之間就其提供聯營航空客運業務而訂定的協定稱之，但代理協定除外；(b)「主要且永久居住地」係指事故發生當時的時點，該乘客之固定且永久的居住地。此外，乘客的國籍不得作為決定性的因素。

4.有關訴訟程序之適用係依據案件受理法院之當地法律。

Article 34 - Arbitration

1. Subject to the provisions of this Article, the parties to the contract of carriage for cargo may stipulate that any dispute relating to the liability of the carrier under this Convention shall be settled by arbitration. Such agreement shall be in writing.
2. The arbitration proceedings shall, at the option of the claimant, take place within one of the jurisdiction referred to in Article 33.
3. The arbitrator or arbitration tribunal shall apply the provisions of this Convention.
4. The provisions of paragraphs 2 and 3 of this Article shall be deemed to be part of every arbitration clause or agreement, and any term of such clause or agreement which is inconsistent therewith shall be null and void.

【中譯】

第34條　仲裁

1.在符合本條文規定的條件下，貨物運輸契約的當事人可以約定，有關本公約中所載之運送人責任於發生任何爭議時應通過仲裁解決。此協議應以書面形式表述。

2.仲裁程序應依據索賠人的選擇，在本公約第33條所指的其中一個管轄區內進行。

3.仲裁者或仲裁法庭應適用本公約條文的規定。

4.本條文第二項和第三項的規定應視為每一仲裁條款或仲裁協議的一部分，凡此種條款或協議與上述規定不一致者均屬無效。

Article 35 - Limitation of Actions

1. The right to damages shall be extinguished if an action is not brought within a period of two years, reckoned from the date of arrival at the destination, or from the date on which the aircraft ought to have arrived, or from the date on which the carriage stopped.

2. The method of calculating that period shall be determined by the law of the court seized of the case.

【中譯】

第35條　訴訟時效

1.自航空器到達目的地之日、應當到達目的地之日或運輸終止之日起兩年期間內未提起訴訟，喪失對損害賠償的請求權。

2.前述所稱「期間」之計算方法，係根據案件受理法院當地的法律定之。

Article 36 - Successive Carriage

1. In the case of carriage to be performed by various successive carriers and falling within the definition set out in paragraph 3 of Article 1, each carrier which accepts passengers, baggage or cargo is subject to the rules set out in this Convention and is deemed to be one of the parties to the contract of carriage in so far as the contract deals with that part of the carriage which is performed under its supervision.
2. In the case of carriage of this nature, the passenger or any person entitled to compensation in respect of him or her can take action only against the carrier which performed the carriage during which the accident or the delay occurred, save in the case where, by express agreement, the first carrier has assumed liability for the whole journey.
3. As regards baggage or cargo, the passenger or consignor will have a right of action against the first carrier, and the passenger or consignee who is entitled to delivery will have a right of action against the last carrier, and further, each may take action against the carrier which performed the carriage during which the destruction, loss, damage or delay took place. These carriers will be jointly and severally liable to the passenger or to the consignor or consignee.

【中譯】

第36條　連續運輸

1.由幾個連續運送人執行，並屬於本公約第1條第三項所定義之運輸，接受乘客、行李或貨物的每一個運送人應受本公約規則的約束，並就在運輸契約中其監管履行的運輸區段的範圍內，作為運輸契約的訂約一方。

2.對於此種性質的運輸，除非明文約定第一運送人對全程運輸承擔責任之外，乘客或任何行使其索賠權利者，只能對發生事故或延誤時履行該運輸的運送人提起訴訟。

3.有關行李或貨物，旅客或託運人有權對第一運送人提起訴訟，有權接受交付的旅客或受貨人有權對最後運送人提起訴訟。上述運送人應對旅客、託運人或受貨人負擔連帶責任。

Article 37 - Right of Recourse against Third Parties

Nothing in this Convention shall prejudice the question whether a person liable for damage in accordance with its provisions has a right of recourse against any other person.

【中譯】

第37條　對第三人的追償權

本公約不影響依照本公約規定對損失承擔責任者是否有權向他人追償的問題。

Chapter IV

Combined Carriage

Article 38 - Combined Carriage

1. In the case of combined carriage performed partly by air and partly by any other mode of carriage, the provisions of this Convention shall, subject to paragraph 4 of Article 18, apply only to the carriage by air, provided that the carriage by air falls within the terms of Article 1.

2. Nothing in this Convention shall prevent the parties in the case of combined carriage from inserting in the document of air carriage conditions relating to other modes of carriage, provided that the provisions of this Convention are observed as regards the carriage by air.

【中譯】

第四章　聯合運輸

第38條　聯合運輸

1.部分採取航空運輸，部分採取其他方式進行的聯合運輸，本公約的規定應只適用於符合第1條所規定的航空運輸部分，但是第18條第四項另有規定的除外。

2.在航空運輸部分遵守本公約規定的條件下，本公約不妨礙聯合運輸的各方當事人在航空運輸憑證上列入有關其他運輸方式的條件。

Chapter V　Carriage by Air Performed by a Person other than the Contracting Carrier

Article 39 - Contracting Carrier -Actual Carrier

The provisions of this Chapter apply when a person (hereinafter referred to as "the contracting carrier") as a principal makes a contract of carriage governed by this Convention with a passenger or consignor or with a person acting on behalf of the passenger or consignor, and another person (hereinafter referred to as "the actual carrier") performs, by virtue of authority from the contracting carrier, the whole or part of the carriage, but is not with respect to such part a successive carrier within the meaning of this Convention. Such authority shall be presumed in the absence of proof to the contrary.

【中譯】

第五章　非締約運送人執行的航空運輸

第39條　締約運送人——實際運送人

一方當事人（以下簡稱「締約運送人」）本人與乘客、託運人或以乘客或託運人名義行事者訂立依本公約調整的運輸契約，而另一當事人（以下簡稱「實際運送人」）根據締約運送人的授權，履行全部或部分運輸，針對該部分運輸而言，該另一當事人並非本公約所指的連續運送人，適用本章的規定。在沒有相反證明時，此種授權應被推定是存在的。

Article 40 - Respective Liability of Contracting and Actual Carriers

If an actual carrier performs the whole or part of carnage which, according to the contract referred to in Article 39, is governed by this Convention, both the contracting carrier and the actual carrier shall, except as otherwise provided in this Chapter, be subject to the rules of this Convention, the former for the whole of the carriage contemplated in the contract, the latter solely for the carriage which it performs.

【中譯】

第40條　締約運送人和實際運送人各自的責任

除本章另有規定外，實際運送人執行全部或部分運輸，而根據第39條所指的契約，該運輸是受本公約管理支配的，締約運送人和實際運送人都應受本公約條文的約束，締約運送人對契約考慮到的全部運輸負責，實際運送人只對其執行的運輸負責。

Article 41 - Mutual Liability

1. The acts and omissions of the actual carrier and of its servants and agents acting within the scope of their employment shall, in relation to the carriage performed by the actual carrier, be deemed to be also those of the contracting carrier.

2. The acts and omissions of the contracting carrier and of its servants and agents acting within the scope of their employment shall, in relation to the carriage performed by the actual carrier, be deemed to be also those of the actual carrier. Nevertheless, no such act or omission shall subject the actual carrier to liability exceeding the amounts referred to in Articles 21, 22, 23 and 24. Any special agreement under which the contracting carrier assumes obligations not imposed by this Convention or any waiver of rights or defenses conferred by this Convention or any special declaration of interest in delivery at destination contemplated in Article 22 shall not affect the actual carrier unless agreed to by it.

【中譯】

第41條　相互責任

1.實際運送人之作為和不作為，實際運送人的受僱人、代理人在受僱、代理範圍內之作為和不作為，關係到實際運送人執行運輸者，也應視為締約運送人之作為和不作為。

2.締約運送人之作爲和不作爲，締約運送人的受僱人、代理人在受僱、代理範圍內之作爲和不作爲，關係到實際運送人執行運輸者，也應視爲實際運送人之作爲和不作爲。但是，實際運送人承擔的責任不因此種作爲或不作爲而超過第21條、第22條、第23條和第24條所指之數額。任何有關締約運送人承擔本公約未規定的義務或放棄本公約賦予之權利或抗辯理由的特別協定，或任何有關第22條考慮到的在目的地交付時利益的特別聲明，除非經過實際運送人同意之外，均不得影響實際運送人。

Article 42 - Addressee of Complaints and Instructions

Any complaint to be made or instruction to be given under this Convention to the carrier shall have the same effect whether addressed to the contracting carrier or to the actual carrier. Nevertheless, instructions referred to in Article 12 shall only be effective if addressed to the contracting carrier.

【中譯】

第42條　異議和指示的對象

依照本公約規定向運送人提出的異議或者發出的指示，無論是向締約運送人抑或是向實際運送人提出或發出，具有同等效力。但是，第12條所指的指示，只在向締約運送人發出時，方屬有效。

Article 43 - Servants and Agents

In relation to the carriage performed by the actual carrier, any servant or agent of that carrier or of the contracting carrier shall, if they prove that they acted within the scope of their employment, be entitled to avail themselves of the conditions and limits of liability which are applicable under this Convention to the carrier whose servant or agent they are, unless it is proved that they acted in a manner that prevents the limits of liability from being invoked in accordance with this Convention.

【中譯】

第43條　受僱人和代理人

實際運送人的受僱人、代理人或締約運送人的受僱人、代理人，證明其是在受僱、代理範圍內行事者，就實際運送人執行的運輸而言，有權援用本公約規定的適用於僱用該人的或被代理之運送人的條件和責任限額，但是經證明依照本公約其行爲不能援用該責任限額者除外。

Article 44 - Aggregation of Damages

In relation to the carriage performed by the actual carrier, the aggregate of the amounts recoverable from that carrier and the contracting carrier, and from their servants and agents acting within the scope of their employment, shall not exceed the highest amount which could be awarded against either the contracting carrier or the actual carrier under this Convention, but none of the persons mentioned shall be liable for a sum in excess of the limit applicable to that person.

【中譯】

第44條　賠償總額

對於實際運送人執行的運輸，實際運送人和締約運送人及其在受僱、代理範圍內行事的受僱人和代理人的賠償總額不得超過依照本公約而得從以締約運送人或實際運送人獲得賠償之最高數額，但是前述任何人都不承擔超過對其適用的責任限額。

Article 45 - Addressee of Claims

In relation to the carriage performed by the actual carrier, an action for damages may be brought, at the option of the plaintiff, against that carrier or the contracting carrier, or against both together or separately. If the action is brought against only one of those carriers, that carrier shall have the right to require the other carrier to be joined in the proceedings, the procedure and effects being governed by the law of the court seised of the case.

【中譯】

第45條　索賠對象

對實際運送人執行的運輸所提起的損害賠償訴訟，可以由原告選擇對實際運送人或對締約運送人提起訴訟，也可以同時或分別對實際運送人和締約運送人提起訴訟。損害賠償訴訟只對其中一個運送人提起者，該運送人有權要求另一運送人參與訴訟，訴訟程序及其效力適用於案件受理法院的法律。

Article 46 - Additional Jurisdiction

Any action for damages contemplated in Article 45 must be brought, at the option of the plaintiff, in the territory of one of the States Parties, either before a court in which an action may be brought against the contracting carrier, as provided in Article 33, or before the court having jurisdiction at the place where the actual carrier has its domicile or its principal place of business.

【中譯】

第46條　附加管轄權

在第45條所考慮到的損害賠償訴訟，必須在一個公約締約國的境內，由原告選擇，依據第33條規定向可以對締約運送人提起訴訟的法院提起訴訟，或向實際運送人居住地或其主要營業地之有管轄權的法院提起訴訟。

Article 47 - Invalidity of Contractual Provisions

Any contractual provision tending to relieve the contracting carrier or the actual carrier of liability under this Chapter or to fix a lower limit than that which is applicable according to this Chapter shall be null and void, but the nullity of any such provision does not involve the nullity of the whole contract, which shall remain subject to the provisions of this Chapter.

【中譯】

第47條　契約條款的無效

任何旨在免除本章所規定的締約運送人或實際運送人責任或降低適用於本章的責任限額的契約條款，均屬無效，但是，此種條款的無效，不影響整個契約的效力，該契約仍受本章條文的約束。

Article 48 - Mutual Relations of Contracting and Actual Carriers

Except as provided in Article 45, nothing in this Chapter shall affect the rights and obligations of the carriers between themselves, including any right of recourse or indemnification.

【中譯】

第48條　締約運送人和實際運送人的相互關係

除了第45條的規定之外，本章的規定不影響運送人之間的權利和義務，包括任何追償權或求償權。

Chapter VI Other Provisions

Article 49 - Mandatory Application

Any clause contained in the contract of carriage and all special agreements entered into before the damage occurred by which the parties purport to infringe the rules laid down by this Convention, whether by deciding the law to be applied, or by altering the rules as to jurisdiction, shall be null and void.

【中譯】

第六章　其他規定

第49條　強制適用

運輸契約的任何條款以及在損失發生以前所達成的所有特別協議，若其當事人藉以違反本公約規則，無論是選擇所適用的法律還是變更有關管轄權的規則，均屬無效。

Article 50 - Insurance

States Parties shall require their carriers to maintain adequate insurance covering their liability under this Convention. A carrier may be required by the State Party into which it operates to furnish evidence that it maintains adequate insurance covering its liability under this Convention.

【中譯】

第50條　保險

締約國應要求其運送人就其在本公約的責任進行足夠的保險。締約國可以要求經營航空運輸至該國境內的運送人提供其已就公約中的責任進行充分保險的證據。

Article 51 - Carriage Performed in Extraordinary Circumstances

The provisions of Articles 3 to 5, 7 and 8 relating to the documentation of carriage shall not apply in the case of carriage performed in extraordinary circumstances outside the normal scope of a carrier's business.

【中譯】

第51條　特殊情況下執行的運輸

第3條至第5條、第7條和第8條關於運輸憑證的規定，不適用於運送人正常業務範圍以外之特殊情況下執行的運輸。

Article 52 - Definition of Days
The expression "days" when used in this Convention means calendar days, not working days.

【中譯】

第52條　日的定義

本公約所稱之「日」，係指日曆日，而非工作日。

Chapter VII Final Clauses
Article 53 - Signature, Ratification and Entry into Force

1. This Convention shall be open for signature in Montreal on 28 May 1999 by States participating in the International Conference on Air Law held at Montreal from 10 to 28 May 1999. After 28 May 1999, the Convention shall be open to all States for signature at the Headquarters of the International Civil Aviation Organization in Montreal until it enters into force in accordance with paragraph 6 of this Article.
2. This Convention shall similarly be open for signature by Regional Economic Integration Organizations. For the purpose of this Convention, a "Regional Economic Integration Organization" means any organization which is constituted by sovereign States of a given region which has competence in respect of certain matters governed by this Convention and has been duly authorized to sign and to ratify, accept, approve or accede to this Convention. A reference to a "State Party" or "States Parties" in this Convention, otherwise than in paragraph 2 of Article 1, paragraph 1(b) of Article 3, paragraph (b) of Article 5, Articles 23, 33, 46 and paragraph (b) of Article 57, applies equally to a Regional Economic Integration

Organization. For the purpose of Article 24, the references to "a majority of the States Parties" and "one-third of the States Parties" shall not apply to a Regional Economic Integration Organization.

3. This Convention shall be subject to ratification by States and by Regional Economic Integration Organizations, which have signed it.
4. Any State or Regional Economic Integration Organization which does not sign this Convention may accept, approve or accede to it at any time.
5. Instruments of ratification, acceptance, approval or accession shall be deposited with the International Civil Aviation Organization, which is here by designated the Depositary.
6. This Convention shall enter into force on the sixtieth day following the date of deposit of the thirtieth instrument of ratification, acceptance, approval or accession with the Depositary between the States, which have deposited such instrument. An instrument deposited by a Regional Economic Integration Organization shall not be counted for the purpose of this paragraph.
7. For other States and for other Regional Economic Integration Organizations, this Convention shall take effect sixty days following the date of deposit of the instrument of ratification, acceptance, approval or accession.
8. The Depositary shall promptly notify all signatories and States Parties of： (a) Each signature of this Convention and date thereof；(b) Each deposit of an instrument of ratification, acceptance, approval or accession and date thereof；(c) The date of entry into force of this Convention；(d) The date of the coming into force of any revision of the limits of liability established under this Convention；(e) Any denunciation under Article 54.

【中譯】

第七章　最後條款

第53條　簽署、批准和生效

1.本公約於1999年5月28日在蒙特利爾開放，悉由1999年5月10日至28日在蒙特利爾召開的國際航空法大會的參與國簽署。1999年5月28日以後，本公約應在蒙特利爾國際民用航空組織總部對所有國家開放簽署，直至其依據本條文第六項生效。

2.本公約同樣向地區性經濟一體化組織開放簽署。就本公約而言，「地區性經濟一體化組織」係指由某一地區的主權國家組成之對於本公約調整的某些事項有權能的並經正式授權可以簽署及批准、接受、核准或加入本公約的任何組織。本公約中對「締約國」的提述，同樣適用於地區性經濟一體化組織，但是第1條第二項、第3條第一項第二款，第5條第二項、第23條、第33條、第46條和第57條第二項中的除外。就第24條而言，其對「多數締約國」和「三分之一的締約國」的提述不應適用於地區性經濟一體化組織。

3.本公約應經簽署本公約的國家和地區性經濟一體化組織批准。

4.尚未簽署本公約的國家或地區性經濟一體化組織，可以在任何時候接受、核准或加入本公約。

5.認可書、接受書、核准書或加入書應當交存國際民用航空組織，在此指定其為保存人。

6.本公約應於第三十份認可書、接受書、核准書或加入書交存保存人後的第六十天再交存這些文件的國家之間生效。就本款而言，地區性經濟一體化組織交存的文件不得計算在內。

7.對於其他國家或其他地區性經濟一體化組織，本公約應當於其認可書、接受書、核准書或加入書交存日後六十天對其生效。

8.保存人應當將下列事項迅速通知各簽署方和締約國：(a)對本公約的每一簽署及其日期；(b)每一認可書、接受書、核准書或加入書的交存及其日期；(c)本公約的生效日期；(d)對本公約所設定責任限額的任何修訂的生效日期；(c)第54條所稱之退出。

Article 54 - Denunciation

1. Any State Party may denounce this Convention by written notification to the Depositary.
2. Denunciation shall take effect one hundred and eighty days following the date on which notification is received by the Depositary.

【中譯】

第54條　退出

1.任何締約國可以向保存人提出書面通知，以退出本公約。

2.退出應自保存人收到通知之日後的第一百八十天起生效。

Article 55 - Relationship with Other Warsaw Convention Instruments

This Convention shall prevail over any rules which apply to international carriage by air:

1. between States Parties to this Convention by virtue of those States commonly being Party to (a) the Convention for the Unification of Certain Rules Relating to International Carriage by Air Signed at Warsaw on 12 October 1929 (hereinafter called the Warsaw Convention); (b) the Protocol to Amend the Convention for the Unification of Certain Rules Relating to International Carriage by Air Signed at Warsaw on 12 October 1929, Done at The Hague on 28 September 1955 (hereinafter called The Hague Protocol); (c) the Convention, Supplementary to the Warsaw Convention, for the Unification of Certain Rules Relating to International Carriage by Air Performed by a Person Other than the Contracting Carrier, signed at Guadalajara on 18 September 1961 (hereinafter called the Guadalajara Convention); (d) the Protocol to Amend the Convention for the Unification of Certain Rules Relating to International Carriage by Air Signed at Warsaw on 12 October 1929 as Amended by the Protocol Done at The Hague on 28 September 1955 Signed at Guatemala City on 8 March 1971 (hereinafter called the Guatemala City Protocol); (e)

Additional Protocol Nos. 1 to 3 and Montreal Protocol No. 4 to amend the Warsaw Convention as amended by The Hague Protocol or the Warsaw Convention as amended by both The Hague Protocol and the Guatemala City Protocol Signed at Montreal on 25 September 1975 (hereinafter called the Montreal Protocols); or

2. within the territory of any single State Party to this Convention by virtue of that State being Party to one or more of the instruments referred to in sub-paragraphs (a) to (e) above.

【中譯】

第55條　與其他華沙體系文件的關係

在下列情況下，本公約應優先於國際航空運輸所適用的任何規則：

1.該項國際航空運輸在本公約締約國之間執行，而這些締約國同為下列條約的當事國：(a)1929年10月12日在華沙簽訂的《統一國際航空運輸某些規則的公約》（以下簡稱《華沙公約》）；(b) 1955年9月28日訂於海牙的《修訂1929年10月12日在華沙簽訂的《統一國際航空運輸某些規則的公約》的議定書》（以下簡稱《海牙議定書》）；(c) 1961年9月18日在瓜達拉哈拉簽署的《統一非立約承運人所作國際航空運輸的某些規則以補充華沙公約的公約》（以下簡稱《瓜達拉哈拉公約》）；(d) 1971年3日8日簽署於瓜地馬拉的《修訂經《海牙議定書》修訂的《統一國際航空運輸某些規則的公約》的議定書》（以下簡稱《瓜地馬拉議定書》）；(e) 1975年9月25日在蒙特利爾簽訂的修訂經《海牙議定書》或者經《海牙議定書》和《瓜地馬拉協定》修正的《華沙公約》的第一號至第三號附加議定書以及蒙特利爾第四號議定書（以下簡稱各個蒙特利爾議定書）；或者

2.該項國際航空運輸在本公約的一個締約國境內執行，而該締約國是前述第一項至第五項所指之一個或幾個文件的締約國。

【作者按】第55條的簡扼意涵係指，俟該公約生效，倘若締約雙方

均為公約締約國，則公約效力優先於華沙體系的所有法律；倘若兩國並非都是公約的締約國，華沙體系相關的法律仍然有效。該公約的生效將為權利請求人在國際航空運輸出現旅客傷亡的狀況下，提供更多的法律保障。

Article 56 - States with more than one System of Law

1. If a State has two or more territorial units in which different systems of law are applicable in relation to matters dealt with in this Convention, it may at the time of signature, ratification, acceptance, approval or accession declare that this Convention shall extend to all its territorial units or only to one or more of them and may modify this declaration by submitting another declaration at any time.
2. Any such declaration shall be notified to the Depositary and shall state expressly the territorial units to which the Convention applies.
3. In relation to a State Party which has made such a declaration: (a) references in Article 23 to "national currency" shall be construed as referring to the currency of the relevant territorial unit of that State; and (b) the reference in Article 28 to "national law" shall be construed as referring to the law of the relevant territorial unit of that State.

【中譯】

第56條　有多種法律制度的國家

1.如果一個國家有兩個或多個領土，若在各領土內對於本公約處理的事項適用不同的法律制度者，該國可以在簽署、認可、接受、核准或加入時，聲明本公約適用於該國所有領土或只適用於其中一個或多個領土，而該國也可以隨時提交一份聲明以修改此項聲明。

2.作出此項聲明，均應當通知保存人，聲明中應明確指明適用本公約的領土。

3.針對已作出此項聲明的締約國而言：(a)第23條所述的「國家貨幣」應當解釋為該國有關領土單位的貨幣；並且(b)第28條所述的「國內法」應解釋為該國相關領土的法律。

Article 57 - Reservations

No reservation may be made to this Convention except that a State Party may at any time declare by a notification addressed to the Depositary that this Convention shall not apply to: (a) international carriage by air performed and operated directly by that State Party for non-commercial purposes in respect to its functions and duties as a sovereign State; and/or (b) the carriage of persons, cargo and baggage for its military authorities on aircraft registered in or leased by that State Party, the whole capacity of which has been reserved by or on behalf of such authorities.

【中譯】

第57條　保留

對本公約不得保留，但是當事國可以在任何時候向保存人提交通知，聲明本公約不適用於：(a)由締約國就其作為主權國家的職能和責任為非商業目的而直接辦理和營運的國際航空運輸；以及／或者(b)使用在該締約國登記或為該締約國租賃、其全部運力已為其軍事當局或以該組織之名義所保留的航空器，為該組織辦理之人員、貨物和行李運輸。

IN WITNESS WHEREOF the undersigned Plenipotentiaries, having been duly authorized, have signed this Convention DONE at Montreal on the 28th day of May of the year one thousand nine hundred and ninety-nine in the English, Arabic, Chinese, French, Russian and Spanish languages, all texts being equally authentic. This Convention shall remain deposited in the archives of the International Civil Aviation Organization, and certified copies thereof shall be transmitted by the Depositary to all States Parties to this Convention, as well as to all States Parties to the Warsaw Convention, The Hague Protocol, the Guadalajara Convention, the Guatemala City Protocol, and the Montreal Protocols.

【中譯】

下列全權代表經正式授權，已在本公約上簽署，以昭信守。本公約於1999年5月28日訂定於蒙特利爾，以中文、英文、阿拉伯文、法文、俄文、和西班牙文撰寫成各種文字版本同等作准。本公約應存放於國際民用航空組織檔案處，由保存人將核正無誤的公約副本分送本公約的所有締約國及《華沙公約》、《海牙議定書》、《瓜達拉哈拉公約》、《瓜地馬拉協定》和各個蒙特利爾議定書的所有締約國。

參考文獻

林淑娟（1995）。〈國際航空運送人對旅客傷亡之損害賠償責任〉。東吳大學法律研究所碩士論文，頁90。

Roderick D. van Dam (1992). *Air Liability: ICAO Policy, Annals of Air and Space Law,* Vol.XVII-I, p.85.

觀光旅運系列

民航法規新論

作　　者 / 楊政樺、盧衍良
出 版 者 / 揚智文化事業股份有限公司
發 行 人 / 葉忠賢
總 編 輯 / 閻富萍
特約執編 / 鄭美珠
地　　址 / 22204 新北市深坑區北深路三段 258 號 8 樓
電　　話 / 02-8662-6826
傳　　真 / 02-2664-7633
網　　址 / http://www.ycrc.com.tw
E-mail / service@ycrc.com.tw
ISBN / 978-986-298-330-0
初版一刷 / 2019 年 9 月
初版二刷 / 2020 年 9 月
定　　價 / 新台幣 450 元

本書如有缺頁、破損、裝訂錯誤，請寄回更換

國家圖書館出版品預行編目（CIP）資料

民航法規新論 / 楊政樺, 盧衍良著. -- 初版.
-- 新北市：揚智文化, 2019.09
面；　公分. --(觀光旅運系列)

ISBN 978-986-298-330-0(平裝)

1.航空法規

557.91　　108014943